西南政法大学民商法学术论丛

商标共存制度研究

SHANGBIAO GONGCUN ZHIDU YANJIU

倪朱亮◎著

法律出版社 LAW PRESS · CHINA
北京

图书在版编目（CIP）数据

商标共存制度研究 / 倪朱亮著. -- 北京 ：法律出版社, 2024. --（西南政法大学民商法学术论丛）.

ISBN 978 - 7 - 5197 - 9684 - 6

Ⅰ. D923.434

中国国家版本馆 CIP 数据核字第 20245LC750 号

商标共存制度研究
SHANGBIAO GONGCUN ZHIDU YANJIU

倪朱亮 著

责任编辑 黄倩倩
装帧设计 臧晓飞

出版发行 法律出版社
编辑统筹 学术·对外出版分社
责任校对 张翼羽
责任印制 胡晓雅　宋万春
经　　销 新华书店

开本 A5
印张 8.375　　**字数** 209 千
版本 2024 年 11 月第 1 版
印次 2024 年 11 月第 1 次印刷
印刷 北京虎彩文化传播有限公司

地址:北京市丰台区莲花池西里 7 号(100073)
网址:www.lawpress.com.cn
投稿邮箱:info@lawpress.com.cn
举报盗版邮箱:jbwq@lawpress.com.cn

销售电话:010 - 83938349
客服电话:010 - 83938350
咨询电话:010 - 63939796

书号:ISBN 978 - 7 - 5197 - 9684 - 6　　**定价**:45.00 元

凡购买本社图书,如有印装错误,我社负责退换。电话:010 - 83938349

民商法之于中国社会的意义(代总序)

法律作为人类文明最为重要的理性结晶,对推动人类社会的进步与发展发挥了非常重要的作用。在所有的法律制度设计中,民商法作为万法之源和其他法律制度存在的基础,对社会发展发挥着尤为关键和突出的作用。如何准确把握民商法与社会发展之间的关系,不但关系如何清晰认识民商法与其他法律之间的关系,而且关系如何更进一步充分发挥民商法在中国社会建构中的作用等一系列重大问题。

一

和其他社会科学一样,法学学科的发展也经历了一个从简单到复杂、从诸法合体到部门法林立的发展过程。作为其结果,一方面,越来越细密化的学科建构使法律的制定更加理性化,对社会关系的调整也更加精准化,从而可以将法律对社会关系的规范、促进和限制等作用发挥得日愈极致;另一方面,当专业化的学科不断地想从原有的本体独立出来时,它很大程度上已经具有了独特的调整范围、调整方法和价值理念，具备了独特的认知、解释和改造世界的功能定位和学科理论基础。在这方面以民商法最为典型。古今中外的各国民商法之所以能够从刑法的附庸和婢女晋升为耀眼的法律女神，除了得益于社会发展对民商法的强烈呼唤这一外在环境之外，更依赖于民商法本身所隐含的以人本主义精神为代表的强大文明基因和以保障生存与关爱民生为代表的民本主义情怀。因此在某种意义上可以说，没有这种为天地立心、为生民立命的使命、担当和气魄，民商法就不可能实现对其他法律的价值引领，也不可能为现代社会贡献如此之多的法律精神和法律理念；此外，如果没有直面社会需要的求实精神和数千年来孜孜探索的薪火相传，也不可能成就今日民法典之荦荦华章。换言之，民商法既有仰望星空谱万世太平之宏大追求，也有脚踏实地保黎民幸福安康的工匠精神，而正是这些看似毫不起眼的细密规则的编织，给人类社会的有效运行提供了最琐碎、最普遍，但却最重要、最基础及最根本的稳定生活秩序。

民商法为人类生活提供最基础的社会规范。民商法规范与人类的社会生活休戚相关，从竖向关系来说，人生的每一个阶段乃至生老病死都属于民商法的关注范围；从横向范围来看，无论是人类的家庭生活、职业生活还是公共生活都难逃民商法的影响，无论是物质生活还是精神生活，无论是婚丧嫁娶还是柴米油盐都可在民商法的制度设计中找到答案。民商法规范不仅仅回答了人为何为人和人何时开始为人等问题，更全方位指导着人从脱离母体后的成长教育、娶妻生子，甚至安排后事。就家庭关系而言，几乎所有国家的民法都要调整两性之间的夫妻关系和父母子女之间的抚养关系、赡养关系和继承关系；在职业生活中，民商法不但要规范雇佣人和劳动者之间的权利义务关系，而且强调职业身份的差异不能作为否定当事人之间法律地位平等和人格平等的理由，用人单位（雇佣者）有义务保障劳动者的人格尊严和体面工作；而在公共生活领域，民商法既要对社会风险的一般承担规则根据风险控制理论做出合理安排,如既要从总体上设定盈利和风险相匹配的约束条件,又要追求权利和义务相一致的公平性目标;其同时还要对特定的责任风险承担规则做出详细说明,所以才规定了自愿参加文体活动的人要对自己所选择的风险承担相应责任,公共场所和公共活动的所有者、管理者或组织者要对相关社会主体承担安全保障义务等。由此可见,不但人类生活的诸多琐碎场景都被纳入民商法的关照视野,而且这些法律规范还都共同被置于民商法所追求的基本价值理念之下。

民商法为人类生活提供最普遍的行为秩序。尽管人类的生活存在较为明显的时代性隔阂与地域性差异,但民商法的基本规范却能够跨越历史和国界为各时代和各地域的人类群体所适用。现代几乎所有国家的民法典都可以从古罗马法中找到相应的制度痕迹,《法国民法典》和《德国民法典》的制定与其说是基于特定时代的历史创造,毋宁说是罗马法的发现和对罗马法的重新阐释。以民商法为核心的罗马法的制定和编纂,既是为了对被罗马所占领的领土及其原住民进行主权宣誓,同时也是向他们系统性地宣告一种有吸引力的生活方式,以聚拢和收服民心。这种法律定位使罗马法在制定伊始就既要平衡各方的利益和矛盾,又要考虑规则实施的可能性和可行性,因此作为现代法律主要源头之一的罗马法不但具有较为显著的理性主义色彩,同时也被作为制度竞争的工具加以使用。其后的《法国民法典》、《德国民法典》、《瑞士民法典》、《意大利民法典》乃至《荷兰民法典》和我国《民法典》都很好地继承了罗马法的优良基因并进行了适当的本土化改造,其结果是使得民商法在服务本国社会发展的同时保持了基本规则的稳定性和共通性。

民商法为人类社会提供了最重要和最根本的生活准则。纵观各国民商法律制度的发展历史我们可以发现,无论民商法律制度如何变化,无论如何对民商法进行定位和解读,有一点是肯定的,即所有的民法制度都是针对人的需要和人的生活而展开的,且在民法的视野中人是目的而非手段，因此民法典既是关于人的生活的百科全书，也是规范人的活动的权威巨著。所有的民法规则都是基于人的生活而创造的，人的理性介入的主要作用仅在于将生活语言转化成更加贴切的法律语言。究其原因在于，相较于许多法律领域而言，民商法与人的生存和生活具有高度的关联性，人终其一生还是离不开与民商法发生各种各样的关系。民法不仅回答了人何以为人的问题，即人作为社会主体所应当具有的基本人格、基本权利和可以进行的基本行为样态，而且回答了当自己的合法权利受到侵害时，人怎么来寻求相应的法律救济的问题。民商法规则告诉我们，人的生存必须有一定的财产作为物质基础，这些财产既可以通过自己的劳动创造来获取，也可以通过交换、继承等合法方式而获得。作为民事主体，我们有权利也有义务通过各种方式保护自己的财产，维护自己的合法权益，而保护的方式既可以寻求国家公权力的救助，也可以采取自卫、自助等私力救济手段。民商法规则还告诉我们，人是世间最伟大的存在，人的生命、健康、人格和尊严是神圣不可侵犯的，是不能够用金钱加以衡量的，因此不但人格尊严、人格自由和人格权利不受侵犯，而且人本身包括人体细胞、人体组织、人体器官乃至遗体都不能作为自由交易或随意处分的客体。故而，民商法不但对人及其活动进行了全方位调整，而且其对人类生活调整的跨度、广度、密度和厚度也是其他任何法律部门所不能及的。

二

民商法在关注人的本体的同时，也高度关注与社会关系和社会经济活动的互动与因应。实际上不同的法律部门对社会发展的作用后果和作用能力并不完全一致，这既是因为不同法律部门所规范的对象存在明显差异，更是缘于不同的法律部门因其所承担的社会角色不同而在调整目标和调整手段上存在明显不同。相对于其他部门法而言，民商法不但在对社会关系的调整范围和调整对象上具有更大的广阔性,而且在调整理念上更具有先进性,在调整手段上更具有灵活性。与其他法律部门主要侧重于对主体行为的限制和禁止不同,民商法对社会关系的调整更加侧重于对主体权利的倡导和弘扬,侧重于对社会经济活动的引导和促进,侧重于对社会关系稳定性和社会秩序安全性的加持和保障,侧重于对行为结果的确认和维护。因此可以说,民商法主要借助对主体平等身份地位的重申、对私权神圣的敬畏、对财产归属关系和获取方式的明晰、对彼此间人身关系与财产关系的规范与疏导等方式来塑造社会主体的信仰,淬炼社会主体的恒心并激发社会主体的无限创造力以促进社会的发展。

民商法通过产权制度承认、保护和调整人类通过劳动等行为所取得的各项成果。资源的有限性要求人类对资源的攫取不能遵循弱肉强食的粗暴法则,否则人将沦为动物般的存在,而对资源的权属明确便是民商法促进社会发展的重要手段之一。民商法通过物权制度与知识产权制度等分别对有形资源及无形资源加以规范,借助产权制度对凝结在商品上的无差别的人类劳动所展开的权利固化是商品得以流通的前提,因为产权交易需要以产权归属明晰为基础。同时,民商法利用具有排他性和垄断性的产权制度来释放人的潜能,激发人的进取心,并以此促进社会的繁荣昌盛。人作为一种社会性动物,不可避免都具有一定的对各种资源和财产的占有欲和自私心,这种占有欲和自私心既是保障自己不被社会所淘汰的物质基础,也是诱发人类积极奋斗的动力和源泉。人类对物质的欲望本身并不具有当然的可受谴责性,法律所要禁止的是行为人通过不正当手段为自己非法谋取利益,即马克思所反对的无偿地占有他人的劳动成果的行为。相反,如果财产的获取方式是正义的,即在尊重其他人是其劳动成果的主人的前提下通过交换等方式而获得自己所需要的财产,那么这种财产的获取方式就具有正当性。因此良好的产权制度设计能够激励人类遵循良性的竞争方式,在不断实现自我价值的同时为社会累积更多的物质财富。

民商法通过主体制度来实现社会的有序治理并鼓励人类勇于拼搏和冒险。由于受生理条件和财富聚集能力的限制,大多数自然人在面对各种社会风险和不确定性时,其个人力量都是非常渺小的,其改造自然造福社会的能力也是相较无力的,因此在许多情况下只有借助于集体的力量才能实现特定的社会目的。马克思在《资本论》中有言:假如必须等待积累去使某个资本增长到能够修建铁路的程度,那么恐怕直到今天世界上还没有铁路,但是,通过股份公司转瞬间就把这件事完成了。其表现在法律上,作为民商法律制度的最伟大创造之一就是创造了独立于自然人之外的另一种民事主体——法人。法人制度的出现不但丰富了作为行为实施者和权利、义务、责任承担者的主体类型,而且更为重要的是突破了自然人在生命周期、行为能力、资源筹集和行为目的方面的限制,并有效克服了单一自然人在信息占有和理性思考方面的局限,能够集合众多人的经验与智慧,创建具有永久性、复杂性和重大性的事业。更为重要的是,法人制度的出现还颠覆了社会对主体性的认知,改变了市场的主导交易规则,重新定义了交易的目的和价值。换言之,如果说生存性交易是自然人从事交易活动的主要目的和基本交易形式,那么由于法人既不存在延续生命的压力也不存在其他的人伦性需求,因此其行为的唯一冲动就是通过赚钱给投资人带来高额回报,正是基于这一原因,法人的交易行为几乎只能表现为营利性交易。不仅如此,由于在营利性法人制度中还巧妙嵌入了有限责任激励机制,因此在追求盈利目的实现的目标驱动之下,法人组织的内在活力会得到充分发挥,在保证为股东创造利润的同时,也极大地促进了人类社会的经济繁荣。在此意义上可以说,没有法人制度,我们既无法享受以美好生活实现为核心的现代物质文明,也无法享受以有效治理、多元参与和协同自治为核心的现代社会文明。

民商法借助交易制度来促进产权流通和社会的专业化发展。在产权制度和主体制度不断完备的条件下,另一个现实局面是,由于社会分工的细密化,每个人的生产活动都被限制在极小的专业范围内,故而每个人都无法生产出自己所需要的全部产品。而伴随着社会的发展,人的需求范围越来越广泛,特别是在从商品经济进化到市场经济之后,不但市场的广度和深度得到极大拓展,而且市场的交易方式、交易类型、交易对象和交易机制都发生了根本性变革。因此,为了满足人的多样化需求,交易成为连接供需的最有效渠道。民商法通过所有权制度保障了民事主体在文明社会中的劳动价值,承认并保护其通过劳动所获得的财富的合法性和正当性。而合同制度不但把交易规则固定下来,从而使交易行为的结果更具可预见性,同时实现了财产和产品在不同主体间的有序转移。特别是民商法认可不同主体之间的能力差异,通过创设合同制度用以鼓励财产流转来丰富民事主体的社会生活,并借此形成了刺激不同主体在合规秩序下努力创造个体财产的机制,以此间接地为社会文明的蓬勃旺盛培养了生命力。商行为制度将当事人之间的合同关系外化为各种以营利为目的的市场行为,并将其直接服务于市场主体的经营行为。从该意义上来说,一个国家民商法律制度的完善程度不仅决定了一个国家法治化水平的高低,而且直接决定了该国社会经济的活力、动力和潜力。

民商法依靠保障制度来维护社会发展的平稳运行。社会发展的两个阶段分别是无秩序社会与创造秩序、有社会秩序与维护秩序。社会的良性运行需要有条不紊的秩序化境界,而社会关系的失序和社会行为的失控既会害及社会的正常运行,也会影响个人权利的享有和行使。民商法通过对产权制度、主体制度与交易制度等的创设主要解决的是社会的基本运行规则和运行秩序问题。但由于不同主体之间存在明显的利益冲突,因此当民事主体在追逐自己利益最大化的时候,对其他民事主体的侵害实难避免,为此需要通过法律救济制度矫正失衡的民事关系,保障主体的合法权益。与刑法、行政法等公法主要依靠国家机关公力救济实现对权益和秩序的保障目的不同,民商法对私权主体的保障主要采取的是私力救济手段,其不但允许受侵权主体享有制止侵害和实施正当防卫的权利,而且还直接赋予了私权主体通过留置、扣押等方式展开自我救助的权利,以此来使失序的规范得以复位,民事主体的合法权益得以保障。

三

良好的社会治理能够保障社会的稳定发展和人民的安居乐业,而民商法作为一种载体、一种手段、一种文化,能够对共同体的社会治理产生系统性、潜在性和广泛性的影响。

民商法能够服务并贯彻多重化的社会治理目标。民商法作为一种制度,是社会治理的一般化工具,其存在的重要意义之一便是服务于社会治理。为此,需要民商法在社会关系的诸多关键领域充分利用其基础性、包容性的制度张力,将民为邦本、求仁睦邻、权责匹配、社会责任等政治主张转化为符合公平正义等现代化法治要求的制度设计。所以,民商法在主体制度中明示法律主体的平等地位并重视对弱势群体的照顾,通过特留份制度有效保护了未出生胎儿的合法权益,在继承关系中通过倾斜分配遗产的方式对生活有特殊困难又缺乏劳动能力的继承人给予关爱;在物权制度中通过确立有利生产、方便生活、团结互助、公平合理的立法原则,不但有效平衡各物权主体之间的权利义务关系,而且宣示了社会和谐的友爱精神;同时也在合同制度中通过确立缔约过失责任对违背诚信要求的行为进行必要的惩戒,通过确立情势变更原则矫正当事人之间失衡的权利义务关系。

民商法能够动员和鼓励广泛性的社会治理主体共同参与社会治理。现代化社会治理的发展趋势之一即是社会治理取代社会管理,这不同于此前社会治理应当完全仰赖于国家的假定,其意味着社会秩序的维护和达成不再是政府单方面的事务,而是政府与公民和社会共同的事务;政府不再是单一的管理主体,社会不再是被管理的客体;治理过程不再是自上而下的单向度管控,而是多元主体的平等协商与合作。而民商法在这一转变过程中所能发挥的功效体现在动员、鼓励并在适当程度上要求私法中的角色——如单位、公司、机关、学校等——有意识地树立法律主体的意识,承担民商法中的规范性义务,缓解并降低国家治理社会的成本和压力。

民商法能够为社会治理提供更加精细化的治理手段,而治理手段的针对性强弱直接关联到社会治理的效果。因此,民商法在技术信仰一念成佛、一念成魔的艰难抉择中,秉持以人民利益为中心的坚定信仰,通过精细化的制度设计,不但有效完成了“求善祛魔”的责任担当,而且极大强化了社会治理的有效性和正当性。典型的如,民商法通过明示自然人享有人身自由、人格尊严等各项权利和利益,完成了自然人的本体化构造;通过强调人格权不得放弃、转让或者继承,完成了人格利益的物质化剥离;通过规定禁止以任何形式买卖人体细胞、人体组织、人体器官、遗体,宣誓了人本身的神圣性;通过重申私人生活安宁和私密空间、私密活动、私密信息受法律保护,维护了人的尊严;通过要求从事与人体基因、人体胚胎等有关的医学和科研活动,应当遵守法律、行政法规和国家有关规定,不得危害人体健康,不得违背伦理道德,不得损害公共利益,对与自然人相关的商业化和非商业化利用划定了明确的红线。这些制度设计不再把人视为被管理的对象,而是把人作为社会治理的参与者和社会治理主要保护的对象,从而极大地提高了社会管理的正当性。

四

民商法与人类文明也有着千丝万缕的联系。在社会文明的建造过程中,民商法对人类文明繁衍火种的守护、对人类文明物质基础的累积、对人类文明永续发展的追求,以及对人类文明道德品格的塑造同样发挥着其他法律无法替代的作用。

民商法守护了人类文明的繁衍火种。人是人类文明繁衍的唯一火种。而民商法,尤其是民法强调自然人本身才是人类文明存在的根本意义和最终归宿。因为基于人类群体的视角,社会只有在有人存在的世界才有意义。故而对自然人的守护便是人类文明的胜利,毕竟:树高千尺,其必有根;江河万里,其必有源。为了让人活得更像一个人,民商立法不断强化对人身自由和人格尊严的开放性保护,重视对人本身的隐私和个人信息的尊重,引入社会经济发展的利益相关者理论、社会责任理论、代际公平理论等,这一切的一切都是在奉行人类至上的信仰。

民商法繁荣了人类文明的物质基础。为了保障人类社会生活的极大丰富,民商法助推了全球经济数百年突飞猛进的发展,其对人类物质文明的繁荣主要表现在:其一,为全球性市场经济的建设配套了关键性制度,尤其是发明了独立于自然人之外的另一个社会主体——公司法人制度。在市场经济的环境中,当以公司为载体的资本财团嗅到价格机制所传导的利益气息之后,便会自发地投资谋利,而当这种利益预期为众多市场主体所感知和认同时,利益的发源地和集散地就会成为众多市场主体的掘金地,从而通过市场的力量形成高度竞争的场面。由此导致的结果是,创新性会随着竞争程度而不断攀升,商品的进化周期极速加快,新兴产业不断取得突破性发展。其二,民商法对产权制度的明晰和对私有产权神圣而不可侵犯的普遍认可,为人类文明的物质创造提供了源源不竭的追逐动力。其三,民商法的意思自治理念极大程度促进了人类的创新。创新本身是社会发展的灵魂,自由或自治的精神使得创新不断获得源泉的滋养。同时,由于创新劳动的过程极为不易,创新劳动取得的成果具有不可小觑的新颖性价值,故而民商法又通过法定垄断的制度对人类创新的劳动予以认可,以此形成社会创新的循环型闭环。因此,可以说民商法制度为人类物质文明的繁荣奠定了不可或缺的基础。

民商法是追求人类文明永续发展的引擎。对于人类文明的长久发展来说,民商法应该有特定的良心、格局和温度需要持之以恒地加以坚守、支撑和传递。基于此,越来越多的民商法规则不再将视野局限于对国内行为的规制,而是聚焦于与国际规则的衔接和协调;不仅关心解决眼前存在的问题和难题,更强调为人类文明的发展提供长远的前瞻性制度设计。我国《民法典》通过确立人与自然和谐发展的绿色原则,强调关注代际之间的平衡发展,鼓励人类生产行为坚持可持续发展理念,节约资源、保护生态环境。此外,其通过强调市场主体遵守商业道德,维护交易安全,承担社会责任,为市场主体的行为在营利性之外注入了更多的理性要求和社会责任担当意识。

民商法塑造了现代人类文明的基本道德品格。人类文明从来不乏共识,如毋庸置疑的是,文明是人类特有的,且文明与野蛮有着截然相反的价值取向和社会后果,但无论是同一国度不同时代的人类文明还是同一时代不同国度的人类文明,都存在一定的差异性。也恰恰正是这种差异性使得人类文明拥有了不同的内在道德品格。对不同文明的道德品格的差异性进行诠释需要依附于一定的载体,而法律制度无疑是最为合适的载体之一,因为法律制度具有抽象性、合理性、权威性与代表性。换言之,人类文明的道德品格能够通过法律制度获得彰显,也为法律制度所塑造。而在所有的法律制度中,最能代表和塑造人类文明品性的便是民商法,这不仅是因为民商法文化本身就是人类文明的重要组成部分，更是因为民商法所尊崇的人本主义精神和民本主义理念完全契合了现代文明的核心要求。不仅如此，民商法还与人类文明具有很强的互动相生关系，一方面，民商法通过不断吸收和凝聚现代文明基因使其更具科学性；另一方面，民商法通过对文明要求进行规范化的表达，不但可以将文明的基因发扬光大，而且可以借助其倡导性和强制性的要求，改变人的道德观念，形塑其行为。我国《民法典》规定对见义勇为行为施以经济补偿和责任豁免规则，有利于营造济危救困的良好道德风尚；规定继承人应当本着互谅互让、和睦团结的精神处理遗产分配的规则，有利于打造健康友爱的亲情关系；强调家庭应当树立优良家风，弘扬家庭美德，重视家庭文明建设的法律规则，有利于构建文明和谐的家庭氛围。实际上，一部以天下为公、民为邦本为追求，恪守公平正义、自由平等基本价值理念，崇尚讲信修睦、亲仁善邻的民法典尽管无法从根本上解决人类所面临的所有现实问题，但却可以为人类文明的延续和扩展打下一根固本强基的定海神针。

五

在人类已经遨游过的历史长河中，民商法曾给人类打造了一副坚固的翅膀，它帮助人类顺利地从混沌时代跨越到璀璨斑斓的现代社会。在未来进程中，人类仍需借助民商法的人本精神、恢弘理念和精巧制度，乘风破浪，顺利到达文明自由、和谐富裕的理想彼岸。因此，如何进一步构建以良善为魂、以科学为本的系统民商法律制度，并更加充分地发挥民商法律制度在人类文明提升和社会经济发展中的作用，是法学理论工作者义不容辞的神圣责任。在已经过去的四十余年中，西南政法大学民商法学科在金平教授、杨怀英教授、黄名述教授、李开国教授等众多前贤的带领下，肩负学术强国之使命，心系感念苍生之情怀，筚路蓝缕，艰苦创业，在百花争艳的民商法学术园地，创建了独具西政特色的学术流派。在继往开来的社会主义新时代,西南政法大学民商法学科一众同人有志赓续诸多前辈之优良传统,接续谱写西政学术的荣光。我们希望能够和全国民商法学界同人携起手来,将学术研究的涓涓小溪汇成磅礴巨流,载着中华民族伟大复兴的巨轮,共同驶向灿烂辉煌的明天!

是为序!

赵万一

2022 年 10 月 26 日于山城重庆

目 录

引　言

在绝对注册取得商标权模式下，商标共存制度并无适用空间。然而，一旦注册取得商标权的绝对模式受到挑战，商标权显示使用取得的属性，商标共存制度便能以一种“限制商标权”的姿态获得生机。作为一项制度，商标共存不仅需要追求公平、效率与秩序等法律价值，还需要具有适时的功利主义取向。因为商标共存制度的适用，或使涉案企业获得生存机会，反哺社会最终实现社会福利总体增加。

在商标法的发展历程中，有关商标权保护理念与模式的重大变化，主要集中在商标财产化理念的贯彻与商标注册制度的创设。商标财产化使商标展现出亦如“物权”那样的绝对权属性，并且通过商标注册程序使商标权具化。鉴于此，商标权人在寻求欺诈之诉保护商标的同时，还可以侵犯商标权为由请求法院保护。商标注册作为专有性的术语，明确说明了申请注册人是商标的所有人，并用权利(title)描述了两者之间的关系。[1] 尽管商标毫无疑问是财产,但也并非始终如此。商标所有人不能阻止他人将该相同商标用于描述其他商品;即使是被他人用于相同商品,商标所有人也必须在法律诉讼中证明可能误导公众。[2] 商标侵权判定标准的不断膨胀,商标初始兴趣混淆、商标售后兴趣混淆等概念的兴起,从时间和空间上扩大了商标权人主张商标权侵权的范围。三种混淆理论的出发点均在于保护消费者免于混淆。鉴于此,倘若全部消费者利益都能得到商标权人的保护,那么我们可认定,涉及消费者利益的纠纷会自然而然地解决。然而,事实并非如此:商标权人仅代表部分消费者。因此,当判断商标混淆可能性时,只要存在一小部分消费者被混淆,法院便可认定存在混淆;对不存在混淆的那部分消费者而言,司法存在在保护"消费者"这一整体性概念下,选择性地忽略可能存在混淆的这一部分消费者的利益。随着商标权的不断扩张,商标权人受到太多关注,导致忽略了被控侵权人的某些合法利益,致使商标权人和被控侵权人之间的利益失去平衡。由于平衡关系直接影响市场秩序,微观的处理均能直接反映、影响市场利益的安排。[3] 对此,笔者支持对商标权权利扩张的质疑与反思,但是这种质疑与反思应当基于《商标法》的立法宗旨。依据我国《商标法》第 1 条[4]之规定,本法宗旨可依次分为三个方面:保护消费者利益、保护生产者与经营者的利益、维护市场经济秩序。目前,针对《商标法》的立法宗旨,理论界存在两种主张:第一种主张《商标法》旨在保护消费者利益与维护市场经济秩序;第二种则主张《商标法》的宗旨在于保护生产者与经营者的利益。对此,

---

〔1〕 参见李雨峰、曹世海:《商标权注册取得制度的改造——兼论我国〈商标法〉的第三次修改》,载《现代法学》2014 年第 3 期。

〔2〕 See Graeme B. Dinwoodie & Mark D. Janis, *Trademark Law and Theory: A Handbook of Contemporary Research*, Cheltenham: Edward Elgar Pub, 2008, p. 30.

〔3〕 参见杜颖:《商标法律制度的失衡及其理性回归》,载《中国法学》2015 年第 3 期。

〔4〕 我国《商标法》第 1 条规定:为了加强商标管理,保护商标专用权,促使生产、经营者保证商品和服务质量,维护商标信誉,以保障消费者和生产、经营者的利益,促进社会主义市场经济的发展,特制定本法。

本书认为,《商标法》作为私法,理应以保护商标权利为首要宗旨,消费者利益的保护是《商标法》保护商标权人的间接结果。另外,针对“倘若增强商标权人的市场控制能力,那么商标权人将会通过加价等价格手段来控制市场、产品质量等,最终导致消费者福利损失扩大”的顾虑,[1]实则无须过度担忧。企业是市场里的“理性经济人”,当他们拥有高价值含量的商标时,自然不会选择降低其品牌所折射的品质,因此这样必然会使商标上的投资遭受损失。[2] 倘若生产者、经营者居于市场垄断地位,此时消费者的利益将会借助其他竞争者诉诸《反不正当竞争法》予以保护。此外,尽管市场竞争者利益与商标权人利益之间的失衡状态会影响市场秩序,但是市场竞争者利益在本质上乃是私益,理应纳入《商标法》宗旨的范畴。

鉴于此,本书秉持《商标法》立法之宗旨,通过创设相关的制度来限制商标权的权利扩张,以实现公平、效率与秩序的法律价值。在限制商标权的制度设计中,商标权注册取得制度经历了从绝对取得到相对取得的转变。商标先用权制度、商标共存制度矫正了商标注册的绝对性,使商标注册制度具有相对性。此外,商标权侵权判定标准——混淆可能性,也为商标相关制度的创设提供了可能。由于商标先用权利、商标共存权利等相关商标权利[3]有别于通过注册所取得的权利,这就要求我们对商标相关权利的取得予以具体判断。商誉是《商标法》保护商标的正当性基础。对商誉属性的评价,麦卡锡教授认为:“商誉乃是商品有关信息在消费者心目中的评价”[4]。评价的形成是过程性的。这意

〔1〕 参见杜颖:《商标法律制度的失衡及其理性回归》,载《中国法学》2015 年第 3 期。

〔2〕 See Benjamin Hein & Keith B. Leffler, *The Role of Market Forces in Assuring Contractual Performance*, Journal of Political Economy, Vol. 89, 1981, p. 615 .

〔3〕 需要说明的是,本人主张商标先用权制度与商标共存制度所要实现的是一种商标权利,而不只是一种利益。关于该观点的证明,将会在具体章节予以阐述。

〔4〕 J. Thomas MaCarthy, *MaCarthy on Trademarks and Unfair competition*, Clark Boardman Callaghan, 2002, Vol. 18, no. 2, p. 2.

味着商标所附着的商品或者服务只有经历这个过程，才能形成商誉。因此，在证明商标相关权利是否形成时，就需要对商标使用的具体要件予以判断。

就商标共存制度的现有研究而言，绝大多数研究仍旧针对商标共存制度的构成要件与理论意义等方面，少数文献针对商标共存制度渊源、商标共存协议性质、商标共存与商标法之间系统融合性等方面深入探索。关于商标共存的司法实践，多数仍旧支持商标“包容性增长”理论的指导意义，以“客观形成稳定市场秩序与格局”为标准判定商标能否共存。然而，我国并非判例法国家，已有判例无法成为日后商标共存纠纷的处理依据。因此，我国今后商标共存秩序的发展，除了依靠司法个案处理外，对“客观形成稳定的市场秩序与格局”的立法化与规范化，是商标法服务市场经济必然的选择。

再则，现有文献均认为商标共存制度、商标先用权制度能够矫正商标注册制度的不足，但是对于两者之间的差异却鲜有论证。本书认为，商标先用权制度只能适用于认可商标权注册取得模式的国家或地区，而并不能适用于以使用取得商标权的国家（例如美国）或地区。两者之间的差异主要在四个方面：第一，将相同或近似的商标标识使用于相同或类似的商品或者服务上，多个独立的商标权是否能存在；第二，是否要求存在地域分离；第三，是否涉及善意在后使用人；第四，是否允许地域的扩张。就我国商标先用权制度而言，要求商标注册人与商标在后使用人相一致。然而，现实往往相反。倘若商标在后使用人并不是商标注册人，那么对其利益又该如何保护？目前我国《商标法》对此并无规定。

针对商标共存制度，还需深入研究的另外一块内容，便是有关商标共存与互联网市场之间的适用问题。通常来讲，只有在实物市场上商标共存制度才得以建立，而且以一个法域存在两个距离遥远、相互独立的经营区域为条件。但现如今，各区域市场的孤立性逐渐被世界领先科技的发展尤其是电子广告与互联网搜索引擎的发展所驱除，这导致现实生活中的区域限制不再显著。网络的出现使客观物理世界被虚拟化，这尤其产生了法律适用上的迷惑。于是我们不禁会问，围绕着蒂罗斯－莱格特纳斯规则所确定的商标共存判断标准能否在互联网背景下继续适用及应如何适用？实际上，基于实物市场发展而来的商标共存规则在互联网贸易中能否适用一直是众多法官、学者和评论家们共同争论的热重点。[1] 其中，有学者提出"网络时代的开始便是商标共存制度的结束"的观点，也有学者以为蒂罗斯－莱格特纳斯规则的恰当改造仍然可用于解决互联网背景下的商标纠纷。[2] 与著作权法一样，作为知识产权法一部分的商标法，其产生和发展均与科技的发展密切相关，尤其是与电子广告与互联网搜索引擎的发展密切相关。商标法并非故步自封，而是坚守理念与价值取向、通过制度改革来适应新技术带来的变化。绝大多数情形商标法能够与科技的发展之间相互适应，至少在数字技术环境下是这样的。与传统市场相一致的是，互联网市场同样强调商标使用的价值。因此，也就有了针对互联网商标使用与有形市场商标使用之间的差异性判断。基于对互联网特性的探究以及互联网用户主观上的认知状态，商标共存制度不仅能够适用于互联网，还能够为时下"互联网＋"的时代创新造就空间。

---

〔1〕 See W. Scott Creasman, *Establishing Geographic Rights in Trademarks Based on Internet Use*, Trademark Rep, Vol. 95, 2005, p. 1016; Stephen L. Cartert, *The Trouble with Trademark*. Yale L. J. Vol. 99, 1989－1990, p. 759.

〔2〕 See Jessica Amber Drew, *Death of Dawn Donut the Demise of Concurrent Trademarks*, Journal of Law, Technology & Policy, 2007, p. 101.

CHAPTER 01 >>

第一章

商标共存制度的历史演进

第一节　商标共存制度的起源与形成

对于商标究竟缘起何处这个问题，至今为止仍处于一个众说纷纭的状态。而对于商标共存制度究竟缘起何处这个问题，则是有据可循的，其肇始之地为美国。早在1870年，美国国会就试图通过制定商标共存制度保护那些在国家专利与商标局注册商标的企业。具言之，国会根据《美利坚合众国宪法》第1条第8款第8项制定了第一部联邦性的商标法律《美利坚合众国联邦商标条例》。该款项为促进科学与艺术的发展，而赋予作者对其作品以及发明者对其发明享有一段期限的排他性权利。[1] 然而让人不无遗憾的是，在《美利坚合众国联邦商标条例》施行后的In re Trade-Mark案中，美国联邦最高法院判决：尽管第一部联邦商标法有着神圣的目标，但是该法依旧违宪。

---

〔1〕 See U. S. CONST. art. I, § 8, cl. 8.

美国联邦最高法院认为《美利坚合众国联邦商标条例》被宣告无效的原因主要在于,《美利坚合众国宪法》第 1 条第 8 款第 8 项所保护的智力劳动成果范围限于书、复制件、石刻以及类似的书画,而商标并不属于该范畴。基于此,国会无权以《美利坚合众国宪法》该条为依据制定商标法,并且根据商贸条款来规制州内以及州际贸易同样是违宪的。〔1〕在持续增长的州际贸易与日益频繁的社会流动背景下,对于一部统一规范商标的联邦法律的呼声越发高涨,促成了一部全面性、系统性的商标法律——《兰哈姆法》的制定与施行。

在《兰哈姆法》的施行下商标注册在地域上具有了法律意义。根据《兰哈姆法》,商标使用人享有全国范围内效力的商标权,并且能够诉诸商标与专利局;同时,注册商标便具备了推定通知的效力。但是现实中使用未注册商标的现象依旧持续且广泛,而且时至今日在美国仍然有着不计其数的未注册商标。这一现象形成的个中原委可能是多样性的:可能是提交注册申请没有成功;或可能是认为商标注册费用过高、抑或可能是不懂得知识产权以及无形财产的价值何在。大量注册商标和未注册商标同时存在的复杂情形,直接加剧了现实中如何给予争议商标以法律上确定性保护的复杂性。原本《兰哈姆法》的初衷旨在全国范围内为商标保护提供一致性的标准;但伴随《兰哈姆法》的推行反而使得如何实现商标法上避免消费者混淆、保护商标指示功能与商誉这两个重要目标的平衡问题更趋复杂化。在此情境下,作为保护商标商誉与避免消费者混淆这两大商标法目标的平衡利器,商标共存制度成为给予此类争议商标以法律上确定性保护的有效路径。〔2〕基于商标共存制度起源并发展于判例法的历史背景,下文将以案例的形式对商标

〔1〕 See *In re* Trade-Mark Cases, 100 U. S. 82 (1879).

〔2〕 See David S. Barrett, *The Future of the Concurrent Use of Trademarks Doctrine in the Information Age*, 23 Hastings Comm. & Ent. L. J. 687, 690 (2001).

共存制度的演进历程展开更为生动与详尽的论述。

一、汉诺威星磨坊案[1]

本部分涉及的案例是两起针对"TEA ROSE"商标的诉讼:一起是艾伦惠勒公司诉汉诺威星公司案(Allen & Wheeler Company v. Hanover Star Milling Co.);另一起是汉诺威星公司诉梅特卡夫案(Hanover Star Milling Co. v. Metcaff)。在这两起诉讼中涉案商标"TEA ROSE"以三朵玫瑰为标识而具有显著性,而商标"TEA ROSE"的标识被用于面粉袋、包装纸袋上用以销售面粉。

在艾伦惠勒公司诉汉诺威星公司案件中,艾伦惠勒公司(Allen & Wheeler Company)是一家位于俄亥俄州的公司,主要在俄亥俄州、宾夕法尼亚州以及马萨诸塞州销售有"TEA ROSE"标识的面粉。早在1872年,艾伦惠勒公司便已在美国纽约州的特洛伊市销售"TEA ROSE"面粉。一直到1904年,艾伦惠勒公司进行了合并,并且接管了其合伙的面粉厂、机器、股份、商标,但艾伦惠勒公司仍不间断地在商品容器、袋子、桶和包装纸上使用"TEA ROSE"商标。艾伦惠勒公司认为,汉诺威星公司(Hanover Star Milling Co.)在已经注意到了他们使用"TEA ROSE"商标事实的情况下,仍旧在亚拉巴马州、密西西比州、佐治亚州内大量销售附有"TEA ROSE"商标的面粉。并且,艾伦惠勒公司认为在过去5年中汉诺威星公司大约每年获利5000美元,对艾伦惠勒公司而言造成了超过3000美元的损失。因此,艾伦惠勒公司起诉汉诺威星公司,认为汉诺威星公司在亚拉巴马州、密西西比州与佛罗里达州使用"TEA ROSE"商标的行为构成商标侵权。

---

[1] 指两个案件:Hanover Star Milling Co. v. Metcalf,240 U.S. 403 (1916);Allen & Wheeler Company v. Hanover Star Milling Company。

在这个案件中，由于无任何证据证明任何一方根据国会决议或者州法注册了商标，因此法院首先运用普通商标法来解决艾伦惠勒公司与汉诺威星公司之间的商标侵权纠纷。在判决中，法院认为艾伦惠勒公司早在1872年就开始在面粉上使用“TEA ROSE”商标，并且持续使用到1904年。尽管艾伦惠勒公司于1904年扩大了规模，合并了其合伙企业的面粉厂、机器、股份和商标，但是除了在1872年销售了三批共计75桶的面粉给俄亥俄州辛辛那提市的一家公司与一批共计100桶的面粉给宾夕法尼亚州匹兹堡的一个公司之外，没有其他证据证明艾伦惠勒公司的“TEA ROSE”商标使用的具体市场辐射范围。此外，汉诺威星公司在诉讼中提交了证据证明其在1885年成立之时就开始在面粉包装或者容器上使用“TEA ROSE”商标；并且在采用该商标之初，并未注意到“TEA ROSE”已经被艾伦惠勒公司采用。甚至从1904年伊始，汉诺威星公司在亚拉巴马州、密西西比州、佐治亚州和佛罗里达州部分区域就投入了大量的人力、物力、财力来宣传“TEA ROSE”商标。汉诺威星公司提交的证据显示，在诉讼开始前汉诺威星公司的面粉销售额每年就已高达150,000美元。

根据以上事实及相关证据，法院一是认为根据《美利坚合众国联邦商标条例》的立法旨意，商标使用人有权受到保护与赔偿的前提是商标在市场上有确切的使用并形成一定的商誉。该案中，没有证据证明艾伦惠勒公司的“TEA ROSE”商标在亚拉巴马州、密西西比州、佐治亚州以及佛罗里达州内使用，因此法院作出艾伦惠勒公司无权排他性地在亚拉巴马州、密西西比州、佐治亚州以及佛罗里达州内使用商标“TEA ROSE”的判定。[1] 二是认为根据普通商标法的规定，商标权保护的范围仅仅延伸至商标能够使商品被消费者知晓与区分的市场。由于艾伦

〔1〕 Hanover Star Milling Co. v. Metcalf, 240 U. S. 403, 415 - 416 (1916).

惠勒公司并不占领东南地区市场,因此法院认为依据普通法也并无理由给予艾伦惠勒公司相应的救济。三是认为虽然“商标专有权来源于在先使用”之判定已经在很多案件中予以肯定,即对于各方在同一市场竞争性使用相同商标的争议案件,首先需要解决谁先使用商标这一事实问题。但是,当双方独立地在相同种类的商品上使用相同商标并且其经营的市场相去甚远时,在先使用问题就变得无关紧要。因此,法院认为商标权不受地域限制的说法与商标权可以延伸至(美国)主权之所在地的说法不符。如果商标权的地域范围没有限制,那么商标权范围还有什么扩大可言?如果在一个有限市场范围里单纯采用、使用商标的行为可以在全美国的主权所在地范围内形成商标权,那么问题就会马上出现。就该案而言,汉诺威星公司提交的证据证明在亚拉巴马州或其他汉诺威星公司销售的区域范围内艾伦惠勒公司的商标并无使用的情形,市场也无人可知。因此,艾伦惠勒公司的商标不能自动形成美国主权所在地范围内的商标权。四是认为从已经讨论的普遍原则中可以得出,商标权像其他权利一样,会因抛弃、不使用、懈怠或默许而丧失。在严格意义上,抛弃需要有抛弃的意思表示。根据艾伦惠勒公司所提供的证据证明,该公司所使用“TEA ROSE”商标的地域范围并未进入东南地区。即便他们不知汉诺威星公司正在使用相同的商标,但是仍旧承担这样的风险:善意的商标使用人可能在他们不作为的40年间恰巧在面粉上使用相同的商标,并且为之投入了大量资本,以建立知名度。在该案中,汉诺威星公司善意并且未知艾伦惠勒公司在商标上投入的大量成本,而在东南地区市场建立起自己的市场。因此,艾伦惠勒公司在这些区域主张汉诺威星公司构成商标侵权,应该受到禁止反言的约束。鉴于此,法院认为艾伦惠勒公司无权主张在亚拉巴马州、密西西比州以及佛罗里达州寻求商标保护。

另一起案件是 Hanover Star Milling Co. v. Metcaff 案。该案中的

汉诺威星公司也是上文案件中的当事人，这家公司发迹于伊利诺伊州。汉诺威星公司自1904年起，通过大量的商业贸易拓展将面粉销售至亚拉巴马州（该公司在该州销售标有该商标的面粉已有12载的历史）、密西西比州、佐治亚州以及佛罗里达州。汉诺威星公司在上述4个州的范围内具有很高的声誉，在此期间，汉诺威星公司坚持生产高品质的面粉，并且通过高昂广告费以及辛劳的努力，创造出“TEA ROSE”面粉的巨大市场价值与极高的市场销售额。

同样发迹于伊利诺伊州的斯蒂尔维尔公司（Steeleville Milling Co.）在伊利诺伊州、田纳西州、印第安纳州、阿肯色州以及密西西比州销售面粉。斯蒂尔维尔公司偶尔也将面粉销售至亚拉巴马州。当商人梅特卡夫（Metcalf）试图在亚拉巴马州里转销汉诺威星公司面粉，但因得知汉诺威星公司与其分销商签订了独家转销协议，因此只能作罢。梅特卡夫转而在亚拉巴马州销售斯蒂尔维尔公司的“TEA ROSE”面粉，特别是在亚拉巴马州的巴特勒县销售大量“TEA ROSE”面粉。由于斯蒂尔维尔公司的面粉与汉诺威星公司所生产的面粉在包装容器和包装纸上均用带有包含三朵玫瑰花和“TEA ROSE”商标的设计，因此，当梅特卡夫转销斯蒂尔维尔公司的面粉时，汉诺威星公司随即以商标侵权与不正当竞争为由对梅特卡夫提起诉讼。在汉诺威星公司诉梅特卡夫案中，上诉法院拒绝给予汉诺威星公司救济，主要原因在于：除了作为第一个使用“TEA ROSE”商标的艾伦惠勒公司之外，直到该案诉讼之时还有其他公司仍持续地使用该商标。此外，斯蒂尔维尔公司在1895年就开始使用相同商标，并且在伊利诺伊州、田纳西州、印第安纳州、阿肯色州和密西西比州存在大量使用的事实，并且偶尔还会通过船运将面粉销售至亚拉巴马州。这种如此广泛与持续的使用，足以否定汉诺威星公司基于首次使用或者在该地域的排他性使用的主张。

但是在这起纠纷中梅特卡夫依然承担了其他的法律责任，即该案在诉讼中有证据清楚地显示，梅特卡夫在起诉前已经实施了不正当竞争行为。从1904年起，汉诺威星公司就已经广泛地在亚拉巴马州和密西西比州、佐治亚州、佛罗里达州的部分区域推广它的“TEA ROSE”牌面粉，而且在这些区域中并无其他牌子面粉销售。需要进一步说明的是，在亚拉巴马州的巴特勒县和其他毗邻县，汉诺威星公司的面粉一直由格林威尔的迈克马伦食品杂货店独家销售。因此，在格林威尔做生意的梅特卡夫无法转售该牌子的面粉。然而，在诉讼开始不久之前，梅特卡夫向公众与同行宣称其所销售面粉是受斯蒂尔维尔公司的委托而获得“TEA ROSE”面粉的销售权。根据印有“TEA ROSE”商标的面粉之包装的相似度，足以证明梅特卡夫是有计划并且实际上欺骗消费者的。对此，法院认定这是一个不正当竞争案件。因此，原告(汉诺威星公司)可以获得对梅特卡夫的禁令。当然，这与确认商标权的诉求是不相关的。

综上所述，我们从上述两起关涉汉诺威星公司的裁判案的司法判决中可以得出这样的结论：通过商标使用能够取得商标权的这一原则得以建立，并且商标权的效力只能限定于商标使用区域的裁判规则得以确定。随即，在两年之后的联合药品公司案[1]中，也解决了由两起汉诺威星公司案延伸出来的一个逻辑性问题：如果商标保护是区域性的，那么远程的、不相关的商标使用人能够在不同的区域市场使用相同或者近似的商标。

二、联合药品公司案

在上述汉诺威星公司案件之后，尽管有着不同的目的，但是美国联邦最高法院再一次对商标共存制度的内涵进行了重新释义。

---

〔1〕 United Drug Co. v. Theodore Rectanus Co.,248 U.S. 90 (1918).

1877年左右,艾伦(Ellen M. Rgis)着手生产治疗消化不良等疾病的药物。此外,在药品包装上采用由其姓氏变化而来的"REX"作为商标。后来艾伦和其儿子合作成立瑞吉公司(E. M. Regis & Co.),并于1898年取得马萨诸塞州的商标注册权,还在1900年取得联邦商标注册权。随后在1911年,瑞吉公司收购了其他公司包括药物制剂生产与零售在内的业务,并将相应商品在"Rexall Stores"药品连锁店进行销售。届时,"Rexall Stores"药品店已覆盖美国多个州,其中肯塔基州的路易斯维尔就有四家。1883年前后,路易斯维尔药剂师莱格特纳斯(Theodore Rectanus)将"REX"作为"血液清除剂"(blood purifier)的商标进行使用。莱格特纳斯在没有意识到瑞吉公司在马萨诸塞州已存在贸易的情形下,在路易斯维尔及其周边区域借助广告和市场销售取得商标权。在1906年,莱格特纳斯将包括REX商标权在内的实业全部转让给他人,该商标权继承者对"REX"商标的使用一直持续至1912年。

1912年4月瑞吉公司第一次在销往路易斯维尔及其周边地区的药物包装上使用了"REX"商标,其中有两批近150箱的药物送去了一个"Rexall stores"商店。此后,该"Rexall stores"商店就利用"REX"商标在当地新闻媒体上进行宣传。然而,不管该"Rexall stores"商店是否以"REX"商标进行宣传或商品描述,都没有证据能够证明在此之前肯塔基州的消费者曾听说过瑞吉公司所生产的药物。因为对于肯塔基州的消费者来说,"REX"这个单词只具有指向莱格特纳斯实业及其产品之意。另外,瑞吉公司在将第一批货物船运到肯塔基州的几个月之前,路易斯维尔的一家分销商就明确地告诉过瑞吉公司,莱格特纳斯一直在该地区使用"REX"来指明其药品,并且莱格特纳斯在瑞吉公司运送货物到路易斯维尔及其周边地区之前,就已经使用了"REX"作为商标长达16~17年之久。

在瑞吉公司作为原告起诉莱格特纳斯案中,除了商标侵权的问题之外，没有任何其他证据支持对被告莱格特纳斯的不正当竞争的指控。对此，两个法院均认为，在双方当事人最初使用同一商标到判决时这20多年时间里，双方（包括各自的前身）分别在各自相去甚远的地方进行销售，并且使用商标均为善意，任何一方都没有意识到对方所做的事情。其中，地区法院认为，由于艾伦早于莱格特纳斯采用"REX"商标，因此，艾伦及其继承者瑞吉公司在其治疗消化不良、胃及其他消化疾病的药物上使用该商标不存在不正当行为所获得的利润。此外，巡回上诉法院虽然考虑到莱格特纳斯在不知情的情况下长期使用"REX"商标进行标识的事实，但巡回上诉法院认为在相同时间内，艾伦及其继承者瑞吉公司却什么都没有做：既没有寻找零售商或通过广告等方式让"REX"商标为新英格兰地区以外的消费者所知；也没有努力将贸易扩大至肯塔基州，而只是通过相邻各州的零星销售保存业务。因此，艾伦及其继承者瑞吉公司应当知道，假定在一个自由开放的区域，其他人会被他们的不作为或者沉默所误导。因此，艾伦及瑞吉公司自然受到禁止反言的限制，不得针对莱格特纳斯在路易斯维尔及其周边地区的市场持续使用申请禁令。

众所周知，商标本身并不能作为财产，除非附属于商标的产品已经形成一定的市场。事实上，形成一定市场的商标权并非一种垄断市场的权利表现，其实质只是一种通过在产品上或者所销售的产品包装上使用其商标的排他性权利。对于商标权的效力范围，我们经常遇到这样的表述：商标权并不限于领土边界。但是这种表述只有在使用商标的贸易所及之处才是正确的。这是因为，当他人在该区域范围内销售商品时，商标的先使用人有权获得合法保护。因此，在因使用相同标识而产生商标权归属的纠纷判断中，一般采用的是先占原则。然而，该原则并不能适用于瑞吉公司起诉莱格特纳斯案。由于该案的当事人是两个独立并且在相去甚远的区域内分别使用商标的市场主体，并且在各自的市场中他们使用的商标也分别仅指示自己。概言之,该案所蕴含的情境便是先占原则的例外:一个善意之人在一个州使用一个商标,并且通过使用该商标在该州开展了贸易活动时,可成为该州司法管辖区的第一个使用者。由于另一个人在相去甚远的区域使用相同的商标,那么,该人在该区域的使用相对于前一人的使用而言也为首次使用,因此前一人就无权在该区域再使用该商标。据此,当双方在肯塔基州的市场发生竞争之前,瑞吉公司作为该区域市场的新进入者,必须受制于在先使用人,即莱格特纳斯的限制。如果要求莱格特纳斯离开其所在区域,以使艾伦及其继承者瑞吉公司能够享有该区域的商标权,并且延伸至最远端的市场区域,那么,这不仅会剥夺莱格特纳斯在路易斯维尔及其周边区域市场长期使用商标所形成的商誉,也会剥夺莱格特纳斯为了拓展市场而付出巨额成本的相应费用,甚至还会引起该区域消费者的混淆。

汉诺威星案[1]的判决基础与该案提到的事实非常接近,没有必要再进行深入的讨论。源于艾伦及其继承者瑞吉公司长时间将“REX”商标限定于特定区域,因此他们必须承担一些善意者在远程区域的销售产品上使用相同商标的风险。以路易斯维尔而言,艾伦及其继承者瑞吉公司意欲销售的区域已经归属于莱格特纳斯。因此,法院对于瑞吉公司的禁令申请予以驳回。

显然汉诺威星案的核心在于对商标权的取得与效力范围的界定,但不无遗憾的是汉诺威星案对于“商标共存”概念及其内容却并未提及。因为两年之后的联合制药案在案情上与汉诺威星案相似,因此联邦最高法院在裁判思路上也采取了与汉诺威星案相同的路径。尽管美国在普通法之外存在诸多调整商标使用与商标纠纷的成文法,但是普

〔1〕 此处及下一段中的汉诺威星案特指Hanover Star Milling Co. v. Metcalf。

通法的效力始终处于核心地位。从源头上定性商标法的法源,即为州内与州际贸易服务。依循该逻辑,商标权的取得也应当与贸易相结合,即商标权的取得来自贸易,根据自然存在的贸易顺序问题,商标权的取得也自然存在顺序问题。一般情况下,古老的先占原则足以调整商标权的归属问题。但是一旦贸易范围扩大,使贸易视角不再限于某一区域时,先占原则如何适用就需要一个参考系。对于某一区域而言,为先占者;对于另一个区域而言,就可能是后来者。既然普通法保护商标先占者的权益,那么,对于善意的另一区域的先占者(尽管总的顺序上为商标在后使用者)之权益自然应受到同等保护。鉴于此,当不同的使用者在不同的区域分别作为先占者而使用商标时,如果主观均为善意,那么,法律就应当给予同等的保护。在普通法背景下,即使在某一区域范围内享有商标权的在先使用人,也可能无法禁止善意在后使用人在远程区域内使用该商标的权利。因为在该远程区域范围里,该在后使用人是第一个使用商标之人;在先使用人必须承担该在后使用人在该区域内善意使用相同或近似商标的风险。[1] 自此,商标共存现象通过司法途径得以演变为商标共存制度。就美国司法层面的商标共存制度而言,其实质在于从效力上对商标进行确权:对不同商标使用人各自商标权利效力的确认,最终形成两个独立的商标权共存。

第二节 商标共存制度的发展

一、《兰哈姆法》的意义

不难看出,上述汉诺威星磨坊案和联合药品公司案中可归纳出的

〔1〕 See United Drug Co. v. Theodore Rectanus Co., 248 U. S. 90, 103 (1918).

商标共存制度只能够解决两个问题:(1)在后使用人是否能够在远程区域使用同一商标;(2)在后使用人主观上是否善意并且不知晓在先使用人在相同或者类似商品上使用相同或者近似商标。概言之,联邦最高法院的两起案件只可化解商标使用人各自为营的情形时的商标权归属问题,并未涉及在各自为营的情形之外如何判断商标权的归属问题。此外,尽管1905年美国国会颁布的第三部联邦《商标法》就已经规定全国范围的商标注册制度,但是此时的商标注册制度并没有赋予商标注册人在全国范围内享有商标权,也没有赋予商标注册人高于普通法的商标权利。对此,1946年制定的《兰哈姆法》着实带来了巨大的变化。

现代贸易可以跨越地域限制、走向全国,这使原本限制商标保护区域的普通法无法调整新的情形。为了避免商标在后使用人侵犯商标权人的利益,美国专门制定《兰哈姆法》以期保证商标保护的区域能够满足随之扩大的商业贸易需求。首先,《兰哈姆法》所创设的联邦注册制度能够为注册商标提供全国性的保护,该注册制度还使得注册商标具备商标权利推定的通知效力,"权利推定通知"效力的出现在很大程度上降低了在后商标使用人主观善意抗辩的可能性。其次,国会还试图通过制定《兰哈姆法》降低商标共存案件的不确定性:一是《兰哈姆法》第7条b款具有特定的证据推定效力,这有利于商标权的执行,并且该条将证明商标、商标权有效性的责任转移到非注册权人;二是《兰哈姆法》第15条的"无可争议效力"能够保证商标注册人在经过5年之后其权利仍然存在有效性与不可撤销性。最后,《兰哈姆法》第2条d款规定了商标共存注册制度,即如果在特定情形下,可允许一个或者多个主体在不同区域使用相同或近似商标的权利,主要内容包括:第一,寻求商标共存注册的主体,必须是商标在先使用人或者在商标在先使用人之前主观善意地使用商标的在后使用人;第二,寻求商标共存注册的主体须在各自区域都不存在商标混淆之虞时,才会被授权商标共存注册;

第三,如果商标与专利局授权商标后,商标注册权人就必须在授权书上划定各自商标使用的区域,以避免存在混淆的可能;第四,如果商标在后使用人获得联邦注册,那么商标在先使用人只能在其原区域范围内继续使用该相同或近似商标。

综上可知,《兰哈姆法》的上述条款旨在通过赋予商标注册人在未被占领的区域享有商标权,从而鼓励、表彰优先申请商标注册。此外,《兰哈姆法》还创设了"善意优先使用"条款,即所谓的"有限区域之例外"(limited-area exception)条款。[1] 从其核心内容来看,"善意优先使用"条款并没有改变商标共存制度,其实质上是基于商标共存制度创设的一项新规则,即如何处理一方已经注册商标的商标使用情形。如果商标使用人满足以下两个条件,"有限区域之例外"条款便允许商标在后使用人在远程区域范围内继续使用该商标,即便商标在后使用人所面对的商标是无可争议的商标:第一,商标在后使用人使用商标时主观必须善意,并且不知晓在先商标使用人;第二,商标在后使用人持续使用商标的行为必须早于商标在先使用人的注册申请优先日。虽然"有限区域之例外"条款明确要求商标在先使用人需要拥有无可争议的商标,但是该条款的适用并不在于商标是否已经获得无可争议的状态。[2] 在《兰哈姆法》"收编"商标共存制度之后,随之而来的唐·多纳特案(Dawn Donut Company,Inc. v. Hart's Food Store & Stathart Bakeries)对商标共存制度的进一步完善起到至关重要的作用。唐·多纳特案详细阐述了在两个(以上)商标使用人之间存在细微但又十分复杂的差异之际该如何平衡的问题;[3] 同时,该案细化了蒂罗斯-莱格特纳斯规则的

---

〔1〕 Thrifty Rent-A-Car Sys.,Inc. v. Thrift Cars,Inc.,831 F.2d 1177,1180-1181 (1st Cir. 1987).

〔2〕 See Louis Altman & Malla Pollack, *Callmann on Unfair Competition*, Trademarks, and Monopolies, Vol. 20, no. 22, 4th ed., 2013, p. 13.

〔3〕 See Circuit City Stores. Inc. v. CarMax, 165 F. 3d 1047, 1056 (6th Cir. 1999).

适用要件、明确了诸多考量因素，以求达到商标共存制度适用的精准性。

二、唐·多纳特案[1]

一言以蔽之，唐·多纳特案主要阐述的是早期联邦法院在基于权利推定通知的减损效力与“有限区域之例外”条款的例外基础上，如何适用商标共存制度的问题。

该案原告唐·多纳特公司（Dawn Donut Co.）于1922年开始持续性地在售往各州（包括纽约州）的油炸圈饼包装袋上使用“Dawn”商标。1927年原告提出联邦注册并获得批准，并且该商标于1947年续展。从1935年唐·多纳特公司开始试运营一条混合型咖啡味圈饼生产线，直到1950年唐·多纳特公司才正式将其作为公司业务。唐·多纳特公司的销售代表向面包商发出订购圈饼的邀约，获得的订单要么直接从原告位于密歇根州杰克逊县的生产地直接船运给买家，要么由顾客所在州当地仓库船运给他们。这一销售运行模式维持到1954年才变成单线提供模式，即从生产地直接向消费者供货。此外，原告在广告和包装上使用“Dawn”商标；同时，当购买者再次销售其产品时，允许赠送附有商标的包装材料或者给予合理价格的优惠。显而易见，这些做法刺激了原告圈饼的销售量。随后，部分买家同意成为原告的特许经营店。联邦地区法院发现，除了一家位于罗彻斯特市的特许经营店之外，原告在纽约州许可销售其产品的经营店均远离被告的销售区域60公里以上。同时，原告在过去的18年间在纽约州的经营店从未间断过向罗彻斯特市以及周边城镇的面包商发出订购面包的邀约。

该案被告是哈特食品商店（Hart's Food Stores）以及包括门罗县

〔1〕 Dawn Donut Co., Inc. v. Hart's Food Stores, Inc., 267 F.2d 358 (2d Cir. 1959).

(Monroe)、韦恩县(Wayne)、利文斯顿县(Livingston)、杰纳西县(Genesee)、安大略县(Ontario)、怀俄明县(Wyoming)在内的纽约城镇经营杂货连锁店。在该案中,被告的面包类产品皆通过这些连锁店对外发售,并最终形成了以罗彻斯特市为中心向外辐射45英里的专门销售被告产品的区域。被告通过电视、广播、报纸等媒体宣传其圈饼及其他产品时,均以该区域范围为限。从时间来看,被告的圈饼公司成立于1951年4月30日,且在1951年8月30日起第一次在其产品的包装袋上使用"Dawn"商标。经联邦地区法院查明,被告在采用"Dawn"商标时并未知晓原告使用了该商标。

联邦地区法院认为,在过去的18年里,原告在罗彻斯特市及其周围区域并没有招揽订单等行为;并且该区域的购买者也未将该商标与原告的零售店之间建立起任何联系。被告在未知晓原告已对该商标进行使用或联邦注册时,选择使用该商标的主要原因是来自公司董事长的一句标语"半夜煎炸,黎明发售",而且该标语已被被告使用近6年(1929~1935年)。因此,联邦地区法院认为原告无权禁止被告在该区域继续使用该商标。

联邦第二巡回法院总结认为,该案的核心焦点之一在于原告是否有权禁止被告在罗彻斯特市周围的6个区域范围内在其圈饼产品上继续使用"Dawn"标识。联邦第二巡回法院认为,尽管原告授权购买者在其产品上与后续产品上继续使用"Dawn"商标,但是唯独在被告所在区域内不存在任何授权或任何开拓性的商业行为。根据《兰哈姆法》第32条的规定,只有在未授权人使用商标引起消费者混淆之虞时,注册权人才有权申请禁令。然而,事实表明即便是在罗彻斯特市范围内,原被告各自在远程区域使用同样的商标并不会导致混淆。另外,联邦第二巡回法院总结认为该案的核心焦点之二在于原告是否有权将其销售区域扩张至被告所在的区域。假如存在扩张的可能性,那么在同一市场上使用该商标就会产生混淆。联邦第二巡回法院认为,根据《兰哈姆法》有关“推定通知”的效力,被告在商业上使用“Dawn”商标晚于原告的申请注册,因此若原告确有意图或计划在被告所在区域实行相关零售业务,那么原告有权主张禁止被告继续使用该商标。但问题的关键在于,由于原告近30年的不作为,足以证明原告所谓的扩张是子虚乌有。

综上,我们回归案件本身,即根据现有材料,原告是否有足够的证据表明其值得颁发禁令以阻止被告使用该商标。从法律层面来看,只有当他人同时使用商标会导致与商标权人的商品来源产生混淆时,法院才会颁发禁令。如果商标权人与未经授权使用者(在后使用人)所使用商标的区域分处不同区域市场,同时商标权人也没有可能将其贸易扩张至未经授权使用人(在后使用人)所在的区域,那么消费者就不可能产生混淆。因此,商标权人也就无权要求法院禁止在后使用人的商标使用行为。但该案中值得注意的是,尽管原告后续在罗彻斯特市从事批发生意,但原告知晓其所使用商标与被告的商标相同也是在3年之后了。这个强烈的信号表明,在地理位置上完全分割的贸易领域内使用相同的商标可能不会导致混淆;并且在同一地区的零售和批发这两个不同的市场层面同时使用相同商标,也可能不会导致混淆。那么问题的关键在于如果原告将批发生意扩张至零售环节,且当这种可能性发生之际,那么同一商标的同时使用就可能导致混淆。

在这一案件当中,原告不仅在相当长时间内未能在被告的贸易区域内许可他人使用其商标,同时原告自身的商业发展趋势表明原告将在纽约州以及国内的其他区域大幅减少授权许可。那么,对于被告仅仅以“原告只在某一州范围内使用该商标,就给予原告这样的救济是否超出了国会制定商标法时的宪法宗旨”来抗辩,联邦第二巡回法院认为基于商标注册制度,原告就有权获得禁令救济。这是因为,如果一个注册商标人享有的商标权在各州内都受制于当地企业的先用权或者同时使用权,那么《兰哈姆法》通过商标注册而获得的保护就变得毫无意义。此外,被告以"原告并未对其许可商的商品性质和质量加以控制"为由请求撤销原告的注册商标之反诉诉求,法院也未予采纳。《兰哈姆法》要求商标权人有义务采取合理的方法监督并阻止许可商的误导性使用行为,否则将会面临商标被撤销的后果。在《兰哈姆法》出台之前,许多法院认为脱离营业的单独商标许可意味着"抛弃"商标。即如果许可人不被要求采取合理的手段以阻止其他人对其商标的滥用,那么公众本应享有的制止商标误导性使用的最有效保护手段就是剥夺商标权。因此,除非许可人对被许可人的经营活动加以监督,否则公众在不知不觉中受骗的风险将会升高。然而,《兰哈姆法》清楚地指出,控制授权许可并不会导致许可人抛弃商标权。那么,在该案中原告是否对被许可人履行了充分的监督以确保他们卖给消费者的商品质量?对此,法院认为应按情形分析。该案中,原告的被许可人分为两类:一类是原告和他们签订了书面合同,要求他们只能购买原告的圈饼,并要求他们在使用这些圈饼时严格遵守原告的指示;另一类是尽管他们和原告之间没有书面合同约定来控制商品的质量,但是原告允许他们在零售层面中将"Dawn"商标贴在原告所制造的产品上,对于这种情况尽管合同没有明确关于对被许可人的活动加以监管和检查的权利约定,但是这并不意味着原告的许可方式不符合《兰哈姆法》的要求,因为事实上原告对于这一类被许可人也采取了控制行为。

概言之,法院最后驳回了原告要求法院颁发禁令以阻止被告使用"Dawn"商标的诉求,与此同时也驳回了被告提出的反诉请求。

三、思锐福体租车案[1]

从唐·多纳特案中我们看到商标共存制度的精细发展脉络，即当注册商标人与未被授权的商标使用人分别在两个不同的区域市场使用相同或近似商标，并且注册商标人并无证据证明其贸易有扩张至未被授权使用人区域的可能性时，倘若消费者不存在混淆之虞，那么注册商标人也就无权禁止未被授权商标使用人继续使用该商标。[2] 若干年之后，在思锐福体租车案（Thrifty Rent-a-Car System，Inc. v. Thrift Cars，Inc.）中再一次对商标共存制度中涉及的“有限区域”之抗辩的适用范围进行了澄清与细化。

思锐福体租车案涉及的是“Thrift”与“Thrifty”商标的归属权纠纷。思锐福体租车公司（Thrifty Co.）自1958年起在租车服务上使用“Thrifty”商标，并在1962年7月30日申请联邦注册，该商标注册于1964年7月获得核准。自1967年12月思锐福体租车公司在马萨诸塞州设立分处的若干年之后，思锐福体租车公司已从俄克拉何马州运营的公司迅速发展并扩张成为全美第五大汽车租赁公司。

马萨诸塞州的思锐福特汽车公司（Thrift Cars Co.）在不知道思锐福体租车公司的情况下，于1962年10月开始运行并将“Thrift”商标用于汽车短租与摩托车长租市场。在具体区域上，思锐福特汽车公司所租出的汽车可运往波士顿、南塔基特（Nantucket）岛以及科德角（Cape Cod），并且思锐福特汽车公司将公司广告延伸至东陶顿（East Taunton）、科德角、玛莎葡萄园岛（Martha's Vineyard）以及南塔基特岛区域。1970年，思锐福特汽车公司将其主要业务迁至南塔基特岛，并将此地作为

---

〔1〕 See Thrifty Rent-a-Car System，Inc. v. Thrift Cars，Inc.，831 F. 2d 1177 (1st Cir. 1987).

〔2〕 Dawn Donut，267 F. 2d at 364.

公司汽车短租业务的主要市场。该市场与思锐福体租车公司直接形成竞争,最终思锐福体租车公司向法院起诉思锐福特汽车公司商标侵权。

法院认为,思锐福特汽车公司只有证明以下情形时,才能适用“有限区域之例外”条款进行抗辩:第一,在思锐福体租车公司根据《兰哈姆法》申请商标注册之前,在不知晓“Thrifty”商标的情况下使用了“Thrift”商标;第二,在“Thrifty”商标注册之前,思锐福特汽车公司应证明其使用商标的市场范围;第三,思锐福特汽车公司在该区域处于持续使用状态。尽管思锐福特汽车公司胜诉,但其权利只限于1964年7月思锐福体租车公司的商标核准注册日时的区域市场范围。联邦第一巡回法院认为,思锐福特汽车公司确实在1964年7月之前就已使用“Thrift”商标,但是在这段时间内,所持续使用的范围却仅限于东陶顿区域,并不涉及科德角、玛莎葡萄园岛以及南塔基特岛。值得注意的是,思锐福特汽车公司通过在东陶顿区域销售与发布广告,确已经形成了商誉。然而,思锐福特汽车公司试图证明其扩张至南塔基特岛市场,但最终无法提供充足的计划予以证明。因此,有限区域抗辩可以适用于思锐福特汽车公司,但是其贸易范围和商标权的效力范围只能限于东陶顿区域。

综上可知,思锐福体租车案中法院赞成这样的原则:如果在先使用人能够满足“有限区域之例外”的三要件,那么,法院可能会支持在后使用人与在先商标注册权人在不同的区域共存性使用同一商标。结合唐·多纳特案中的规则,商标在先使用人可能无权禁止商标在后使用人在其范围内继续使用相同或近似商标,与此同时,在后使用人亦可能无权在其原范围之外继续使用相同或近似商标。

四、维纳案[1]

维纳案(Weiner King,Inc. ,v. The Wiener King Corporation)的核心是针对商标使用主体顺序与商标注册顺序之间关系的转变而对商标共存制度所产生的影响展开的分析。通常而言,商标共存制度适用于商标在先使用人(同时为第一个申请联邦注册人)与商标在后使用人之间的权利冲突,而该案的特殊性则在于该案是商标在先使用人与商标在后使用人(同时为第一个申请联邦注册人)之间的权利冲突。对于这种情况,根据已有的法律规则在维持商标注册价值稳定的前提下,联邦注册商标人有权在全国范围内使用该商标,但其商标使用范围须将商标在先使用人此前已经使用并且可能扩张的区域范围除外。

该案中的申诉人是新泽西州一家名为 Weiner King(WKNJ)的公司,被申诉人则是北卡罗来纳州的一家名为 The Wiener King(WKNC)的公司。在 1962 年,KWNJ 开始在新泽西州弗莱明顿(Flemington)地区的餐馆上使用“WEINER KING”商标。由于商标的暗示性作用,汉堡成了 WKNJ 销售的主要食物。1967 年,WKNJ 在新泽西州的弗莱明顿地区开设第二家餐馆,同时继续使用该商标。1973 年,WKNJ 在新泽西州的比奇港(Beach Haven)开设第三家餐馆,也继续使用该商标。尽管 WKNJ 自 1962 年就开始使用“WEINER KING”商标,但直到 1975 年 5 月 WKNJ 才将该商标申请联邦注册。1970 年,WKNC 开始在北卡罗来纳州开设第一家餐馆时使用了“WIENER KING”商标,并且该餐馆也转售汉堡。在该案中值得注意的是,尽管 WKNJ 与 WKNC 所使用的商标在视觉上是基本相同的,但是 WKNC 最初采纳该商标时在主观上是善意的,并且 WKNC 确实不知晓 WKNJ 已经使用该商标的事实。

---

〔1〕 Weiner King,Inc. ,v. The Wiener King Corporation 615 F. 2d 512 (U. S. P. Q. 820 1980).

1972年,WKNC在获知WKNJ使用近乎相同商标之前,WKNC根据《兰哈姆法》提交了从一个主商标衍生出来三个商标的联邦注册申请。与此同时,WKNC已经运行由其所有的11家使用"WIENER KING"商标的餐馆。在1972年7月,WKNC才真正知晓WKNJ的存在,并且在1972年的最后几个月获知WKNJ在新泽西州成立公司的消息。在该案中,值得注意的是WKNC在此时并无任何"进军"新泽西州的扩张计划。当WKNC获悉WKNJ与他们使用近乎相同的商标的事实之后,WKNC在当时仍处于持续扩张状态,并且开始销售、许诺销售,还在全美范围内对其商品和开设分支机构发布广告进行宣传。在1973年与1975年期间,WKNC在广告与分支创设上投入了大量资金,直到1975年的后期,WKNC已经在20个州开设了100多家餐馆。相比较而言,WKNJ在广告上的投入是极少的,甚至不存在在广告上使用"WEINER KING"做宣传的记录。

1974年2月4日,WKNC根据"WINER KING"商标的衍生又申请注册三个商标,并提出在三个区域内享有无限制的商标请求权。在公布商标异议通知之后,1974年11月29日,WKNC修改了其注册申请,并要求在汉特丹郡(Hunterdon Country)、新泽西州以及与汉特丹郡接壤的郡县三个区域实现商标共存注册,以体现WKNJ的在先权利。1975年5月5日,WKNJ基于在先使用而向美国专利及商标局(United States Patent and Trademark Office,PTO)申诉要求撤销WKNC的联邦注册商标。1975年5月29日,WKNJ申请注册不受限制的"WEINER KING"商标,并声称其最早于1962年便开始使用该商标。1975年6月11日,WKNJ向新泽西州联邦地区法院提起民事诉讼,起诉WKNC违反《兰哈姆法》第43条a款之规定,同时还根据普通法主张WKNC违反反不正当竞争法的规定。在WKNJ提交诉状的一天之后,即1975年6月12日,PTO宣布受理WKNC的商标共存注册申请。1975年11月7日,根据

WKNC 的申请(motion),商标审判和上诉委员会(Tetradecyl Trimethyl Ammonicum Bromide,TTAB)决定合并审理 WKNC 申请的商标共存注册程序与 WKNJ 申请的商标撤销程序,同时裁定因民事诉讼的介入而中止审理两项申请。

(一)新泽西州联邦地区法院的判决

在民事诉讼中,WKNJ 请求禁止 WKNC 在新泽西州使用涉案相关商标,同时还请求宣告 WKNC 的联邦注册无效。法院根据案情对 WKNC 签发初始禁令,禁止 WKNC 在弗莱明顿地区周围 20 英里范围内、比奇港周围 20 英里范围内以及新泽西州范围内使用“WIENER KING”商标。与此同时,法院建议双方:该案的关键问题是明确 WKNJ 基于其商标的在先使用而享有权利继续使用商标的贸易范围。随后,法院根据双方庭上所提交的证据对 WKNC 签发永久禁令,禁止 WKNC 在新泽西州以及在宾夕法尼亚州范围内的弗莱明顿地区 40 英里范围内使用该商标。法院判决还认为,WKNC 的联邦注册应当撤销,并且 PTO 应当继续审理商标共存注册程序,并对双方权利做出规定。

(二)美国联邦第三巡回法院的判决

WKNC 因不服新泽西州联邦地区法院的判决而上诉至美国联邦第三巡回法院。在复审案件相关证据之后,法院认为 WKNJ 并没有提供证据证明初审法院所判决的在其区域范围内已有贸易,尤其是缺乏证据证明在新泽西全州以及部分宾夕法尼亚州范围内存在相关商标使用。根据 WKNJ 的广告与声誉,其所能获得的保护应该仅限于其商品销售所在区域,如弗莱明顿地区。此外,联邦第三巡回法院也明确指出,WKNC 应承诺在弗莱明顿地区 12 英里范围内保护 WKNJ 的权利。此外,联邦第三巡回法院赞同地区法院让 PTO 继续对双方商标使用区域做出审理的判决。

（三）TTAB

在大量讨论与商标有关的成文法与普通法的相关规则后，TTAB 详细阐述了与商标共存注册相关的原则。TTAB 宣称，为了维护商业竞争利益与社会公共利益（避免混淆）之间的利益平衡，每个具体案件都需要对所涉及的权利予以平衡。在该案中，参考联邦地区法院的判决，TTAB 指出 KWNJ 在 13 年间维持了区域性的商业贸易。KWNJ 的广告与推广行为一般也限于弗莱明顿区域 15 英里的范围内。同时，WKNJ 在比奇港的餐馆并不在弗莱明顿区域范围内，并且该餐馆的使用是极少数的。目前，并无证据显示 WKNJ 有持续扩张的计划。鉴于 1975 年 WKNJ 所开设的餐馆，TTAB 认为这些只是试图证明在这些区域存在商标使用的一种临时性证据堆积，一种应付之举，不应当被视为善意的使用。相比较，WKNC 的商标使用则是基于主观善意的，并且其商业的扩张一直持续到诉讼发生时。当然，TTAB 也认为 WKNC 有些市场扩张是出现于其获悉 WKNJ 在使用同一商标之后；但是除了进入新泽西州市场的主观恶意性之外，WKNC 潜在的实际市场扩张区域是能够被证实的。至 1973 年，WKNC 逐渐拓展市场将餐馆数量开设至 137 家，同时，WKNC 亦花了大量广告费用来推销其服务（2 年间花了 3200 万美元用于广告）。

（四）该案总结

概言之，两个法院以及 TTAB 均认为 WKNC 与 WKNJ 所使用的商标构成相似，如果同时存在则会导致混淆。对此，案涉双方均不持异议。那么接下来，该案的争议焦点便可总结为如何划分案涉双方商标使用区域以及各自商标注册的权利的问题。对此，我们赞同 WKNJ 的观点，即争议证据不应被采纳，并且不应当被作为 TTAB 认定相关事实的证据。如上所述，WKNJ 是最先使用“WEINER KING”商标的市场主体，而 WKNC 则是在后的“WIENER KING”商标使用人，在地理位置上

WKNC与WKNJ所使用商标的区域相去甚远。但问题的关键在于，WKNC作为商标的在后使用人却是第一个申请联邦注册商标的主体，其明知在先商标使用人的存在，仍大量拓展市场并介入在先使用人区域范围。能否根据该行为认定WKNC具有主观恶意？对此，联邦地区法院认为由于WKNC的商业扩张并不属于假冒行为或者侵占他人商誉之行为；相反，法院认为，WKNC所获得的商誉完全是通过自身使用WIENER KING商标而获得的。因此，该事实不足以推断出WKNC主观上存在恶意。究其原因，如果在后商标使用人知晓在先商标使用人的存在，则其试图侵占或者介入商标在先使用人可能扩张的区域时，便足以推定其主观存在恶意；相反，若其仅仅知晓在先商标使用人的存在而未实施上述行为，便并不足以证明该在后商标使用人主观上必然存在恶意。[1] 该规则在In re Beatrice Foods Co案[2]中进行了详细阐释，即法院认为仅仅是商标的实际使用并不必然能够形成区域性的商标权，这主要取决于如下因素的考量：(1)此前的商业贸易活动；(2)此前的扩张记录；(3)商标实际使用的区域范围；(4)目前的扩张计划与计划扩张的可行性区域；(5)从其他区域带商品进入潜在市场的可能性。[3] 针对该案而言，WKNC的情况完全满足In re Beatrice Foods Co案所阐述的前四要素。但对第五项要素而言，我们还需要进一步进行详细分析：该案证据显示WKNJ是一家区域性公司，其并无全国性区域的扩张贸易行为，这对于作为第一个联邦注册权人的WKNC而言，其在未开发的区域中已经居于赢家地位。根据联邦商标的注册体系规则，如果在先商标使用人也是第一个申请联邦注册者，那么在先商标使用人才能控制未开发区域；否则，情况会完全相反。至于在比奇港商标使用的

〔1〕 See Weiner King, Inc., v. The Wiener King Corporation 615 F. 2d 512, 522 (U. S. P. Q. 820 1980).

〔2〕 In Re Beatrice Food Co. 429 F. 2d 466 (CCPA, 1970).

〔3〕 In Re Beatrice Foods Co., 166 USPQ 431 (1970).

争议问题上,我们亦不能作出 WKNJ 已经废弃商标使用的判定。由于该区域北部海滨区域的季节性贸易特征,便不能将 WKNJ 的阶段性商标使用视为抛弃商标。因此,WKNC 联邦注册商标的效力仍无法取代 WKNJ 在比奇港的权利。最终法院判决,WKNC 有权获得商标共存注册,并有权在除了新泽西州特定区域之外的全美其他区域范围内享有商标权。

五、普通法商标、商标共存制度与《兰哈姆法》的交集

商标共存进入生活,是因商品经济的发展;商标共存被社会承认,源于相同或者近似商标在市场中的共同使用;[1]商标共存制度的创设,源自商标制度本身的设定。[2] 美国作为商标共存制度的发源地,它以使用哲学(philosophy of use)为基础[3]造就了独特的商标共存制度;因而商标法所保护的对象,仅限于将商标实际投入商业贸易而形成商誉的商标使用人,而仅仅采纳或抽象性使用不能产生商标法保护的效力。换言之,只有在商业贸易中形成商誉,[4]他人"搭便车"的行为才有被禁止的依据,消费者才有可能存在被混淆之基础。在制度层面,不正当竞争制度的本质也阐明了商标权只能通过贸易中的实际使用而取得。[5] 在 19 世纪,1881 年《美利坚合众国商标法》并非全国统一适用的法律,各州司法判例与立法共同组成了内部不协调、不统一的商标法

---

〔1〕 参见梅术文、王超政:《商标共存理论探析》,载《重庆理工大学学报(社会科学)》2010 年第 3 期。

〔2〕 有关"商标制度本身"进行的解释,有学者认为应包括商标分类注册制度(参见梅术文、王超政:《商标共存理论探析》,载《重庆理工大学学报(社会科学)》2010 年第 3 期),但笔者认为该观点有待商榷。首先,商标共存制度并非简单地指相同或者近似商标的同时存在,而是指相同或者近似商标使用在相同或者近似的商品或服务上而不导致混淆之情形。对于商标分类注册而言,则本身就不存在混淆的可能性。其次,倘若追本溯源,商标共存制度的产生早于商标分类注册制度的实施。

〔3〕 参见曾陈明汝:《商标法原理》,中国人民大学出版社 2003 年版,第 346 页。

〔4〕 商誉实际上是商品有关信息在消费者心目中的评价。See J. Thomas MaCarthy, *MaCarthy on Trademarks and Unfair Competition* 18:2(4th ed 2002).

〔5〕 Arthur R. Miller, Michael H. Davis, *Intellectual Property* (*second edition*),中国人民大学出版社 2004 年版,第 152 页。

体系。这主要是因为在当时不存在快捷、安全、可靠的全国性的经济贸易,这便是各州商标法能够充分满足各州内部有关商标活动法律需求的原因所在。各州经济的自足与信息交流的闭塞,反而为商标共存现象提供了生存的土壤。随着市场经济逐步增长对扩大市场范围的需要亦增加,企业必须加强与本州以外市场的交流与合作。原本相去甚远的区域变成了零距离的"地球村",原本"相安无事"的相同或者近似商标的使用在商品上出现了重叠。地域上的重合与商标使用类别上的重叠导致商标权利之间的冲突,也使商标共存现象进入普通法与成文法的视野。

在成为美国《兰哈姆法》一部分之前,商标共存主要是在普通法规则语境下运行的,且具体规则在早期的 3 个案例即汉诺威星磨坊案、联合药品公司案与唐·多纳特案中得以细化与发展。在这三个案件出现之前,普通法有关商标共存的规则主要为:首先在商业中使用商标者享有全国性的商标权。对此,美国联邦最高法院也曾指明在以往处理相同市场上存在双方竞争的案件时,通常采取优先使用原则便可解决纠纷。然而,上述案件在普通法语境下的特殊性则呈现出尽管双方各自在相同的商品上使用相同的标识,但是涉案双方的市场却相去甚远;除非在后商标使用人在采用标识时主观存在侵占他人利益之意图,如搭原告商誉之"便车"、抢先一步占领原告事实上可能自然扩张的区域等,否则若仍旧以优先使用原则化解纠纷,就显得失之偏颇。例如,在汉诺威星磨坊案中,被告在其所在的区域内发布的具有活力的广告与销售行为促使其生产的磨面机与蒂罗斯磨面机之间建立了联系,致使消费者认为蒂罗斯磨面机就是由被告生产的,因而被告公司的声誉与蒂罗斯磨面机的声誉进行了绑定,最终引致美国联邦最高法院拒绝对被告颁布禁令,即并未禁止被告在先前已经存在贸易的区域继续使用"TEA ROSE"商标。再如,相较于汉诺威星磨坊案在案件事实上原被告之间的冲突并没有涉及市场重叠，在联合药品公司案中便进一步完善了蒂罗斯－莱格特纳斯规则，即在先商标使用人无权进入善意在后使用人已经建立商誉的市场区域。通过对上述两个案例了解，我们由此总结出普通法上保护商标在后使用人利益的两个核心要件——远程地理区域与主观善意。[1] 概言之，普通法上的商标权具有区域性，双方的权利范围有着“楚汉之界”。

在《兰哈姆法》尚未颁布之前，商标共存制度存在于司法层面，是对各自商标权利效力范围的确认；当该法实施之后，商标共存制度成文法化，形成普通法与成文法的交集。商标共存制度不再只是商标确权，还可以通过商标共存注册之程序，实现商标授权。至此，商标注册的推定效力直接将商标权人的效力范围扩张至全部主权范围，除了在商标注册之前已经存在的其他善意商标使用人。具言之，《兰哈姆法》的颁布推动商标共存制度形成了司法层面的商标确权与立法层面的商标授权的局面。根据《兰哈姆法》商标注册程序的规定，可实现商标权的主权范围内的排他性效力。在商标注册程序语境下，商标共存制度的确权是对商标注册所产生的商标权之排他性的一种例外，在最终效果上属于两个独立商标权利的共存。尤其值得关注的是，商标共存注册程序的确立在一定程度上改变了美国传统商标共存制度的内涵。依照上文所述，实现商标共存的前提是存在有效的商标使用，司法程序只是属于商标确权而非商标授权，因此当一方不存在商标使用时，也就不存在符合商标共存要求的“商誉”、“远程区域”以及“主观善意”等要求，自然也就不存在商标共存情形。但是，商标共存注册程序的确立为此提供了例外情形，即若已注册的商标所有人同意授予申请人商标共存注册，则申请人不再受商标申请日前须使用该商标这一要求的限制。这种改

---

〔1〕 See J. Thomas MaCarthy, *MaCarthy on Trademarks and Unfair competition* 26:2(4thed 2002).

变不仅拓宽了商标共存制度的内容,也明确肯定了商标的财产性质——归属于商标权人自由支配。至此,商标共存制度从最初的纯司法创设演变成立法与司法创设兼顾之格局,在商标共存制度内容上也从单一强调商标使用为前提转向兼顾商标处分行为。

第三节　商标共存制度的传播

一、商标共存的中国化

与多数国家或者地区在立法层面制定商标共存制度不同,我国立法层面上并无商标共存的表述;在司法层面,虽然有关商标共存的案件已经出现,但商标共存也还尚未形成一种独立的制度。同时,尽管我国商标共存制度与域外商标共存制度在概念、内涵以及判断标准上存在差异,但是制度架构的最终目的仍旧是希冀实现两个相同或者近似商标的共存现象。就本节内容而言,笔者着重依照时间发展顺序为脉络,分析我国司法实践中有关商标共存的典型案件以明晰商标共存制度在我国的传播与发展历程。有关商标共存立法、司法中所涉及的现状、不足以及应对策略等内容,将待第七章予以详细阐述。

(一)尊重历史:"张小泉"商标侵权与不正当竞争案[1]

1964年8月,原告(杭州张小泉集团有限公司)经核准在日用剪刀上注册"张小泉"商标。1991年2月,原告获得"张小泉"中文商标注册证书。1997年4月,国家工商行政管理局认定原告"张小泉"为驰名商标。1956年1月,被告(上海张小泉刀剪)总店创立。在开业之初,被告

---

〔1〕 杭州张小泉集团有限公司与上海张小泉刀剪总店等商标侵权及不正当竞争纠纷上诉案,上海市高级人民法院(2004)沪高民三(知)终字第27号民事判决书。

就将“上海张小泉”突出使用于产品与产品外包装上。到了1993年10月，被告获得由国内贸易部颁发的“中华老字号”荣誉称号。1998年5月，由被告占股90%成立上海张小泉刀剪制造有限公司。原告认为，被告在产品以及产品包装上突出使用“张小泉”商标的行为侵犯了其注册商标专用权，并构成不正当竞争，故起诉要求判决被告停止商标侵权和不正当竞争，并赔偿损失。

经审理，上海市第二中级人民法院作出如下判决：虽然原被告之间存在客观冲突，但是该案不能简单地适用既有法律、法规，而忽略权利冲突产生的特殊原因与历史背景。品牌之所以具有知名度与声誉，需要长时间的耕耘。“张小泉”的知名度亦是如此。鉴于上述特殊的历史背景，以及本着公平、诚实信用与保护在先权利等相关原则，被告之行为并不侵犯原告权利；同时，被告在所生产的产品以及包装上突出使用“张小泉”也不构成不正当竞争，所以不予支持原告诉求。原告对此不服，向上级法院提出上诉。最后，上海市高级人民法院维持了原判，对原告上诉予以了驳回。

虽然“张小泉”商标侵权与不正当竞争案的焦点主要涉及“张小泉”商标与企业名称、字号之间的纠纷，但是一审与二审的判决理由为将来的商标共存司法判决提供了重要的思路。法院之所以判决不构成商标侵权与不正当竞争，其核心理由在于两者之间的权利冲突之产生有其特定的历史背景和原因，如果简单套用现有的法律等规定，那么，“张小泉”品牌所蕴含的利益就会被一方独享。这在结果上有悖公平原则与诚实信用原则。在塑造“张小泉”品牌的过程中，双方都为此付出了努力。其品牌的力量是需要数百年、数代人共同努力才能实现。为尊重历史、维持客观市场格局、保护在先取得的合法权利，法院判决双方均有权使用“张小泉”品牌，是最佳的选择方案。

(二)情势变迁:“散列通”商标纠纷案[1]

1987年11月12日,(瑞士)豪夫迈—罗须控股公司授权西南药业股份有限公司在中国市场使用“散利痛”商标,授权期至1991年12月31日届满。1992年3月,西南药业股份有限公司申请“散列通”商标,一年之后获得核准注册。1997年7月,(瑞士)豪夫迈—罗须控股公司向商标评审委员会请求撤销西南药业的“散列通”商标。最终,商标评审委员会裁定维持西南药业股份有限公司“散列通”商标的注册。一审与二审法院均认为西南药业股份有限公司违反《商标法》(1982年版)第31条的规定,违背了诚实信用原则,遂撤销商标评审委员会的裁定。

然而,戏剧性的是,最高人民法院再审此案时撤销了二审判决,并在判决中指出,因四川、上海等地将“散利痛”列为通用名称,当西南药业股份有限公司申请注册其商标被核准注册时,从法律的角度而言,“散利痛”不可能是散利痛药物的未注册商标。商标法中的近似商标的判断是建立在“区别性标志”之间比对的基础之上。因“散利痛”属于通用名称而依法不能作为商标使用,故其不具有比对对象,不存在进行近似判断的前提和必要。因“散利痛”不属于未注册商标,自然也就无法成为(瑞士)豪夫迈—罗须控股公司诉求的权利基础,西南药业股份有限公司之行为并不构成商标侵权与不正当竞争。

尽管“散利痛”曾经作为药品的通用名称,但是其已因国家药品标准的修订而脱离通用名称的行列。商标评审委员会基于此后“散利痛”实际使用的商业情形,认定“散利痛”已经具备显著性,因此核准“散利痛”注册并无不当。尽管最高人民法院最终判决“散利痛”商标权有效,但是其理由与原审判决和商标评审委员会裁定的观点是完全不同的,

〔1〕(瑞士)豪夫迈—罗须控股公司诉中华人民共和国国家工商行政管理总局商标评审委员会、第三人西南药业股份有限公司商标行政纠纷案,最高人民法院(2009)行提字第1号行政判决书。

其理由是出于“散利痛”虽然曾经是但在争议审理作出期间已经不再是法定通用名称，阻碍其注册的因素已经消除，在可以通过重新申请取得注册的情况下，从节约社会资源的角度维持其商标注册比较经济。

笔者认为，既然最高人民法院认为将“散利痛”作为商品通用名称而使“散列通”的注册不存在比对基础，也就无商标相似性比对可言。当“散利痛”脱离通用名称而作为商标使用时，已经使用了四五年的“散列通”商标具有了一定的市场知名度。一般情形下，“散列通”与“散利痛”这对商标可认定为相似性商标，也存在混淆之虞。因此，如果严格适用法律规定，该案应当作出撤销“散利痛”商标、维持“散列通”商标的判决。但是，市场的实际格局表明“散利痛”作为商标已经形成不亚于西南药业股份有限公司的“散列通”的规模。如果单纯撤掉任何一方商标，都会对相应企业带来毁灭性冲击。再则，法院主张“从节约社会资源的角度维持其商标注册比较经济”，因此准许两个近似商标共存于市场，在本质上还是包含了对客观市场格局的肯定与考虑。

（三）稳定的市场格局：“鳄鱼”案[1]

“鳄鱼”案是我国商标共存司法的标杆性案件，是最高人民法院首次在判决书中存在“商标共存”表述的案件。1980 年，法国鳄鱼公司（LACOSTE，以下简称法国鳄鱼）获得在我国核准注册“鳄鱼图形”的商标，直到 1984 年该公司才在我国市场出售一定量的商品，于 1994 年法国鳄鱼公司在我国陆续开设专柜、专卖店。法国鳄鱼的“鳄鱼图形”商标核准使用的商品为第 25 类（衣服、腰带、领带、鞋等）、第 18 类（皮革及仿皮革以及钱包等）。与之相对，新加坡鳄鱼国际 CARTELO（以下简称鳄鱼国际公司）于 1993 年获得在我国核准第 25 类与第 18 类商品上

〔1〕（法国）拉科斯特股份有限公司与（新加坡）鳄鱼国际机构私人有限公司、上海东方鳄鱼服饰有限公司北京分公司侵犯商标专用权纠纷案，最高人民法院（2009）民三终字第 3 号民事判决书。

使用其注册的“CARTELO及其图像”商标，并于1994年鳄鱼国际公司进军中国市场。

经法院查明，该案中鳄鱼国际公司延续了海外做法将相同商标用于我国市场，此行为并非恶意模仿法国鳄鱼，也无试图利用法国鳄鱼品牌之目的。鉴于双方在部分亚洲的国家或地区已经形成共存局面，因此，最高人民法院认定两者在亚洲市场之共存不会存在混淆可能性。另外，从我国市场层面分析，双方均已形成各自的市场与消费群体。由于是否导致混淆可能性是商标侵权判断中的重要因素，而衡量混淆可能性存在的标准，尤其是考虑复杂的历史背景和现实格局时，要求相关商标标识的存在较大可能性不会导致市场混淆，而不是要求绝无任何混淆。因此，尽管争议商标与引证商标之间存在商标标识的近似性，但从整体角度考虑并不妨碍两者的指示区分功能。

概言之，虽然按照传统商标侵权的认定方式，如果在相同或类似商品或者服务上使用相同或近似商标标识，可认定存在混淆可能性，而该案中双方当事人主观上均是善意的，并且在我国长期使用形成了彼此独立的市场格局。因此，基于商标标识混淆不等于商标混淆性近似，故对于商标是否侵权的认定在考虑诉争商标的物理性标识近似程度之外，还要综合考虑诸如主观意图、使用历史背景、现状以及相关市场等因素。具言之，基于这些多元化因素才能综合判定诉争商标与引证商标之间是否构成混淆性近似。该案中的商标标识虽然近似，但是通过考量其他因素则不足以造成市场混淆，因而不应当认定侵权。

（四）相同或类似商品的认定：“啄木鸟”案[1]

在“啄木鸟”案中，争议商标由杭州啄木鸟鞋业有限公司（以下简称

---

〔1〕 杭州啄木鸟鞋业与中华人民共和国国家工商行政管理总局商标评审委员会、七好（集团）有限公司商标争议行政纠纷案，最高人民法院（2011）知行字第37号驳回再审申请裁定书。

杭州啄木鸟公司)在鞋子与靴子上使用,而引证商标则是由七好(集团)有限公司(以下简称七好公司)在服装上使用。那么,此两种商标使用情形是否构成在相同或类似商品或者服务上使用同一商标呢?从理论上来讲,对商标侵权、确权的断定,不能纯粹做商品物理属性的比较,还应对销售渠道、消费群体、生产部门、用途及其功能等是否存在关联性进行综合考量。就该案事实部分而言,虽然双方在原材料、用途等方面存在不同,但是鉴于销售对象、销售渠道等的相同性,再加上服装和鞋类基本上都是通过同样的渠道进行销售,因此,该案的争议焦点便在于上述两种不同用途的分类能否突破《类似商品和服务区分表》中的规定呢?法院认为,《类似商品和服务区分表》是以《商标注册用商品和服务国际分类》为基础,在总结我国审查实践与基本国情的基础上制定的用于判断商品和服务是否类似的规范性文件。虽然,《类似商品和服务区分表》能够提供保证商标审查的客观性、一致性与可操作性等参考标准,但因商品和服务品种的层出不穷和市场交易方式的不断变化,类似商品和服务的判断也需要不断更新。同时,因为《类似商品和服务区分表》的修订需遵循特定的规则与程序,如果完全寄托于《类似商品和服务区分表》的修订是不现实的,也是不符合逻辑的。

鉴于此,法院认为在商标行政程序与司法程序中,不能简单地执行《类似商品和服务区分表》的商品和服务关于类似性的标准,而是应当结合个案予以认定。个案认定原则不仅能够正确反映商品与服务类型的变化,还能反过来促进《类似商品和服务区分表》的修订。实际上,在绝大多数案件中,商标评审委员会在考虑相关案情的基础上,在《类似商品和服务区分表》标准之外做出更加符合实际的裁决。由于商品类似性判断考虑了个案实情,那么相关商品的类似性的认定就不可能一成不变。在个案认定原则下,在某一案件中认定服装与鞋子不属于类似商品，但这不意味着在另外的案件中必然不构成类似；而且个案认定结论并非表示商品或者服务类别关系上的变化，也不必然影响《类似商品和服务区分表》中商品或者服务类似关系的确定和划分。但在申请注册商标时，申请人还是应当以《类似商品和服务区分表》为依据进行申请。

从杭州啄木鸟公司提供的证据来看，该公司除了注册了“TUCANO”商标、“啄木鸟”等商标在鞋类商品上使用之外，还将争议商标在服装上使用；并且在实际贸易中，杭州啄木鸟公司还常将鸟的图像与“TUCANO”商标、“啄木鸟”商标一起使用。但与此同时，七好公司在服装等商品上已经在先使用、注册“啄木鸟”商标。由此说明杭州啄木鸟公司从商标注册到使用均具有主观恶意。尽管杭州啄木鸟公司通过自身努力，使商标具有较高知名度，但是与七好公司所使用的商标共存，显然会导致不了解内情的消费者误认为两者所销售的商品来自同一公司，或者存在一定的联系。因此，该案并未形成可以区分的独立市场。尽管杭州啄木鸟公司在当前冲突的局面中存在一定过失，但是考虑到遏制“搭便车”等基本原则，再加上杭州啄木鸟公司除了争议商标之外，还拥有其他可替代的实际使用商标，因此，法院综合考虑认为，撤销争议商标不会带来经营上的实质性影响。此外，杭州啄木鸟公司还可借机创立自己品牌，来消除与七好公司之间存在的混淆可能性。因此，法院认为二审判决正确，予以维持。

与前述案件侧重于对商标近似性混淆以及市场格局的论述不同，“啄木鸟”案的价值主要在于：一是对商品或者服务的相同或者类似性予以个案分析判断是否适用商标共存制度；二是即使争议商标的使用已经形成客观市场，但因存在主观恶意或还存在其他可延续品牌商誉的形式，亦可不予考虑适用商标共存制度。

(五)主观恶意的界定:“鸭王”案[1]

该案涉及《商标法》第31条的理解与适用问题。最高人民法院认为,《商标法》第31条旨在遏制恶意抢注行为,控制严格商标注册制度带来的不公平结果。对此,《最高人民法院关于审理商标授权确权行政案件若干问题的意见》第18条第1款规定,倘若申请人明知或者应知他人已经使用并具有一定影响的商标而予以抢注的,可认定其采用了不正当手段。从而得知,“不正当手段”判断的主观要件为“明知或者应知”,但没有进一步解释为“须存在侵占他人商誉之意图”。通常来讲,现实案件中如果商标在后申请人明知或者应知所申请商标为他人在先使用且具有一定影响的商标,那么我们似乎可以简单明了地推断出其主观具有侵占他人商誉的恶意。此案中,北京鸭王烤鸭店有限公司(以下简称北京鸭王公司)曾于2000年12月21日向原国家工商行政管理总局商标局申请在第42类商品和服务上注册“鸭王”商标,但原国家工商行政管理总局商标局以该申请“直接表示商品服务内容与特点”为由,驳回申请。对此裁定,北京鸭王公司并未申请复审。随后,上海淮海全聚德烤鸭店有限公司(以下简称上海全聚德公司)申请该案被异议商标也同样被驳回。但与北京鸭王公司不同,上海全聚德公司申请了复审,并在提交了相关证据之后,最终于2002年获得了“鸭王”的商标注册。此时,距离北京鸭王公司的成立已经经过了5年,且北京鸭王公司在北京地区已经开设有四五家分店,并在经营过程中进行过一些媒体宣传和报道,其在北京地区已经有了一定的知名度和影响力。上海全聚德公司相继在上海开展相关经营活动,进而形成自身品牌影响力。在该案中,法院认为上海全聚德公司申请、使用被异议商标的行为在主

---

〔1〕 北京鸭王烤鸭店有限公司与上海淮海鸭王烤鸭店有限公司、国家工商行政管理总局商标评审委员会商标异议复审纠纷申请再审案,最高人民法院(2012)知行字第9号行政裁定书。

观上并没有占用北京鸭王公司商誉的意图,在客观上亦未损害北京鸭王公司的商标利益,故不构成对北京鸭王公司商号权的侵犯。

商标法所要规制的乃是主观明知并以此从所知商标而获利之情形。在商标注册取得商标权的国家,商标使用无法形成商标权。同时,仅知晓在先使用商标的存在,并不意味着其必然具有主观获利的恶意。“鸭王”案不仅肯定了上述有关主观恶意判断的表述,同时还为商标共存提供了一种存在形式。

(六)基础商标的延伸性:“同济堂”案[1]

该案中,商标局以及商标评审委员会先后以注册人为武汉同济现代医药科技股份有限公司的诉争商标“同济”与注册人为国药集团同济堂(贵州)制药有限公司(以下简称贵州同济堂公司)的引证商标一(第3178271号“同济及图”商标)以及引证商标二(第3574839号“同济”商标)构成近似为由,驳回了贵州同济堂公司所提起的商标注册申请。因不服裁定,贵州同济堂公司向北京知识产权法院提起行政诉讼。经审理,北京知识产权法院在综合考虑引证商标的知名度、诉争商标的实际使用情况以及诉争商标的基础商标与诉争商标之间的标识近似程度、诉争商标与引证商标之间的近似程度以及相关商品类似程度等因素的情况下,认为诉争商标与引证商标共存于市并不存在混淆可能性。对此,北京知识产权法院判定诉争商标与引证商标共存于市并不会存在混淆之虞。于是判决撤销裁定,责令商标评审委员会重新做出裁定。

该案的指导意义在于肯定了同属于一个主体的基础商标与诉争商标之间的基础商标的商誉延伸关系,并明确了延伸关系的主要判断因素。对此,最高人民法院对该案也作出进一步的评价,明确指出该案对

〔1〕 贵州同济堂制药有限公司诉原国家工商行政管理总局商标评审委员会商标驳回复审行政纠纷案,(2014)京知行初字第182号行政判决书,参见 http://www.chinacourt.org/article/detail/2015/09/id/1703536.shtml,访问时间2015年10月8日。

于有效维护知名商标权利人的典型意义在于：当诉争商标在申请之时其基础商标已存在且具有一定的知名度，同时，诉争商标注册人在主观善意之情形下亦与引证商标能够形成足以区分的市场格局且不存在消费者混淆之虞的情况下，商标可以共存。

（七）小结

本结主要采用不完全归纳的方法，来梳理我国商标共存的发展轨迹及主要观点。具体而言，就上述案例展开详细论证之前，本部分以“商标共存”为关键词，在“北大法宝”数据库的“司法案例”中展开了详尽搜索，共找到13,040例左右的司法案例。其中，12,683例行政案件、288例知识产权案件、46例国家赔偿案件。随即，本部分再以“最高人民法院”作为限制选项，将与“商标”共存相关的案例共计358例予以梳理，经整理得知其中340例为行政案件，18例为知识产权案件。[1] 本章节所选择的案例素材，均具有一定的代表性：一是这些案件并非机械性地套用现有的法律与规则，而是在遵守公平、诚实信用等原则的基础上，尊重历史、客观分析市场格局、合理分析主观要素，科学、合理区分与界定商标标识的物理相似性与商标混淆性的近似；二是在判断市场消费者是否存在混淆时，这些案例所遵循的标准并不要求达到任何人在任何情况下均绝对不会误认的程度，而是要求不产生市场混淆的较大可能性即可，这一认知对于互联网环境下商标的发展有着极其重要的指导作用（在第六章将会予以详细论述）；三是认定商品或服务的类似性，还需要对商品的用途、生产部门、销售渠道与消费群体等各要素之间的关联性予以综合考量；尤其是在对待《类似商品和服务区分表》的态度上，并不固守绝对性，而是要根据具体案件情形予以具体分析；

〔1〕 数据来源：2024年11月6日在“北大法宝”数据库中，以“商标共存”为关键词，在“司法判例”及“全文”选项中所得结果为准。

四是尽管近似商标彼此存在一定的市场格局，但是如果在主观上存在恶意并且还存有其他可以依存的商标依托媒介，那么可以基于将来更大市场的发展考虑而不予认定商标共存。

二、其他法域商标共存制度的发展

在欧洲司法层面，商标共存制度的适用与经济发展紧密相关。欧洲各国关于商标共存制度在司法与立法上参差不齐，但其中也不乏存在司法经典案例。其中，以英国的“百威”案（Anheuser Busch Inc. v. Budejovicky Budvar N. P.）与“苹果”案（Apple Corps v. Apple Computer）对商标共存制度的诠释最为显著。总体来看，尽管这些经典案件与美国传统商标共存制度的起源、发展性的案件在具体内容上存在差异，但是法院在处理商标权纠纷的思路与逻辑上是相似的。具体来讲，商标法原则上对具有指示商品或服务来源的商标予以保护，但是如果涉及两个（以上）相同或近似商标均已形成商标指示功能时，司法部门就需要依据商标法做出具体的利益调节。在此过程中，如何协调商标注册制度的价值与善意商标使用之间的关系便成要处理的重点问题。整体上来看，欧洲法院所援引或者引申出来的具体制度或者基本原理，与美国传统商标共存制度存在契合之处；另外，不同欧洲国家有关商标共存制度的主要内容，或者得以实现的商标共存制度的立法例之列举，也在很大程度上彰显出美国传统商标共存制度在发展方式上的多样性表达。

（一）“百威”案[1]

在欧洲范围内，始终围绕着“BUDWEISER”商标争议的“百威”案，不得不称之为有关于两个相同或者近似商标能否共存的经典案例。之所以称之为经典案例，不仅在于该案件本身的时间跨度与多回合纠纷，

〔1〕 Anheuser Busch Inc. v. Budejovicky Budvar N. P. WC2A 2LL.

还在于涉案理论的经典阐述与适用。

作为“百威”案的当事人——美国酒厂“安海斯·布希”公司(Anheuser Busch Inc.)与捷克酒厂“百威”公司(Budejovicky Budvar N. P.),就“BUDWEISER”商标以及用于啤酒商的相关商标注册、商标使用等问题在英国法院、欧盟普通法院进行了多方较量。“BUDWEISER”商标取自波西米亚的一个小镇。当这个小镇还是匈牙利帝国的一部分时,它的德文名称叫“Budweis”;但现在这个小镇已经属于捷克。追溯历史,这个小镇盛产啤酒有几百年之久。百威公司继承了一个创立于1895年的酒厂,其厂房便设在这个“Budweis”小镇。19世纪中期,安海斯·布希公司在美国密苏里州创办了啤酒酿造企业,并于1875年使用“BUDWEISER”商标在美国范围内进行啤酒销售。与此同时,安海斯·布希公司还试图将“Budweis”作为商标使用。然而,“Budweis”作为指示商品的产地,其功能不局限于商标。1919年百威公司与Budweis镇的另一家啤酒产品出口美国的啤酒制造商一道对安海斯·布希公司申请注册“BUDWEISER”商标提出异议。两家公司主张“BUDWEISER”一词表示的是产品产地,因此安海斯·布希公司不能将其作为商标使用。经过多次谈判与协商,安海斯·布希公司与百威公司达成了一项折中方案,主要约定:安海斯·布希公司有权在美国以及欧洲大陆以外国家或地区所销售的啤酒上使用“BUDWEISER”商标;与此同时,百威公司有权在欧洲大陆、北美以及其他非欧洲国家使用“BUDWEISER”商标来表示其所生产啤酒来自Budweis镇。然而遗憾的是,该折中方案以及随后在1939年再达成的协议均没有明确约定双方是否有权在英国主权范围内使用“BUDWEISER”商标。

在1919年之前,百威公司使用“BUDWEISER”一词主要来表示啤酒产地,而附在啤酒上的商标则是“Budvar”。在1920~1960年间,百威公司主要用“Budvar”作为商标。在1960年,百威公司将“BUDWEISER”

注册为国际商标,并于 1960 ~ 1970 年间把这个商标投入到德国、法国、英国予以使用。百威公司的产品在一些地方主要使用“Budvar”标识;在另一些区域则主要使用“BUDWEISER”同时附加小字体的“Budvar”的标识。在 1967 年之后,百威公司在销往英国的啤酒上突出使用了“BUDWEISER”商标,以此表示其所销售啤酒是产自捷克百威酒厂酿造并装瓶的。但是这样的努力并没有改变百威公司啤酒出口至英国的销售量,也没有取得巨大的商誉。至 1971 年,“BUDWEISER BUDVAR”被百威公司注册为商标,同时百威公司声称放弃对“BUDWEISER”一词的排他性权利。虽然早在 1973 年时,百威啤酒在英国的销售额仅为 4000 欧元;但随后百威啤酒在英国销售量稳定增长,到 1979 年中期就已经销售了 100 多万瓶。

在 1945 ~ 1973 年间,安海斯·布希公司在美国销售的啤酒仅向大使馆和军中商店出售,并未销售给社会公众。1974 ~ 1979 年,安海斯·布希公司销售给公众的啤酒总数不超过 240, 000 瓶;而向公务人员出售的数额高达 6, 000, 000 瓶。由于来美旅游的英国旅客、电影广告以及美国杂志的宣传,“BUDWEISER”商标在英国消费者中开始产生一定的知名度。1979 年 8 月 1 日,安海斯·布希公司向百威公司提起假冒之诉,申请法院颁发禁令以禁止百威公司以任何方式销售与其“BUDWEISER”商标相同的啤酒。百威公司提出反诉,诉求与安海斯·布希公司相同。对此,主审法官怀特·福特(Whitford)裁判认为“BUDWEISER”已经获得了双重商誉,并且双方均未有不正当获取该商誉的事实。尽管在某种限度上的确存在混淆,但根据 1938 年的《英国商标法》第 12 条第 2 款的规定仍可获得注册。因此,判决安海斯·布希公司与百威公司均有权继续使用“BUDWEISER”。安海斯·布希公司不服判决提出上诉,但被法院驳回。法院的理由主要在于:在 1973 年前后,虽然安海斯·布希公司作为一家啤酒酿造商在英国已经在部分消费者中形成知名度,但是由于安海斯·布希公司并没有向社会公众销售,也无业务开展,这种知名度并未建立商誉。

在 1979 年,百威公司申请在第 32 类啤酒商品上注册“BUD”商标。对此,安海斯·布希公司根据 1938 年的《英国商标法》第 11 条提出异议,在异议申请被裁定不予支持后,安海斯·布希公司起诉至法院。然而法院认为,如果拒绝一个适合将商标简称注册为商标的申请,这有失公允;同样这样的情形,也完全可以适用于安海斯·布希公司。因此,法院驳回安海斯·布希公司的诉讼请求。同年,安海斯·布希公司在第 32 类商品上分别申请注册“BUDWEISER”商标,并以“BUDWEISER”作为主要标志,附加较小字体的“premium beer”的整体商标;以及以“BUDWEISER”作为主要标志,附加较小字体的“king of beers”的整体商标。对此百威公司也提出异议,但结果与安海斯·布希公司所遭遇的上述结果一样,商标审理员认为,双方均有权获得注册而裁定异议不成立。随后,双方均提起上诉。主审法官认为:……1938 年《英国商标法》第 12 条第 2 款规定,对于善意同时使用相同或者近似商标,或者法律规定的特殊情形,可以授权在相同或类似商品上使用相同或近似商标。但是如果法院认为适当,可以对此注册附加条件,以便区分。无可争议的是,第 12 条第 2 款是第 1 款的一种例外,而且可以据此推翻第 11 条的异议。因此,是否适用第 12 条第 2 款,需要考虑实际情形。该案中,尽管百威公司更多地使用了“BUDWEISER BUDVAR”词组作为商标,但是其在某种限度上也在啤酒上使用“BUDWEISER”商标。根据第 21 条第 1 款之规定,如果商标权人针对商标标识的每个组成部分都主张专有权利的话,那么在每个部分都具备注册条件时,可以将商标整体与部分分别予以注册。因为百威公司连续多年在英国使用“BUDWEISER BUDVAR”商标,所以法院认为“BUDWEISER”商标也在百威公司啤酒上进行了使用。百威公司将拿掉附在啤酒上的“BUDWEISER Budvar”中的

"Budvar"一词,确实可能会增加其与安海斯·布希公司所销售啤酒之间的混淆可能性,但如果不考虑《英国商标法》第 12 条第 2 款的规定则是不恰当的,主要原因在于要注册他人已经使用的商标,申请人必须证明其构成了"善意的同时使用"。里默(Rimer)法官在上诉案件中认为百威公司可与安海斯·布希公司一同对"BUDWEISER"商标的主观善意而共同使用,这是因为百威公司自 1973 年起在使用"BUDWEISER"时不仅在"Budweiser Budvar"上作为词组使用,也还有单独使用的情形。百威公司的董事之一雅罗西克(Jiris Bocek)先生在其声明中指出,在英国的啤酒市场,我公司生产的啤酒主要使用"Budweiser Budvar"商标进行销售,但也会使用"BUDWEISER"商标,而且我们的啤酒通常会被公众认为是捷克的"BUDWEISER"。除了在判决中已经提到的——百威公司在宣传材料上单独使用"BUDWEISER"之外,在使用"Budweiser Budvar"商标时,其通常会着重第一个单词,这也是消费者最容易关注的地方。在一起假冒商标案中,怀特福特(Whitefoot)法官认为百威公司的确正在使用"BUDWEISER"商标,即使有证据证明"BUDWEISER"是与"Budvar"结合一起使用的。该案真正的问题在于安海斯·布希公司是否能够禁止百威公司将"BUDWEISER"作为商标使用。该案的判决中,怀特福特法官认为两家公司都有权使用"BUDWEISER"作为商品名称,他们都是权利人。如果百威公司有权获得 BUD 作为"BUDWEISER"的简称进行商标注册,那么同理也就有权获得未简化的"Budweiser"的注册。针对此,该案法院亦对怀特福特法官主审的假冒案件中否定百威公司使用"Budweiser"构成恶意使用商标的做法表示赞同。

(二)Apple Corps. v. Apple Computer"苹果"案

在 1978 ~ 2006 年间,"苹果音乐"公司(Apple Corps.,由英国 Beatles 控制)与"苹果电脑"公司(Apple Computer,由美国 Apple Inc. 控

制)之间有着大量针对苹果商标的诉讼。2006 年 5 月 8 日,英国最高法院做出有利于美国的苹果电脑公司的判决;但苹果音乐公司与苹果电脑公司之间的纠纷于 2007 年 2 月 5 日才尘埃落定。展开来看,两家公司的“恩怨情仇”大致可细分为 5 个时间段:1978 ~ 1981 年;1986 ~ 1989 年;1991 ~ 2002 年;2003 ~ 2006 年;2007 年。在这 5 个时间段中,与商标有关的情况如下:

第一阶段:1978 ~ 1981 年。在 1978 年,由披头士乐队控制并享有录音制品商标的苹果音乐公司起诉美国的苹果电脑公司商标侵权。诉讼纠纷最终止息于 1981 年,双方通过协商决定由苹果音乐公司负责赔偿苹果电脑公司 8 万美元。作为纠纷解决的条件,苹果电脑公司同意不进入音乐市场,同时苹果音乐公司也许诺不进入电脑市场。

第二阶段:1986 ~ 1989 年,缺少材料。

第三阶段:1991 ~ 2002 年。在 1991 年,苹果音乐公司与苹果电脑公司达成协议,双方约定由苹果电脑公司负责赔偿苹果音乐公司 2650 万美元。苹果音乐公司在音乐等以创造性作品为主要内容的产品上拥有“Apple”商标权,而苹果电脑公司在以复制、运用或者传输等为主要内容的产品上拥有“Apple”商标权,但在实体音乐材料的包装、销售或者运输上不能使用“Apple”商标。

第四阶段:2003 ~ 2006 年。2003 年 9 月份,苹果音乐公司起诉苹果电脑公司违约,声称苹果电脑公司在苹果 iTunes 音乐商店的作品中使用“Apple”商标。针对这起诉讼,有些评论者认为,仅根据两者之前的协议内容来看,该案对于苹果电脑公司是有利的,而有些评论者则对此表示怀疑,并认为:如果苹果音乐公司胜诉,那么苹果电脑公司很可能被迫签订一份让步更多的协议,这可能会导致苹果音乐公司成为苹果电脑公司主要的市场利益分享者之一,或者还可能导致苹果电脑公司将 iPod 以及与之相关的生意分离出去,单独成为一家公司。2006 年 3

月 29 日,由英国高等法院的独任法官审理此案。在开场陈述环节,苹果音乐公司的代理律师指出:在 2003 年,即苹果电脑公司创设苹果电脑网上音乐商店不久之前,苹果音乐公司刚刚拒绝苹果电脑公司所提出愿意用 1000 万美元换取"Apple"商标在 iTunes 商店上使用的权利。2006 年 5 月 8 日,该院爱德华法官(Justice Edward Mann)作出有利于苹果电脑公司的判决,并在判决中指出苹果电脑公司并无违约情形:两家公司协议第 4 款第 3 项约定,"双方均知晓在苹果电脑公司所使用范围内的特定商品和服务可以传输的内容也涵盖于苹果音乐公司所使用的范围之内。在这种情况下,尽管苹果音乐公司排他性地享有使用或者授权他人在第 1 款第 3 项 i 目或者 ii 目规定的内容上(包括苹果音乐公司所提供的分类表与将来可能出现的音乐种类上)使用'Apple'商标的权利,但是苹果电脑公司同样也排他性地享有使用或者授权他人在第 1 款第 2 项上(包括硬件、软件或者广播服务)使用'Apple'商标来复制、播放或者进行其他传输形式,但不能在第 1 款第 3 项 i 目或者 ii 目规定的实体传输设备上使用'Apple'商标。"最终,爱德华法官认为,苹果电脑公司涉案的使用方式是符合该条款规定的,因而判决苹果音乐公司承担苹果电脑公司大约 150 万美元的法定支出费用。[1] 苹果音乐公司的运营官尼尔(Neil Aspinall)并不接受该案的判决,认为"在充分尊重初审法官的同时,我们认为其所作判决是错误的。我们已经提起上诉"。

第五阶段:2007 年。2007 年 1 月份的世界 Macworld 会议上,苹果电脑公司的 CEO 乔布斯在介绍苹果公司的手机时,将披头士乐队的音乐作为其讲演的重要内容,这所释放的信号足以证实双方关系已经得到极大的改善。在往后的所有关于互联网的会议中,乔布斯常引用披

[1] Apple Corps. Limited v. Apple Computer Inc., [2006] EWHC 996 (Ch).

头士乐队的“two of us”这首歌来表示其本人与微软公司董事会主席比尔·盖茨之间的关系。在2007年2月5日，苹果音乐公司与苹果电脑公司之间达成协议，宣称双方已经妥善解决商标纠纷：苹果电脑公司拥有与“Apple”相关的商标权利，并且授权苹果音乐公司一部分的商标权利，以便后者继续使用。这份协议终结了双方长达多年的诉讼纠葛，最终由各自负担各自的诉讼费用。乔布斯如此评价这份协议：我们都喜欢披头士乐队，与他们之间的纠葛是让人十分痛心的。十分高兴的是，我们妥善解决了这个问题，并且消除了将来可能的争议。同时，苹果音乐公司的代表人尼尔则认为，我们很高兴能够将争议抛之脑后，一同前行。在我们面前的时代是令人兴奋的。我们祝福苹果电脑公司的每一次成功，也期许将来更多的合作机会。

CHAPTER 02 >>

第二章

商标共存的表现形式、制度内涵与价值取向

第一节　商标共存的表现形式

市场和贸易中经常出现相同或近似商标共存的现象,如"法国鳄鱼"与"新加坡鳄鱼"、"黑人牙膏"与"白人牙膏"、摩凡陀公司(Movado Corp)的"VENTURE"商标与瑞表集团(Swatch Group)的"VENTURA"商标等。商标共存现象作为客观存在,既包括合法情形,又涵盖非法情形。所以,本章首先将对社会生活中的商标共存现象予以讨论,而非对商标法意义上的商标共存制度展开探讨。随后,本部分再根据实践中商标标识是否核准注册为标准,将商标共存的表现形式分为四种展开详细探讨,即注册商标之间的共存、在先注册商标与在后使用未注册商标之间的共存、在先使用未注册商标与在后注册商标之间的共存、未注册商标之间的共存,以期通过从现象到本质的途径去深层次挖掘商标共存制度的内涵与价值取向。

一、注册商标之间的共存

作为商标共存的主要形式之一，注册商标之间的共存一般是受法律保护的。在商标法语境下，该类型的商标共存主要借助商标共存注册程序、商标侵权诉讼等途径实现共存。就商标侵权诉讼途径实现的共存而言，主要存在于商标无效宣告程序与商标行政诉讼或者商标侵权诉讼中。其中，商标共存得以实现的理由主要集中于如下几方面。

（一）尊重客观市场格局

因注册主管机关工作上的过失，可能导致在相同商品或服务上使用相同或近似商标予以核准。理论上讲，不可能有两个在相同或类似商品/服务上的相同或近似的商标通过审查，但是事实上该情形却是存在的。由于国家知识产权局商标局负责受理与审查所有的商标申请，从数量上来看是海量，但与之相对应的是有限的人员配置、检索能力与限定的商标审查期限，这导致失误的可能性大幅提升；与此同时，审查人员的主观性也很大限度上提升了商标比对上的非唯一性。因此，在相同或近似的商品/服务上存在两个或者以上的相同或近似商标的现实情况仍有可能通过审查而被核准注册。在核准注册之后，该商标并非“一劳永逸”。《商标法》规定的无效宣告程序与诉讼程序，仍旧可以让商标权归于无效。司法实践中，商标核准注册与商标被申请无效之间，往往存有时间跨度。这种时间跨度，有时是因引证商标权人没有及时申请无效宣告，有时也是因在行政程序或是司法诉讼中并无申请禁令而导致。也就是在这段时间内，争议商标会有一定的发展，有些甚至实现了突破性发展，使得商标是否混淆的判断更为艰难。例如，在“渝富侨 YUFUQIAO”商标异议案[1]中,认定商标是否构成商标混淆性近似,共经历了“商标近似—商标不近似—商标近似—商标不近似”4 次徘徊判决。也就是说,在如此漫长的行政与司法诉讼中,争议商标可能通过自己的努力,形成客观稳定的市场格局。对此,法院的态度往往是尊重客观市场格局,允许商标共存。值得注意的是,这样的司法态度并非绝对的。因此,如果当事人欲主张“客观市场格局”来保护自身,除了“客观市场”这一要素之外,争议商标使用人在主观上必须是善意的,即没有恶意“搭便车”之嫌。此外,对于历史原因形成的相互鼎立的市场格局,在我国司法实践中也形成丰富的系列典型判决,相应的存在形式也较为清晰,此处不再赘述。

（二）商品或者服务类型的变更

世界知识产权组织提供的《商标注册用商品和服务国际分类》以及我国的《类似商品和服务区分表》,是基于商标审查实践的总结。在制定《商标注册用商品和服务国际分类》与《类似商品和服务区分表》时,制定机关已经综合考虑了商品或者服务的销售渠道、功能、生产部门、用途、销售对象等因素,进而尽可能提供客观的、易于操作的参考标准。同时,《类似商品和服务区分表》的存在,极大地提升了我国商标注册的统一性与高效率。尽管如此,《类似商品和服务区分表》在司法实践中的参考效力并非绝对的。在“啄木鸟”案中,我国最高人民法院认为,商品与服务项目随着市场交易变化,商品或者服务在类似关系的认定上并非一成不变。因此,在商标行政程序以及诉讼程序中,对商品或者服务类型关系的判定,不能过于机械地执行《类似商品和服务区分表》,而是应当综合考虑并结合案件实情予以认定。该结论为商标共存提供了

〔1〕 参见北京市第一中级人民法院(2010)一中知行初字第 2881 号、北京市高级人民法院(2011)高行终字第 581 号行政判决书、最高人民法院(2013)行提字第 1 号行政判决书。

另一种可能性。其实在此之前,2009年我国最高人民法院在认定“散利痛”商标纠纷案[1]中,就已经对“商品与服务项目随着市场交易变化,商品或者服务在类似关系的认定上并非一成不变”这一观点进行过间接的阐述。概言之,该案从商品或者服务分类表的概念角度出发,伴随“散利痛”从通用名称到商标标识的转变,为“散利痛”与“散列通”的共存提供了实现途径。

(三)延续品牌商誉

从权利转移方式的角度,延续品牌商誉在效果上有些类似于法律上的“权利继承”,即将基础商标的商誉转移到新的商标标识上(新的标识可以是独立的标识,也可以是基础商标标识的组成部分)。延续品牌商誉需要满足一定条件:基础商标享有一定商誉,并且基础商标与引证商标标识尽管是相同或者近似,但并不具有导致混淆的可能性;同时还需要满足延续商标标识在物理标识上与基础商标存在相近似性。此外,“加多宝”与“王老吉”商标纠纷案中,亦有涉及品牌商誉延续的做法。“加多宝”公司通过大量广告等宣传形式,试图将“王老吉”商标所承载的商誉转移到“加多宝”商标中。尽管“王老吉”与“加多宝”两个商标标识并不近似,难以符合品牌商誉延续的要求,但是该例证亦在证明商标商誉的可转移性。从学理上分析,商誉产生于商标使用,而商标使用存在多种形式,有广告宣传、实物体验等。在这些使用方式中,广告宣传的主观导入性最强。按照商标符号学的“能指与所指”的关系并结合“消费者认知学”来看,当商标使用人通过宣传具体的“能指”——商标标识后,消费者会在经过一段时间后,形成对该商标的消费认知,从而将该商标标识与该商标所指向的商品或者服务相联系起来,最终

[1] (瑞士)豪夫迈—罗须控股公司诉中华人民共和国国家工商行政管理总局商标评审委员会、第三人西南药业股份有限公司商标行政纠纷案,最高人民法院(2009)行提字第1号行政判决书。

形成“所指”;“所指”在商标语境下乃是商标所指向的商品或者服务。值得注意的是,消费者认知的过程性决定了认知的可改变性。在多个“能指”指向“所指”或者原“能指”被新的“能指”取代时,“所指”并非必然发生改变。实际上,“所指”是否发生改变,主要取决于商标使用人如何使用商标。倘若使用者意图将原“能指”所负载的意义移到新的“能指”上时,其在使用与宣传上就会有指向性,进而达到“所指”的目标。

相较于诉讼而言,商标共存注册程序才是主要的商标共存途径。从全球视野来看,在立法层面规定商标共存注册程序的国家并不多见,但美国作为商标共存注册程序的典型国家,的确有一套成熟的相关程序与制度体系。鉴于文章结构上的设计,商标共存注册程序所涉及的核心内容,将在第五章“商标共存制度的基础”中展开详细阐述。

二、在先注册与在后使用未注册商标之间的共存

在商标注册取得商标权的国度,商标注册程序具有权利推定通知的效力。这意味着,当在先注册申请人注册某一商标标识时,在相同或者近似商品或者服务上,在后商标使用人不可再使用相同或近似商标。倘若他人申请注册,则可推定其主观知晓已注册商标之存在,而推定其存在主观恶意。这对于在后使用人而言,是极为不利的。然而,司法实践表明这并非绝对的。司法判例中亦有在先注册与在后使用相互共存的案例。通常情况下,商标注册制度的权利推定效力能够排除他人善意使用的抗辩。这与商标法推行商标注册制度,保护商标注册制度的程序价值密切相关。然而,有原则就有例外。江苏省高级人民法院终审的“自由鸟”商标纠纷案[1]正是相关例证,从而使在后使用未注册商

〔1〕 广东自由鸟服装有限公司等与连云港朗婷服饰有限公司侵犯商标专用权纠纷上诉案,江苏省高级人民法院(2009)苏民三终字第0009号民事判决书。

标抗辩成为可能。

1991年12月30日,瓯海县藤桥服装鞋革三厂在第25类服装上申请注册“自由鸟”文字及图商标。1995年10月28日,“自由鸟”商标经国家工商行政管理总商标局核准,商标注册人变更为番禺市大岗镇瑞兴制衣厂。2001年7月21日,“自由鸟”商标续展注册之申请得到核准。2002年1月9日,“自由鸟”商标的商标注册人变更为广东自由鸟服装有限公司(以下简称广东自由鸟公司)。据核查,广东自由鸟公司于1996年5月成立,主要从事服装生产与销售。2003年1月14日,广东自由鸟公司在第25类商品上注册附有“Free Bird”英文加羽毛图形的“自由鸟”组合商标。2006年1月,广东自由鸟公司的商标被认定为广东省著名商标。2005年12月,广东自由鸟公司的系列服饰商品获得国家质量监督检验检疫总局颁发的《产品质量免检证书》,免检有效期3年。

2008年3月,连云港市的李某获得广东自由鸟公司的特许经营许可,经营“自由鸟”品牌服装。在李某“自由鸟”服装店即将开业之际,发现距离其店铺约50米的距离之处,连云港朗婷服饰有限公司(以下简称连云港朗婷公司)和连云港市自由鸟服饰有限公司(以下简称连云港自由鸟公司)将“自由鸟”作为其店铺匾牌使用。对此,广东自由鸟公司认为两家公司的行为侵犯其商标专用权,并向连云港市工商局进行了举报,后因连云港朗婷公司和连云港自由鸟公司未停止侵权而向法院提起诉讼。经法院查明,连云港朗婷公司于2008年3月3日登记成立,法定代表人为王某新,经营项目为服装、鞋帽、日用小饰品、文化用品、办公用品、建筑装饰装潢材料等,该公司法定代表人王某新为连云港自由鸟公司法定代表人成某霞的母亲。连云港自由鸟公司于2008年3月11日经江苏省连云港工商行政管理局颁发《名称预先登记核准通知书》,载明“连云港市自由鸟服饰有限公司”名称预先登记已经核准。同年4月7日,连云港自由鸟公司正式登记成立,法定代表人为成某霞,经营项目为服装、鞋帽、饰品销售。连云港自由鸟公司在其店铺招牌、门楣、收银台后面墙面上均使用中文“自由鸟”三个字,在其销售票据上有“自由鸟服饰专卖店专用发票”字样。同年8月29日,连云港工商行政管理局新浦分局出具书面证明,证实“连云港市自由鸟服饰有限公司”名称与“连云港市新浦区自由鸟服饰店”名称近似,但因两家公司均为成某霞投资,可以延续使用。

一审法院认为,中文“自由鸟”三个字不仅文字、读音相同,且字形也非常相似,故判定涉案企业字号与广东自由鸟公司的商标相近似。主要理由在于,连云港自由鸟公司在店面匾牌、门楣、收银台后面的墙面上使用“自由鸟”字样,构成对其字号的突出使用,足以使相关公众产生混淆或误认。加之连云港自由鸟公司在其销售票据上使用“自由鸟服饰专卖店专用发票”字样的行为,容易引起相关公众对商标注册人与企业名称所有人的误认,造成商标权主体与商品来源之混淆。鉴于此,连云港自由鸟公司的行为构成商标侵权,应当承担相应的民事责任。

二审法院的判决思路侧重于对是否构成商标混淆之虞的分析。二审法院认为,鉴于商标与字号均具有指示商品来源的功能,因此,在实际贸易中出现商标权与字号权的冲突在所难免。为了规范字号的使用,正确处理商标权与字号权之间的关系,保护经营者和消费者的利益,依据《最高人民法院关于审理商标民事纠纷案件适用法律若干问题的解释》第1条第(一)项的规定,通常情况下,如果商标与企业字号存在相同或近似,并且字号突出使用在相同或类似商品或服务上,容易导致相关公众混淆的,可认定构成侵权。就该案而言,因连云港自由鸟公司的商标使用行为客观上并不导致相关公众存在主观上的混淆可能性,因此也就无侵权可言。主要理由在于,首先,在服饰上广东自由鸟公司使用了“自由鸟”商标,而连云港自由鸟公司在服饰上并无实际使用之情形。尽管连云港公司在其字号上使用“自由鸟”,但是消费者进入店铺之后会注意到的是店铺内所销售的服装,这与广东自由鸟公司不会存在联系,自然也不会存在混淆。其次,尽管涉案的“自由鸟”商标最早在1991年就由案外人瓯海县藤桥服装鞋革三厂核准注册,并于1995年转让给了广东自由鸟公司的前身番禺市大岗镇瑞兴制衣厂;同时,广东自由鸟公司为了证明“自由鸟”商品的知名度,亦提供了广东省原工商行政管理局于2006年1月颁发的延续认定第2002245号“自由鸟”商标为广东省著名商标的《广东省著名商标证书》、原国家质量监督检验检疫总局于2005年12月颁发的批准“自由鸟”“Free Bird”牌系列休闲服免检的《产品质量免检证书》及广东自由鸟公司于2008年为“自由鸟”服装而制作的广告宣传封面。但关键的是,广东自由鸟公司无法证明在1996年时,其所使用的商标已经具有一定的知名度,并且影响力已经覆盖连云港地区。因此,连云港自由鸟公司将“自由鸟”作为字号并无攀附广东自由鸟公司之恶意。从时间上追溯,2007年9月因生意规模的持续扩张,连云港市新浦区自由鸟服饰店被注销,然后连云港自由鸟公司成立至今,并且经过十多年的发展,连云港自由鸟公司已经建立了属于自己的商誉。直至广东自由鸟公司进入连云港市时,双方之间才出现纠纷。鉴于此,二审法院认为如果过于绝对地考虑广东自由鸟公司的利益,进而认定连云港自由鸟公司使用其商号的行为构成商标侵权,必然会带来不当损害。这明显不公平。

综上,“自由鸟”商标纠纷案的司法借鉴意义可主要概括为两个方面:第一,商标注册制度的权利推定效力可以对在后使用人主观善意的抗辩进行否定;但是,这种否定是一种待反证的事实推定。具言之,知晓注册商标的存在并不必然能够推导出攀附商誉的主观恶意之存在,严格来讲知晓与恶意攀附商誉的主观状态之间不能画上等号。第二,一般而言,在相同或者类似商品或者服务上使用近似商标,可推导出商标混淆之虞的存在;但倘若在后使用人可以证明混淆之虞不成立,则可推翻该假设。

三、在先使用未注册商标与在后注册商标之间的共存

在先使用未注册商标在不同的商标权取得模式中有着不同的权利效力:于使用取得商标权的语境下(如美国的商标法),在先使用未注册商标能够形成与注册商标相同效力的独立商标权;于注册取得商标权的语境下(如中国、日本等国的商标法),在先使用未注册商标所形成的利益,能否认定为商标权还存有争议。虽然存在争议,但是我国《商标法》第32条[1]、第59条第3款[2]的相关规定,不失为在先使用未注册商标提供了商标侵权纠纷的有力抗辩。在此语境下,司法实践中有关"在先使用未注册商标"与"不正当抢注"的理解则成为关键。

概言之,当在后使用人知晓并注册与在先使用人已经使用并具有一定知名度的未注册商标相同或者近似商标时,可推定在后使用人主观上存在恶意。当然,既然是推定,便存在被推翻的可能性。例如,在后使用人可以举证证明在先使用商标并无影响力;或者在后使用人在知晓在先使用商标的情形下,并无恶意占用在先使用人商誉之意图。

另外,在使用取得商标权的法域下,只要是符合商标法意义上的商标使用便可以获得商标权。例如,商标权的效力范围在普通法语境下有着地域界限。换言之,商标使用的地域范围便划定了商标权的效力范围。因应商标注册制度的推行,商标的权利推定效力就会将普通法下的商标权限制在商标注册之前的地域范围内,而其余的部分则归属

---

〔1〕《商标法》第32条规定,"申请商标注册不得损害他人现有的在先权利,也不得以不正当手段抢先注册他人已经使用并有一定影响的商标。"

〔2〕《商标法》第59条第3款规定,"商标注册人申请商标注册前,他人已经在同一种商品或者类似商品上先于商标注册人使用与注册商标相同或者近似并有一定影响的商标的,注册商标专用权人无权禁止该使用人在原使用范围内继续使用该商标,但可以要求其附加适当区别标识。"

于商标注册权人，当然这要求商标注册权人在法定期限内有合法、有效的商标使用行为。

四、未注册商标之间的共存

与上述在先使用未注册商标与在后注册商标之间的共存情形的论证逻辑相同，未注册商标之间的共存情形也要在区分不同的商标权取得模式的基础上分别判断。

在注册取得商标权模式下，未注册商标之间并不存在商标权纠纷，而存在不正当竞争的可能性。就概率而言，未注册商标之间的共存的可能性是最高的。尽管商标注册程序有权利证明效力、权利推定效力等制度优势，但是这并不意味着所有商标都会申请注册。尤其是初创企业与知识产权观念不强的企业，这种现象更为显著。一是，在地域范围上，除了国土边疆极为有限的主权国家，幅员辽阔的主权国家为企业的拓展提供了空间。一般而言，在初创企业拓展之前，传统企业会选择某一区域来作为生产或者贸易的"大本营"。因资金等规模限制，初创企业的贸易范围并不会过于广泛。这就为多个初创企业提供了在不同区域发展的空间。二是，从语言经济学的角度分析，一个交流系统的目的在于使避免误解的成本和进行久聊的成本之和最小化……一个短语越是普通，从拥有一个单词中获得的利益超过其成本的可能性就越大。这不仅仅因为缩短该短语所得之收益将会比较大，而且因为当该词语被普遍使用时，对它进行学习和记忆的成本就比较小。在给一个品牌命名时使用一个单词而不采用迂回曲折的表达，也正说明了相同的观点。[1] 这在很大程度上解释了初创企业，尤其是互联网业的初创企业，

〔1〕［美］威廉·M. 兰德斯、［美］理查德·A. 波斯纳：《知识产权法的经济结构》，金海军译，北京大学出版社2005年版，第219～220页。

在品牌选择上会有相同偏好。于是，当双方在相同或类似商品或服务上使用相同或近似商标时，商标共存现象便已形成。三是，在互联网环境下，互联网经济是一种炙手可热的经济模式，因为未注册商标的共存就是一个新的话题，这容易形成互联网热潮。当举国推行“互联网+”时，除了引导一大批传统企业的互联网化之外，新兴的互联网企业亦方兴未艾。与传统企业相比，新兴的互联网企业，尤其是类似于“淘宝店”等微型电商来说，其具有创设与运营成本较小的优点，而宣传效果却有“长杠杆”的效应。在外部政策、信息科技等支持下，内部企业的小成本等优势，将使这类互联网企业成为创业者的首选。然而，科技发展水平的高低与法律意识的高低之间并不存在必然的关联。也就是说，创业者在科技发达的时代可能并无极强的法律意识，这也就给将来初创企业的壮大埋下了“绊脚石”。其中，企业未注册商标在互联网环境下的共存便是其一。面对该情形，法律应该如何调整其中的法律关系，便是需要系统回应的一个复杂问题。

在使用取得商标权的国家，商标是否注册并不影响商标权的取得。尤其是在普通法域下，通过商标使用就可以取得商标权。因此，对于未注册商标之间的商标共存问题，就可以回到本书第一章的阐述中去寻找答案。

第二节　商标共存制度的内涵与表征

一、商标共存制度的内涵

商标共存现象是商标共存制度的素材，并非所有共存现象均符合商标共存制度的内涵。何为商标共存不应仅限于文字层面的释意，还应当从法学规范层面作进一步的规范性研究；作为一项法律概念，商标共存的内涵理应有效地区分合法与非法情形。作为商标共存现象在法律层面的反映,商标共存制度只规制合法的商标共存现象,而非法的商标共存现象仍以商标侵权制度予以规制。因此,商标共存制度应限定为调整一切有关合法的商标共存现象所形成的法律关系的制度。按照世界知识产权组织所指出的,商标共存的定义是指不同主体在所销售的商品或者服务上使用相同或近似商标,并不必然对各自商业活动造成影响。[1] 详细分析上述定义所包含的主体、对象、内容要件可知,该概念的界定过于宽泛而导致其内涵指向商标共存客观现象。如何从法学层面对商标共存制度进行内涵界定,有学者指出商标共存是指不同的市场主体在符合法律规定的情况下,对相同或近似的商标进行使用而不存在混淆可能性的情形。[2] 此定义较之世界知识产权组织的定义而言,确实进一步明确提出了事实上的商标共存与法律上的商标共存之不同内涵(商标共存制度)。这样的区分是有必要的,但是从法学研究的视野来看仅限于这样的区分却又是不足的。

本书认为,与商标注册制度以及商标优先权制度相比较,商标共存制度之所以能够成为商标法有效组成部分,就在于其他商标制度的无法代替性。商标法意义上的商标共存制度,应指在后商标使用人主观上不知晓该商标已被在先商标使用人(或商标权人)使用,或尽管在后商标使用人知晓该商标已被在先商标使用人使用,但不具有利用在先商标使用人商誉的意图;客观上在相同或近似的商品/服务上采用相同或近似的商标而形成一定的市场格局,且共存市场不引起消费者混淆时,该在后商标使用人能在原范围以及自然扩张区域内分别享有独立的商标权的制度。那么,该商标共存制度的内涵界定能否将我国现阶

〔1〕 http://www.wipo.int/wipo_magazine/en/2006/06/article_0007.html. 访问时间 2012 年 4 月 14 日。
〔2〕 梅术文、王超政:《商标共存理论探析》,载《重庆理工大学学报(社会科学)》2010 年第 3 期。

段司法层面的商标共存现象纳入其中？对此，本书认为该内涵的界定具备相当的周延性，与我国司法层面商标共存的实际运行情况之间可谓是殊途同归。对此我们还可以进一步追问，如何对我国商标共存的司法实践中允许在先注册商标与在后使用商标之间的共存现象在该内涵界定的范畴内给予合理解释？对于该问题的解答应跳出商标共存制度的具体适用要件，站在本质上看待该问题。

司法实践中的商标共存往往强调两个主体概念：在先使用人（常为商标注册权人）与在后使用人。对此，尤其值得关注的是我国理论界往往因应这两个主体概念而将商标使用时间的先后也绝对化，并认为商标共存制度适用的主体必须是商标在后使用人与在先商标使用人（此时在先使用人为商标注册权人）。然而实际情况是，纵观各国商标共存司法实践来看，商标使用的先后顺序本身就是一个相对概念。以美国司法实践为例，在A区域a为商标在先使用人，但在B区域b则为商标在先使用人。在“商标使用主义”语境下，即便a作为主权范围内的第一顺位的商标使用人，但是其商标权也无法延伸至主权的全部范围。具言之，只要a与b分处于不同的区域范围，那么实际上商标使用的先后顺序就不是判断商标共存的绝对因素。事实上，商标法上之所以强调商标使用先后顺序，在一定限度上只是为了作为证明主观状态的证据之一：既然在A区域内a为第一个使用商标之人，如果他人在A区域内使用相同或者近似商标，则可以推断其主观存在恶意；倘若他人并非在A区域而是在其他区域使用相同或者近似商标，则不能直接推断出他人主观恶意状态。与之相对应的是，在“商标注册制度”语境下，在后商标使用人应当在商标注册之前已经使用该商标，但晚于在先商标使用人使用，才能形成受法律保护的商标共存。对于在商标注册之后而使用的商标能否形成共存，则需要法院根据个案裁判。

相比较而言，我国司法实践中商标使用的先后顺序对于保护未注册在先使用商标有着重要意义。但对于商标共存而言,众多司法判决表明这其实意义不大。尽管我国司法实践在适用商标共存时,并没有完全参照美国商标共存制度的适用要件,但是此举并非一种错误:首先,美国商标共存制度的适用要件只是法院考虑相同或者近似商标在相同或者类似商品或者服务上使用时,是否会导致消费者混淆的参考因素,而非决定性因素。其次,由于商标权取得的模式不同,纯粹的商标使用无法在我国取得商标权;但是,这并不意味着法律不予保护由此产生的利益。当善意商标使用人所申请注册的商标已经具有一定知名度时,对于该商标是否予以注册的判断便是一个综合性的复杂问题。

二、商标共存制度的表征

制度的特征是从形式上来归纳制度的外在属性,它与制度本质相对应,是制度本质的外化。[1] 研究某一制度的特征,是为了弄清该制度在主体、保护对象、内容等方面存在的特点,并把它和其他的制度区别开来,以便指导人们的学习和实践。因此,商标共存制度的特征分析,同样如此。

(一)主体多样性

商标共存制度使用的主体是指在统一商标法法域下分属于两人及两人以上的商标权人或商标使用人。该主体类型大致分为两类,一类是商标注册权人与未注册商标使用人;另一类是均为未注册商标使用人。就前者而言,未注册商标使用行为必须早于商标注册权人的商标申请日。在主体资质上,未注册商标使用人对特定范围内的商标享有一定的商誉。仅采纳商标而未进行商业使用的商标使用人并不能成为商标共存的主体。

---

〔1〕 付子堂主编:《法理学初阶》(第3版),法律出版社2009年版,第92页。

(二)限于相同或近似的商标

商标的消费索引功能需要商标长期的商业性使用。无论是臆造性商标、任意性商标还是描述性商标,其与商品/服务之间联系的建立是人为性的,而人为性意味着相同或近似商标存在诸多指向的可能性。完全不相同的商标之间,除了肆意诋毁之外,不存在影响各自商标显著性的纠纷。

(三)限于相同或类似的商品/服务

按照商品/服务分类注册原则,在不同的商品/服务上注册相同或类似的商标并不会产生矛盾。商标注册制度所采用的优先申请原则,所保护的是已经或者将来把商标贴附在商品/服务上的申请人的申请优先权利,允许其独占该类型商品/服务的商标使用。因此,只有商品/服务是相同或相似的时,才有调整的必要。

(四)善意在后商标使用人

作为商标共存制度核心特征之一,善意在后商标使用人是商标侵权抗辩最有力的因素。善意意味着商标使用人主观上不存在故意窃取他人商标所承载的利益;一般而言,主观善意作为一种平衡,在后商标使用人在事实上存在知晓商标存在可能性时,知晓应采用"推定"的形式而使效力更加确定。此时,形式正义与实质正义存在冲突,其制度的体现便是商标共存制度与商标注册制度之间的抉择;最终,市场经济主导了选择,注册制度掐断了商标共存制度效力的延续。

(五)独立的市场区域

市场区域,按物理层面界定,是指存在界限的交易地域范围。独立,是强调该范围之内在特定商品/服务上使用商标的权利归属。作为独立市场区域的另一衡量因素,消费者群体的形成,无疑是具有说服力的。在特定范围内,尽管消费者并不知道指示、区分商品/服务来源的商标背后的生产者/服务提供者是谁,但是这并不妨碍消费者建立其商标信赖。[1] “销售者/服务提供者—消费者”秩序的建立,意味着独立市场亦已形成。

第三节 商标共存制度的价值取向

一、公平价值

诚如法国学者 Y. St. Gal 所言,商标法书作如未叙及不正当竞争,则其著作尚嫌不完善。[2] 我国的一些教科书和法学专著通常将《反不正当竞争法》作为保护知识产权的部门法律。此外,法院在立案时也将不正当竞争纠纷纳入知识产权类型的案件当中。这种做法是与国际上通行的做法相一致的。[3] 例如,《保护工业产权巴黎公约》于 1900 年修订时加入反不正当竞争的规定(第 10 条第 2 款),反不正当竞争由此成为知识产权保护的内容。就商标法而言,其与反不正当竞争法的关系更为密切,而原因就在于商标法与反不正当竞争法之间存在同源关系。

早期的反不正当竞争的范围较为狭窄,主要集中在“假冒”(passing off 或 palming off)上。所谓假冒,一般是指假冒者将他人相同或近似的商品标识用在商品或服务上并用于销售,让消费者误认为某一商家的商品或服务是另一家的商品或服务。作为不正当竞争的形式之一,假冒的范围随着社会经济和产业竞争的不断发展而扩大。正如纽约州法院在 1950 年的一个判例中所述,在那些简单的平静的年代里,主要的不良商业

〔1〕 消费者信赖机制的建立,不仅对是否形成独立市场具有判定作用,而且还能提供商标功能扩张的理论支持。商标功能的扩张,部分原因在于自由市场并不依附于消费者对不同销售者的确切认知,只要商标在指示消费者选择商品/服务时起到了指示作用,而且是持续性的指示强化,那么,消费者自然会形成商标依赖。

〔2〕 Y. St. Gal, Protection et valorization des marques de fabriques, de commerce ou de service, 4e ed. 1972. W2. 转引自曾陈明汝:《商标法原理》,中国人民大学出版社 2003 年版,第 151 页。

〔3〕 参见孔祥俊:《商标与不正当竞争法:原理与判例》,法律出版社 2009 年版,第 643 页。

行为是假冒。随着更为复杂的商业关系的发展以及不良商业行为的演变,已经将不正当竞争的理论扩展到了假冒以外的案件中。[1] 以美国为例,反不正当竞争法起源于州法。在长时间内,反不正当竞争行为的规制主要由各州的普通法进行规制;但是情况因 1946 年《兰哈姆法》的颁布而发生了重大突破。究其根本,在于《兰哈姆法》第 43 条第 1 款规定了广泛地制止不正当竞争的内容,以至于《兰哈姆法》第 43 条第 1 款成了联邦一级的与州反不正当竞争法并行之规定。1988 年美国国会修订《兰哈姆法》时,又将判例法所确定的一系列原则纳入第 43 条,通过这次修订,第 43 条又增加了一个第 3 款,禁止对他人的驰名商标进行淡化[2]。将反不正当竞争法中有关商业标识的内容进行提炼与重新编排,足以表明商标法起源于反不正当竞争法,[3]当然商标法自无代替反不正当竞争法之企图;商标法所沿袭的是反不正当竞争法中有关避免消费者混淆的商标假冒与规制"搭便车"行为之宗旨,以及对市场实质性正义与公平的维护。

商标为表彰商品之标识,厂商借商标以保护其物美价廉之信誉,并以之作为商业竞争之武器。[4] 商标的表彰功能产生于商品经营者持续性地商标使用,任何一个文字形式、图案或符号,不管它们天然地多么适合于做某些商品或服务的标识,亦非天然就是其他事物的标记。[5] 然而,持续性地商标使用必须是针对商品或服务而言,若脱离了商标所属之类别,商标的表彰功能就丧失了展示的平台,商标更无任何价值可言。商标是商誉的载体,也是有关企业重要的无形财产。商标蕴含的

---

〔1〕 Metropolitan Opera Association v. Wagner-Nichols Recorder Corp. ,199 Misc. 786,101 N. Y. S. 2d 483 (1950). 转引自李明德:《美国知识产权法》,法律出版社 2003 年版,第 331 页。

〔2〕 李明德:《美国知识产权法》,法律出版社 2003 年版,第 333 ~ 334 页。

〔3〕 美国反不正当竞争法第三次重述指出,商标保护是反不正当竞争法的基础之一。See Restatement (Third) of unfair competition § 1 cmt. E (1995).

〔4〕 参见曾陈明汝:《商标法原理》,中国人民大学出版社 2003 年版,第 14 页。

〔5〕 参见刘春田:《商标与商标权辨析》,载《知识产权》1998 年第 1 期。

商誉,是企业通过提供质量一致或稳定的商品或服务而创造的。如果任由他人在同类商品或服务上使用近似商标,将自己的商品或服务与他人的商誉联系起来,势必会挫伤企业通过商标建立良好商誉的积极性。[1] 鉴于商标作为竞争的有效手段,当商标使用人投资于商标时,可以获得一定的竞争优势;与此同时,如果第三人不当侵占表现投资优势的手段,很可能会被认定轻罪,有时甚至作为一种重罪。[2] 商标这一属性暗示,商标法的核心乃是维护公平的竞争环境。[3] 这与商标共存制度的价值相统一。

二、效率价值[4]

多数情况下,法律公平与效率的价值被置于相互对立的位置。法经济学家们致力于将争议转化为效率问题。依照他们的理解,经济意义上的事无法均用公平来衡量,而是应当更多地采用效率标准。以此逻辑,当公平与效率发生冲突时,公平应给效率让路。与上述观点不同,本书不赞成在公平与效率之间进行简单的取舍,而是建议按照个案寻找中间道路。《平等与效率》一书的作者阿瑟·奥肯认为,效率是有关生产资料分配或者生产方式的原则,公平则是调整生产关系或者社会再分配的准则;两者适用于不同领域,并行不悖。[5] 亦如上文所述,如果商标使用在主观上都是善意,而且凭借自我的商标投入而积累商誉、形成商标优势时,基于公平的价值取向,商标法均应当给予保护。

---

〔1〕 参见李明德:《美国知识产权法》,法律出版社2003年版,第258页。

〔2〕 See Edward S. Rogers, *Some Historical Matter Concerning Trade—Marks*, Michigan Law Review, Vol. 9,1910,p.29. 转引自李雨峰:《重塑侵害商标权的认定标准》,载《现代法学》2010年第6期。

〔3〕 参见张玉敏:《维护公平竞争是商标法的根本宗旨——以〈商标法〉修改为视角》,载《法学论坛》2008年第2期。

〔4〕 美国经济学家登姆塞茨指出:"产权是一种社会工具,其重要性就在于事实上能够帮助一个人形成他与其他人进行交易时的合理预期。这些预期通过社会的法律、习俗和道德得到表达。"

〔5〕 参见王珮蓓:《公平与效率的均衡:法经济学对社会发展目标的追求》,载《学术月刊》2006年第4期。

只是在选择以何种模式来保护商标相关权利才能实现最大价值时，商标法应当考虑效率价值之取向。商标法的效率价值，在某种程度上也证明了商标法保护商标相关权利的合理性。

商标法的一般性原则限制在相同或近似商品或服务上使用相同或近似的商标时，只能存在一个商标权。但是商标共存作为一般性原则的例外，有条件地授予两个以上的商标使用人在相同或近似商品上使用相同或近似商标的商标权。在法律层面上，完整商标权的分割意味着针对某一商标的产权被重新界定，义务被重新分配。在经济层面上，社会整体效益的提升是产权重新界定的前提。彼得·德霍斯（Peter Drahos）认为，考虑到大多数知识产权立法都有显著的经济学特征，一个值得研究的可能性就是，某种经济学理论可以为知识产权的立法提供正当性根据。[1] 著名经济学家凯恩斯也曾言，在供给与需求这对矛盾中，起决定作用的不是供给，而是需求。[2] 整个经济的起点应该是需求而不是供给，在供需这对矛盾体中需求在先，有了需求之后，才会有供给的动机。

商标共存是以商标权人在各自地域范围内建立受商标法保护的商誉为事实依据，该事实可细化为两种情形：一是双方均为未注册商标使用人，并且同时申请商标注册；二是一方为已注册商标权人，另一方是未注册商标使用人。但无论哪种情形，未注册商标使用人能否获得商标权以及如何获得商标权等都会影响社会整体经济效益。商标法意义的商标是指能识别所属商品或服务，并将其与其他生产者相区别的文字或者其他标志。具有显著性的商标不再纯粹是公共领域的符号，[3]

---

〔1〕 参见[澳]彼得·德霍斯：《知识产权法哲学》，周林译，商务印书馆出版2008年版，第6页。

〔2〕 参见黄秋如：《西方供求关系理论述评》，载《井冈山学院学报（哲学社会科学版）》2006年第1期。

〔3〕 商标是一种由文字、图形、颜色及其组合等组成的符号，具有可复制利用而不损害其本身价值的特点，在这个意义上，商标具有公共产品的性质。参见李雨峰：《迷失的路——论搜索引擎服务商在商标法上的注意义务》，载《学术论坛》2009年第8期。

凝结于商标上的商誉逐渐展现出产权属性。[1] 倘若商标法限定在相同或者近似商品或服务上使用相同或近似商标只能存在一个商标权,那么善意商标使用人无法实现投资回报,也无法对商标所享有蕴含商誉实现财产权效力。如上所述,除了广告、营业风格、售后服务,商标作为一种竞争手段,常被经营者所采用。经营者通过投资于此,以求获得一定的竞争优势。因此,无论哪一方都不会轻易放弃此优势手段。为实现商标利益的权利化,经营者首选通过与他方交易实现对某一商标的独占,而该交易实现的前提之一是出让方获得可弥补预期收益的资金回报。此外,交易成本也是左右谈判成败的关键。根据乔治·J. 斯蒂格勒(George J. Stigler)所命名的科斯定理,“在交易成本为零的世界中,各方之间的谈判将会导致财富增加至最大化的社会安排,且与权利的初始分配无关”[2]。换言之,资源配置的最佳效应与资源的初始所有人无关。这意味着当资源初始所有人知晓资源收益可以通过资源转移来实现时,那么他将会以更高于市场的价格但低于最佳用途收益的价格从初始所有者手里购买该资源。在这个转移过程中,资源初始者和资源购买者都获得了新增收益。经过这样连续不断的自由市场交易,在交易为零的情况下,资源最后总是可以配置到效率(效益)最高的所有者手中。[3] 但在科斯本人看来,他更倾向于把科斯定理当作通向分析正交易成本经济体的垫脚石。[4] 任何一项交易均会涉及费用,为了落实一项交易,交易发起方首先需要明确交易对象,告知对方交易内容等,而实现上述步骤,均会涉及费用,有时费用往往很高,以至于改变

---

〔1〕 Arthur R. Miller, Michael H. Davis, *Intellectual Property* (*second edition*),中国人民大学出版社2004年版,第183页。

〔2〕 George J. Stigler, *Two Notes on the Coase Theorem*, Yale Law Journal, December 1989, p. 631 - 633.

〔3〕 参见盛洪:《现代制度经济学》(下卷),北京大学出版社2003年版,第12页。

〔4〕 参见[美]罗纳德·H. 科斯:《论经济学和经济学家》,罗君丽、茹玉骢译,格致出版社2010年版,第12页。

法律明确的权利会得不偿失。一旦把市场交易费用、管理费用纳入考量，就很清楚，这样的权利调整只有在这种调整增加的产值大于调整所需费用之际才会发生。在这样的条件下，法定权利的初始界定就显得至关重要。它确实影响到经济体制运行的效率，某种权利安排也许会比任何其他安排——通过市场来改变和组合权利而获得的结果——带来更大的产值。[1] 在资源稀缺的当下，与秩序、自由、争议一样，效率也是一个社会最重要的美德。[2]

当商标属于描述性名称或商品通用名称时，只有获得"第二含义"时，商标法才给予保护。在获得"第二含义"之前，该标识属于公共财产，任何人使用该标识进行的商业活动都是允许的。低准入所带来的必然是多个主体共存的格局。当某一主体主张该标识已获得"第二含义"时，法院通常需要考虑消费者对该标识的看法、[3] 销售数量、广告方式与程度、使用范围与方式[4] 以及市场调查等因素。除了消费者的认知之外，其他因素所综合反映的是一家企业的市场优势情形。换言之，只有一家企业在市场中处于垄断地位或绝对优势，才可能从多个主体工程的格局中脱颖而出，从而独自赋予该标识"第二含义"。然而，市场并不是总能自动产生"强者"，很多时候，多头垄断才是市场竞争最终导致的均衡状态，而最需要法律解决其间权利冲突的往往正是这种市场格局。[5] 正如上述所言，高额的交易与执行成本，再加上多头垄断的市场格局，市场就不大可能对收益和成本做出准确无误的平衡。在这样的情况下，法院在平衡收益与成本方面的作用就凸显出来了。正如

---

〔1〕 参见[美]唐纳德・A. 威特曼：《法律经济学文献精选》，苏力等译，法律出版社 2006 年版，第 13 页。

〔2〕 参见张文显主编：《法理学》，法律出版社 1997 年版，第 311 页。

〔3〕 See Coca-cola Co. v. Koke Co. ,254 U. S. 143,146(1920).

〔4〕 See Vision Centers. 596 F. 2d at 119; Union Carbide Corp. , 531 F. 2d at 380; Aloe Crreme Laboratories,423 F. 2d at 849 – 850.

〔5〕 参见凌斌：《肥羊之争：产权界定的法学和经济学思考——兼论〈商标法〉第 9、11、31 条》，载张玉敏主编：《西南知识产权评论》(第一辑)，知识产权出版社 2010 年版，第 111 页。

美国法学家波斯纳所指出的那样,“当市场能担当重任时,法院就把决策权(成本、收益分析)交给市场;当市场失灵时,法院就自己来判断资源配置的效率是否实现”[1]。用普通法院代替真实市场制度的做法被认为是可以提高效率的,因为在实现理想状态下的市场产出水平之前,这些法院被认为比不完备的市场更胜一筹。[2] 但与此同时,法院应当理解自己决定的经济后果,并且就其可能且不会带来太多关于法律地位本身不确定的范围内,应当在决定时考虑到这些后果。[3] 在这种语境下,我们再一次得到一个特殊的结果:法官角色的越发重要仅仅是基于市场特殊性的变化不定(市场失灵),而不是基于对法官自身能力变化的考虑。更重要的是,这种对司法至上的含蓄假设本身就值得怀疑。此外,法官在成本收益分析的能力会随着参与人数和事情复杂性的增加而逐渐下降;[4] 对于法官在权衡成本收益后运用“责任规则”[5] 来解决市场失灵时,有意忽略了一个问题,即也许垄断一方并不情愿用法定价格“买断”另一垄断方的市场份额。[6] 因为如果要支付一大笔补偿费用可能会超过收益从而不愿意进行这一强制交易,也可能是出于对不利结果的过分担心,使得原本该发生的强制交易没有发生。基于种种因素考虑,垄断方倾向于在已有格局上寻求法律权利的界定,即承认

---

〔1〕 Richard A. Posner, *Economic Analysis of Law*, Cheltenham: Edward Elgar, 4th edition, 1992, p. 62 - 63.

〔2〕 参见[美]尼尔·K. 考默萨:《法律的限度——法治、权利的供给与需求》,申卫星、王琦译,商务印书馆 2007 年版,第 146 页。

〔3〕 参见[美]唐纳德·A. 威特曼:《法律经济学文献精选》,苏力等译,法律出版社 2006 年版,第 17 页。

〔4〕 关于法官在成本收益分析的能力与参与人数、事情复杂性程度之间的关系,可参见[美]尼尔·K. 考默萨:《法律的限度——法治、权利的供给与需求》,申卫星、王琦译,商务印书馆 2007 年版,第二章“权利谱系”。

〔5〕 “责任规则”是在卡拉布雷西(Calabresi)与梅拉米德(Melamed)的论文《财产规则、责任与不可让渡:“大教堂”的一幅景观》中首先提出的财产权利保护的一类法律规则。如果准确地考虑该规则适用对象——权利,那么于此语境下是不适用的;但法官在权衡成本收益后确定合理补偿的对价时,运用的规则实际上是与“责任规则”一样。因此,笔者暂且将“责任规则”在本书中扩大使用。

〔6〕 这便是 W. 斯坦利·杰文斯(W. Stanley Jevans)所谓的“双重一致性”(double coincidence),即交易双方所提供之物均能满足各自需求。

各自双方均享有有限的商标权。明确的产权界定,是交易的前提,也是实现提高整体社会效率的基础。对于上述的各种要求,商标共存制度均能满足。

三、秩序价值

社会秩序是相对于自然秩序而言,是连接和维系人类社会关系的纽带。与混乱状态不同,稳定的社会秩序是人类生存与发展的基本条件。只有当社会秩序处于安全状态,人类的行为才有预测的可能性,进而能够避免行为选择上的错误,降低行为选择上的成本,提高行为实施的收益。作为社会秩序的一种类型,立法确定并维护法律秩序。法律秩序以权利与义务为基本内容,并具有一致性、连续性和确定性的状态。[1] 诚然,法律的价值不止秩序一项,但是所有的价值都离不开秩序;利益的确定、争议的解决都离不开稳定的社会秩序。[2] 试想"如果某个公民不论在自己家中还是在家以外,都无法相信自己是安全的、可以不受他人伤害的,那么,对他侈谈公平、效率,都是毫无意义的"[3]。既然如此,作为下位概念的商标秩序,则是以商标权利为核心的社会秩序,包括商标权利的形成、行使与限制。此外,笔者认为,商标秩序的维护更多以商标制度的形式存在。商标秩序价值的实现,需要完成商标秩序的确认与创设两个阶段。在商标秩序的确认阶段,需要针对现有商标制度的效果进行分析,并对当下与将来的制度需求予以判断。在商标秩序创设阶段,需要根据商标秩序确认阶段的目标,对已有制度予以修改或废除、创设新的制度。纵观商标法的发展历程,是不断重复着

〔1〕 参见[美]E. 博登海默:《法理学:法律哲学与法律方法》,邓正来译,中国政法大学出版社 1999 年版,第 219~220 页。

〔2〕 参见周旺生:《论法律的秩序价值》,载《法学家》2003 年第 5 期。

〔3〕 [美]斯坦、香德:《西方社会的法律价值》,王献平译,中国人民公安大学出版社 1990 年版,第 40 页。

商标制度的确认与创设的过程，最终实现商标法律关系的稳定性与可预测性。

在无商标法的时代里并不存在以商标标识财产属性而形成的商标秩序，而是依靠行政力量使社会得以稳定发展。例如，国家行政机关硬性要求商品生产者在商品上附着商标标识的目的，就在于管理商品有序流通与追责的高效率。值得注意的是，此时的商标秩序并非本书意义上的商标秩序，其原因是不存在私法意义上的权利预期。在普通法保护语境下，法律通过规制他人假冒商标造成社会秩序混乱的方式来保护商标利益。商标财产属性的赋予，是具有跨时代意义的。因为商标的财产化，不仅使商标使用人获得了关于财产法上的保护手段，也为商标注册制度的形成提供了可能。作为世界上第一部具有现代意义的商标法，1857 年法国制定的《关于以使用原则和不审查原则为内容的制造标记和商标的法律》就有规定“商标权的保护范围仅限于商品类别”。从秩序层面，此在限定商标注册所形成的权利效力。1964 年的《法国工业、商业和服务业商标法》首次规定，“商标专有权仅通过注册才能取得”。1938 年《英国商标法》第 2 条规定：“任何人无权对未注册商标的侵权提起诉讼，要求制止侵权或赔偿损失。”这些规定将商标注册作为商标权取得的唯一方式。在此语境下，只有通过商标注册而形成的秩序，才是受法律保护的，才能满足一定的预期性。在法定期限内，商标注册秩序是受法律保护的；在该期限内，未经商标注册权人的许可或者没有法定免责事由，而破坏商标注册秩序，可被认定为商标侵权。

那么，对于在商标注册之后的法定期间内，尽管商标注册权人有商标使用情形，但是所注册商标存在法律效力上的瑕疵可能性时，我国

《商标法》创设商标无效宣告制度，来维护公平、社会公共秩序等价值目标。[1]

综上所述，通过商标秩序的确认阶段，商标立法开始反思绝对商标注册制度带来的弊端，以及由此产生的不公平现象。因为在两个商标权取得模式下，商标注册的本质并没有变化——都是为商标使用服务，确保商标指示与区分功能。无论商标权注册取得还是使用取得，使用事实均应当予以尊重。任何忽视甚至无视商标实际使用情形的商标制度都不可能有效维护商标秩序，最终必然会损害商标权人的利益。[2]

承认商标共存制度体现了法律对秩序价值的追求，是法律维护交易安全、培育消费者行为预期的制度性设计。作为秩序法的重要组成部分，商标法不仅需要维护商标权人的利益，还要维持稳定的市场秩序。在表面看来似乎不合理的制度设计，实则是为了保护交易安全，为市场主体提供可预期的市场秩序。此时，权利神圣让位于交易安全。就商标共存制度而言，如果按照罗马法的先占原则，在先商标使用人应当取得商标权。但是，对于通过善意商标使用而形成稳定的市场格局时，如果法律武断地剥夺其利益，那么就会打破既定的市场秩序，同时也会丧失市场的可预期性。

---

〔1〕 我国《商标法》中那些不能作为商标使用的标志（第 10 条）、不能作为商标注册的标志（第 11 条、第 12 条）、以欺骗或者其他不当手段取得注册的商标，即使因为国家知识产权局商标局的错误而获得了登记，其也无法取得不可争议的地位，国家知识产权局商标局可以主动宣告这种注册无效，其他单位或个人也可以请求宣告该注册无效。无论注册人的注册经历多长时间，其注册的商标都是可争议的商标。对于摹仿他人未注册驰名商标而注册的（第 13 条），代理他人商标而自己注册的、因与他人有其他合同业务关系而申请注册的商标与他人在先的未注册商标相同或者近似（第 15 条），商标中含有虚假地理标志的（第 16 条），侵害他人在先权利、抢注他人有一定影响商标的情形（第 32 条），注册具有一定的公信力，利害关系人应在 5 年内提出撤销之申请。超过 5 年，该注册商标成为不可争议的商标（对恶意违反第 13 条注册的，驰名商标所有人不受 5 年时间的限制）。此时，注册具有时效取得的效力。

〔2〕 参见彭学龙：《寻求注册与使用在商标确权中的合理平衡》，载《法学研究》2010 年第 3 期。

CHAPTER 03 >>

第三章

商标共存制度的缘由

第一节　商标的本质:指示功能

作为一个标识,为何商标具有财产属性、其排他性的权利效力是如何形成的,以及如何通过商标共存制度的设计进而实现限制商标权的垄断等,都是需要对商标的起源进行溯源才能弄清楚的问题。作为财产权的典型,确立商标的法律保护模式的确是一个漫长的历史积累过程,是一段繁荣而艰辛的"进化史"。[1] 私有财产是生产力发展到一定阶段必然形成的交往形式,即每当工业和商业的发展创造出新的交往形式后,法律便不得不承认它们是获得财产的新方式。[2] "这种交往形式在私有财产成为新出现的生产力桎梏以前是不会消灭的,并且是直接的物质生活的生产所必不可少的条件。"[3] 纵观商标的历史源

〔1〕 余俊:《商标保护模式进化论》,载《法学杂志》2011 年第 9 期。

〔2〕 参见《马克思恩格斯选集》(第一卷),人民出版社 1995 年版,第 131 页。

〔3〕 《马克思恩格斯选集》(第一卷),人民出版社 1995 年版,第 411 页。

流，对商标产生本质性影响的制度设计与社会发展，大致有四个：(1)自然经济向商品经济转变；(2)工业革命以及与之相关的贸易全球化；(3)商标注册制度的设立与推行；(4)互联网的发展。尽管在这个过程中，商标出现多种属性或者多种功能，但其根本属性并未改变。

一、商标的产生：无私权属性的商标指示功能

在我国商品流通没有突破地域限制、生产力无法实现批量生产以及以农耕经济为主导的早期社会中，商标指示商品来源的功能并不存在。究其原因，主要在于社会商品销售渠道的单一，使得买家与卖家通常进行的是现场交易而无须借助中介等手段。随后，商标标识的出现也有着不同的原因或者诉求：或是出于个人喜好、聊以自慰，而试图通过附在商品实物上的符号来表达某种情怀；[1]或是为了标明某一物品的所有权归属。[2] 例如，公元前3500年的古埃及曾有将陶工姓名标示在陶器上的要求；再如，西班牙游牧部落的人们曾经使用烙印在自己的牧畜上作标记。[3] 从中可以看出，起初的商标标识仅具有区别不同生产者或所有人之功能。这也是古代人在一件物品、猎物或者奴隶身上打赏标记来确定所有权的人类社会的共同之处。

此外，商标标识的出现还有的是为了证明行会成员的资格。行会的准入机制是通过君主授予特权的方式予以确定。[4] 行会成员必须在

---

〔1〕 例如，"商代、西周和春秋时期，贵族常常因某种值得炫耀的事而铸造铜器并在上面勒铭以示纪念……铭文的特点或可称之为'物勒主名'。"参见袁行霈、严文明等主编：《中华文明史》(第一卷)，北京大学出版社2006年版，第204页。

〔2〕 如在春秋战国时期，商品经济有了较大的发展，当时的木工、竹工、漆工、陶工等工匠为了在商品的交换中便于别人识别自己的商品，在自己的商品上刻上自己的名字；中国西汉宣帝五凤年间留下的陶瓷有以"五凤"为标志的例子，战国时期的铜器上可见到"工"等不同制作者的身份与名称。

〔3〕 参见郑成思：《商标与商标保护的历史》，载《中国工商管理研究》1998年第2期。此外，"因为受箭或矛击伤了的野兽，不一定是就地死亡，往往会在别处发现它的尸体。在这种情形之下，猎者如果不能用附着在伤口上的武器来确定他的权利，则他必将失去他的猎物。"格罗塞：《艺术的起源》，蔡慕晖译，商务印书馆1984年版，第105页。

〔4〕 郑成思：《知识产权论》，法律出版社2001年版，第11页。

其商品上签刻属于自己的标识，以保证行会对外的垄断。事实上，行会准入机制下赋予特定商标使用人的特权并非传统意义上的商标权，也并没有形成私有财产权。特定商标使用人被赋予的特权可视为一种商标特权，其实质在于履行政府强制性义务。[1] 该商标标识是国家强制力的一种体现，是政府实现商品质量监管的工具与手段，所形成的是政府管理的秩序。政府之所以通过规制商标标识实现商品质量监管，其原因是“当时已经发现，商标标识的指示功能，犹如使用姓名来指称一个人一样，极大节约成本，提高了市场效率”[2]。如果从确定责任的角度来看，商标是消费者寻找责任承担者的证据；这反过来也在要求生产者承担维持产品质量与声誉的责任。[3] 同时，这也便于政府对生产者的商品质量实施监督，一旦发现其“以次充好”“以假乱真”，便可有效对该生产者实施必要的法律制裁。

随着生产力的飞跃、科技的进步尤其是交通运输的革命，使商品的远距离流通成为可能。在商品生产者无法实现与消费者之间的直接沟通时，选用何种渠道实现沟通替代就成为贸易扩张的重中之重。“货物贸易发展到一定阶段，现场货物贸易已不再能够满足社会需求。脱离生产地而被销往远方市场时，生产者需要某一媒介来表示所销售商品的来源。因此，商标标识开始由‘辨人’转向‘辨物’。但无论目的是‘辨人’还是‘辨物’，起到的不过是记号的作用”[4]。“当产品被认同，商标标识亦随之而被留在脑子。久而久之，一种被商人们称之

〔1〕 如1266年英国颁布的《面包师强制标记法》，要求面包师将自己的标记适当标示于制作和出售的面包上，以保证面包的质量和分量。参见冯晓青主编：《商标侵权专题判解与学理研究》，中国大百科全书出版社2010年版，第91页。

〔2〕 [美]威廉·M. 兰德斯、[美]理查德·M. 波斯纳：《知识产权的经济结构》，金海军译，北京大学出版社2005年版，第215页。

〔3〕 参见孔祥俊：《商标与不正当竞争法：原理与判例》，法律出版社2009年版，第45页。

〔4〕 孙英伟：《商标权保护正当性的历史分析——基于第三次商标法修改》，载《河北大学学报(哲学社会科学版)》2011年第5期。

为‘强烈渗透’的东西出现了，商标标识与被标识的产品之间便自然等同起来……于是买方开始主动使用标识来标记、推销自己的产品或服务”[1]。

二、商标的发展：财产化与异化效应

“商标权作为一种私有财产权受到法律的承认和保护，并形成一种专门的法律保护制度，始于资本主义时期”[2]。据已有资料证明，最早与商标保护有关的判决是英国于1618年做出的。该案件主要涉及布匹商之间的商标冒用争议。在该案中，法官认为被告在劣质布匹上使用原告商标，假冒原告布匹的行为构成欺诈。鉴于原告的商誉是其通过自身商业行为所累积，因此法院支持原告的主张，判定被告的商标使用行为构成侵权。[3] 同样，在1584年英国“JG诉山姆福特”案（JG v. Samford）——保护商品提供者专用标识的案例中，法院指出，商标假冒之诉的本质在于保护商誉，而不是保护商标标识本身，因此在商标上不存在任何的财产。[4] 由此可推知，此时的司法理念更多的是从竞争法、宏观的商业秩序之稳定的角度来认识、界定与维护商标或商标权。在17世纪，英国基于普通法与衡平法保护商标免于假冒。在此间的两百多年的历程中，商标判例保护模式的标准并非一成不变，而是经历了从“严格的商标欺诈主义”到“宽松的商标欺诈主义”的过程。在“严格的商标欺诈主义”时期，法院判决严格遵守法律保护商标的逻辑要件：欺诈、损害事实以及虚假陈述，其中核心为是否存在商业欺诈。一般情况

---

〔1〕 孙英伟：《商标权保护正当性的历史分析——基于第三次商标法修改》，载《河北大学学报（哲学社会科学版）》2011年第5期。

〔2〕 吴汉东、胡开忠：《无形财产权制度研究》，法律出版社2005年版，第365页。

〔3〕 See William Cornish, David Llewelyn, Tanya Aplin, *Intellectual Property: Patents, Copyrights, Trade Marks and Allied Rights*, 7th edition, England: Sweet & Maxwell, 2007, p. 627 – 630.

〔4〕 有学者认为，1584年英国“JG诉山姆福特”案才是第一起普通法判例；还有学者认为，如果根据有据可循的第一起“有记载的”普通法判例，则是1783年的“Singleton v. Bolt-on”案。

下,虚假陈述会限定于“以次充好”的商业场景,并要求以明示的方式表达虚假陈述。当过渡到“宽松的商标欺诈主义”时期,普通法院与衡平法院不再固守“严格的商标欺诈主义”之教条,而是采纳相对宽松的标准——在无证据证明虚假陈述的情形下,如果商标权人因假冒之人的行为而受到侵害的,仍可获得赔偿。

然而,将道德因素作为认定商标欺诈行为的主要故意之判断因素,必然带来诸多难题。除了证明被告存在欺诈之故意与冒用行为之外,还需要商标权人证明其商标已经形成可被他人冒用的声誉——这在举证上是极为困难的。因道德因素的不稳定性与证明上的困境等因素共同导致了纯粹以商标欺诈之诉寻求救济的模式趋于式微,最终在普通法上消失。[1] 与此同时,商标财产观念悄然产生。鉴于当时社会对于商标保护的强烈诉求,社会又重新开始寻求新的、用于保护商标的模式。商标欺诈诉讼所要维护的是商标的信息传递功能,法院通过禁止他人虚假陈述,维持商标来源信息的真实性、可靠性和一致性。当消费者凭借商标来购买商品时,商标指示功能得以形成,基于商标的竞争优势得以存在。对于商标使用人而言,除了防止他人假冒商标之外,还试图控制所有使用商标的行为方式,进而控制商标所形成的所有竞争优势,独享商标所产生的经济利益。商标转让是商标价值直接实现商标经济利益的手段之一。在1852年,英国谢菲尔德市商会向下议院提交的《谢菲尔德法案》中的第9条规定“注册所获得的商标应被视为所有人的个人财产,按照调整个人财产的法律,该财产可以转让。”然而,该规定与法院禁止商标欺诈所要实现的目标——维持商标所传递信息的

---

〔1〕 See Christopher Wadlow, *The Law of Passing - off: Unfair Competition By Misrepresentation*, Sweet & Maxwell, 2004, p. 17.

一致性与真实性——相反。[1] 同时，英国政府为了实现商人的诉求，要求帮助他们确认贸易中商标的财产价值，进而阻止以德国为首的外国公司对他们商标的使用行为。在这一过程中，商标的财产属性逐渐得到认可。[2]

尽管从《英国商标法》第22条、《德国商标法》第五章的规定中可以确定商标的财产属性，但是商标为何能够被视为财产？[3] 有学者主张，财产的形成是制度性的事实，这由它所反映的制度来决定哪些构成财产，哪些不属于财产。[4] 笔者极为赞同。如果商标能够被视为财产，在逻辑上，其财产属性的形成亦是一种关于商标的制度性安排，是根据社会、经济等因素的发展而做出的一种制度性选择与重新安排。那么，哪些内容能够成为与商标有关的制度性因素呢？笔者认为，是商标利益。对于企业而言，商标利益表现为商标所负载的商誉；如果商标无商誉，那么与商标有关的制度性安排就成了商标符号的划归与垄断，这与商标本质相悖。这正与美国联邦最高法院在汉诺威星磨坊案中的判决如出一辙：商标持续使用造就了商标权的财产属性，以及由此产生的商誉。法律所保护的是商誉，而不是作为工具的商标本身。

商标法的传统经济学理论认为：可使用的商标实际上是无限的，因此，被选择使用的各商标之间不具有可比性。假如这一观点——在公

〔1〕 由于议会特别委员会对"商标转让问题"存在诸多疑问，通过投反对票最终决定《谢菲尔法案》不予通过，而是支持《商标标记法案》中规定"在贸易过程中估计欺骗的虚假陈述，可以适用刑事制裁"。

〔2〕 参见李雨峰、曹世海：《商标权注册取得制度的改造——兼论我国〈商标法〉的第三次修改》，载《现代法学》2014年第3期。

〔3〕 "激励说"认为，"如果他不能收获，他就不会播种"。在缺乏产权制度的情况下，人民的创造激情必然严重受挫。当仿冒成风，诚信经营者苦心经营的商标得不到法律保护，经营者必然现实地选择更低成本和更少风险的经营方式。这样的市场将成为一个机会主义者、投机主义者占主导的市场。笔者认为，"激励说"作为商标财产属性的合理性依据，是存在不足的：商标成为商标权对象的同时，还具有公共产品性质，其成本收益无法完全归商标使用人所有，事实上的"搭便车"行为总是客观存在。对此，商标使用人意图将商标的所有附带利益全部归入商标权的覆盖范围，即边际效应的完全内化。在商标上体现的经营者所享有的先行竞争利益，使得有关商标保护与利益分配的制度设计具有强烈的现实意义。对财产权的法律保护应当具备创造有效资源使用的经济功能。

〔4〕 参见冉昊：《制定法对财产权的影响》，载《现代法学》2004年第5期。

众把某个商标与任何特定商品或服务联系起来以前,一些商标就比另一些商标受欢迎——是错误的,那么,允许对没有市场意义的商标进行保护就可能在实质意义上阻碍竞争者进入市场。[1] 但是需要注意的是,传统经济学理论关于商标的观点并没有否定商标利益的另外一种表现形式——稀缺性。传统经济学理论强调事实层面上商标标识可选择性的问题,然而在法律意义上,商标是稀缺的。这种稀缺是由商标投资所决定的。日本学者加藤雅信以人类文化学的视角证明,法律保护商标本质上是保护商标使用人的投资。商标保护的强度及范围与商标投资正相关。[2] 因此,当某一商标通过投资实现商标指示区分功能时,商标的稀缺性即已形成。

第二节　商标权益的产生方式

商标权原始取得的方式从法律制度的层面主要分为三种类型:注册取得、使用取得以及注册与使用相结合。目前,《保护工业产权巴黎公约》、《与贸易有关的知识产权协议》(TRIPS 协议)和《欧洲共同体商标条例》均将商标注册作为商标原始取得的唯一途径。世界上绝大多数国家和地区的商标法也将商标注册作为主要甚至唯一的商标权取得方式。我国的《商标法》也不例外。[3] 在商标使用取得商标权的国家中,以美国最为典型,但其也在 1988 年修改的《兰哈姆法》中增设了商标联邦注册制度。然而,商标是负载商誉的符号,商标指示功能与商誉

---

〔1〕［美］罗伯特·P. 墨杰斯、［美］彼特·S. 迈乃尔等:《新技术时代的知识产权法》,齐筠、张清等译,中国政法大学出版社 2003 年版,第 464 页。

〔2〕［日］加藤雅信:《所有权的诞生》,郑芙蓉译,法律出版社 2012 年版,第 150 页。

〔3〕参见我国《商标法》第 4 条规定,需要取得商标专用权的,应向商标局申请商标注册。我国台湾地区"商标法"第 2 条:欲取得商标权者,应依本法申请注册。

才是商标保护的最终正当性来源。尽管从有关商标注册成文法的字面意思中,似乎可以得出经过商标注册程序便可取得商标权的推论,但是如果结合司法实践,可以证明仅有商标注册,可获得商标权归属的证据效力与一定期限内的优先将商标投入商业中使用的权利;在法定期限内,因商标没有实际使用,无法形成商标权保护的基础——商誉,因此即使他人使用注册商标,注册商标人只可主张他人停止使用该商标,而无法获得赔偿。[1] 因此,笔者认为,商誉的形成、商标指示功能的产生,与注册与否无关,而在于商标在商业中的实际使用。

一、商标使用取得

(一)普通法语境下商标权取得制度的发展与缘由

商标使用取得模式早于商标注册取得模式而存在,虽然该模式逐渐被注册取得模式取代,但该模式沿袭着商标权的传统理论,而且还能克服注册取得模式带来的"垃圾商标"现象与不良社会效应,因此,仍有许多国家坚持采用商标使用取得制度。商标使用取得模式最为典型的国家,当属美国。在《美利坚合众国联邦商标条例》制定之前,普通法已长期承认与保护商标权,尽管最具重大意义的商标法是以联邦水平制定的。[2] 与版权或者专利不同,美国商标体系是以"使用"为基础,[3] 且受普通法保护的商标通常需要相当期限的使用,因此,商标权的取得总是从属于贸易活动,而且只能存在于相关的贸易活动中。[4] 当商标

---

〔1〕 我国《商标法》第64条第1款规定:"注册商标专用权人请求赔偿,被控侵权人以注册商标专用权人未使用注册商标提出抗辩的,人民法院可以要求注册商标专用权人提供此前三年内实际使用该注册商标的证据。注册商标专用权人不能证明此前三年内实际使用过该注册商标,也不能证明因侵权行为受到其他损失的,被控侵权人不承担赔偿责任。"

〔2〕 See Graeme B. Dinwoodie & Mark D. Janis, *Trademark Law and Theory: A Handbook of Contemporary Research*, Edward Elgar Pub, 2008, p. 3.

〔3〕 Ibid., p. 225.

〔4〕 See Arthur R. Miller & Michael H. Davis, *Intellectual Property* (second edition), 中国人民大学出版社2004年版, p. 150 - 151。

附于商品之上用于表示商品出处时，久而久之，作为消费者选择商品的“索引”，商标也就成为引导消费者的捷径。[1] 商标权人应享有在贸易活动中使用商标而带来的商誉，因为商标就是商标权人真实的标志，其名称承载着好与坏的评价。如果他人使用该商标，就意味着该商标所代表的品质将不再由商标权人控制。[2] 随着跨州贸易的增多，因各州商标法的差异而产生的纠纷也日益复杂。为此，美国于 1946 年制定《兰哈姆法》。自此，美国商标之保护采双轨制度，即联邦法律与州法律双管齐下。至于商标究受何一法律之保护，则视其为依联邦法或州法而定。[3] 1988 年修订的《兰哈姆法》增设了联邦商标注册制度，它不仅有益于已在商业中使用的商标使用人，还有益于意图将来使用的人。就普通法来说，申请人就已经使用的商标申请联邦注册，与商标权的取得无关。当商标使用人采纳并在贸易活动中使用某一商标时，就已经依普通法自动获得商标权。虽然商标注册与商标权取得无关，但商标权人也因注册获得额外的好处，即联邦注册为申请人提供了动用联邦法院的机会，尽管其不存在任何联邦管辖权的基础。对于“意图使用”而申请注册的人来说，因依据国会制定法而获得的商标排他性权利依附于联邦注册。联邦注册可以解决商标权的不确定性，即以专利商标局公布的“公报”来防止申请人在商品的包装、广告等方面投入大量资金后，方得知自己选定的商标侵犯了他人先前已经使用而获得商标权之情形。此外，由于联邦注册的推定通知为申请人提供了全国范围内的商标保护，申请人因此能够避免任何后来使用者主观善意的诉求，以及推定通知所有后来使用者。但此保护却有 3 年的期限。联邦注册只

〔1〕 See Mishawakarubber & Woolden MFG CO. v. S. S. Kresge CO. 316 U. S. 203(1942).

〔2〕 See Yale Electric Corr. v. Robertson 26 F. 2d 972 (2d Cir. 1928).

〔3〕 参见曾陈明汝：《商标法原理》，中国人民大学出版社 2003 年版，第 269 页。

是对“基于意图”申请人的“允许通知”[1]和商标权预期归属的证据，申请人必须在3年内真实使用商标，并提交真实使用的声明，否则就会丧失在“主簿注册”上注册商标的可能性。

事实上，即便是在1988年以后的《兰哈姆法》中规定“意图使用”即可注册商标，但作为一项基本原则，商标权的最终取得仍然是以“使用”为必要条件，而非取决于商标注册。因此，也就不存在注册商标与未注册商标在权利取得和性质上的差异。

(二)普通法语境下商标权的性质

之所以禁止他人使用具备商标指示功能的商标，原因是附着在商标上的商誉是商标指示功能的根基。所谓“商誉”乃是商品有关信息在消费者心目中的评价，[2]而评价本身需要一段时间的沉淀，这也就是美国商标法一直如此严格地强调在贸易活动中使用商标的原因。没有文字、图案或符号与特定的商品或服务这两者在市场上作为“标”与“本”相联系的法律事实，就不会产生“商标”这种法律关系。说到底，商标反映的是一种利益关系，这种利益是通过在市场上把标记商品或服务不断地联系在一起而产生的。流通于市场的商品，为消费者提供了接触商标的机会。商标只有与商品或服务相联系，商标指示功能才能实现；消费者才可能给予该商标积极的评价，商誉才能逐日积累。因此，实际使用乃是商誉形成和积累的途径。也正是从保护商誉出发，美国普通法才对商标使用人的商标利益进行保护，承认其享有商标权。与其说商标权的客体是商标，还不如说是以商标为载体的商誉。

在判断商标权效力范围之前，首先需要解决的是一方或者多方主体对相同或者近似商标在相同或类似商品或服务上是否享有商标权的

---

〔1〕 李明德:《美国知识产权法》，法律出版社2003年版，第295页。

〔2〕 See J. Thomas MaCarthy, *MaCarthy on Trademarks and Unfair Competition*, Clark Boardman Callaghan, 2002, Vol. 18, no. 2, p. 2.

问题。在普通法语境下，商标权的取得来自于商标实际使用。[1] 而商标实际使用与商业的地域范围密切相关。商标权作为排他性权利，法律只允许在某一区域存在唯一的商标权主体，以避免消费者在购买时无法区分商品或服务的来源。因此，普通法语境下商标权为区域性权利。相应地，从商标权主体角度，商标权人有权禁止任何在该区域范围内使用与其商标相同或近似的商标于相同或类似商品或服务上的销售行为。同时，商标权人有权将区域扩张至无人占领的区域，并实施具体的商标使用行为，实现在该区域范围内的商标权。然而，在特定情况下，商标在后使用人在极其有限的范围内，优先于任何其他人（包括商标在先使用人）使用特定商标。

二、商标权注册取得制度的歧途与回归

（一）商标注册制度的性质认定

我国是典型的商标权注册取得模式的国家之一，我国《商标法》从最初颁布至今，虽几经修改，但未曾改变商标权的取得以注册为准。

“早期人曾表现出一种对形式的特别追求，这同当时的法所含有的宗教成分有关，同时早期人还具有在形式问题上的灵活性，因而他们的形式灵活地体现着对各种法律形式的确定”[2]。确定的法律形式能够非常明确地判定法律关系，保障交易的顺利进行。商标注册有两项功能：其一，作为证明商标注册权人有权在核准商品或服务上使用商标的权利之证据；其二，明确商标注册的要件，增强其法律稳定性。

从法律的历史演变的角度，我国最早的商标注册制度创设旨在履

〔1〕 See Hanover Star Milling Co. v. Metcalf, 240 U. S. 403, 413 (1916) (The right to use a trademark "grows out of use, not mere adoption."); see also 2 J. MCCARTHY, supra note 2, § 16. 1, at 720 ("Ownership of trademark rights in the United States is obtained by actual use of a symbol to identify the goods or services...").

〔2〕 [意]朱塞佩·格罗索：《罗马法史》，黄风译，中国政法大学出版社1994年版，第116页。

行不平等条约,而不是基于商标权取得结构的内在需求。[1] 与此相反,当前商标注册制度则是工商业发展的必要环节,同时,商标注册也成为行政部门管理社会的重要手段之一。然而,无论我国商标立法的逻辑起点落于何处,现行《商标法》在高举"商标自愿注册原则"的同时,区别对待注册与未注册商标在权利与义务上的差异,致使商标自愿注册沦为空话。这必然又提高了商标注册的地位。按照这种模式,商标权的取得无须基于商标的利益性与稀缺性,而是强调商标注册形式上的完整性。这种逻辑倾斜已经带来了商标抢注、商标的闲置浪费之弊端。倘若以知识产权立法宗旨来理解个人对自己特定知识形态的控制权,知识产权(包括商标权在内)不是为获得可被个人控制的、永不磨损的知识形式或"指代符号",被指代的意义、价值才是人类智力追求的真正目标。智慧信息(被指代的意义、价值)是内容,知识形态(指代符号)是外在形式。知识产权法通过保护外在形式而保护内容,刺激个人的智慧表达,促进个人乃至人类知识活动的发展。[2] 在商标法中,就是通过保护商标标识来保护商标利益——商誉,如果将《商标法》的立法目的理解成保护商标标识,自然会导致商标抢注、圈占等现象。

以是否核准注册为准,可将商标分为注册商标与未注册商标。虽然商标法皆保护两者,但在保护依据、方式等方面是不同的。对于注册商标而言,商标注册的条件、程序以及异议等都是为商标授权服务,符合商标注册要件是商标授权的前提。虽然商标注册是个过程性概念,但按照注册取得模式,商标权的取得却是一个时间点的概念,即自初审公告3个月期满之日起取得。[3] 注册商标权包括两项权能:一项是积

---

〔1〕 参见付继存:《形式主义视角下我国商标注册制度价值研究》,载《知识产权》2011年第5期。

〔2〕 参见徐瑄:《知识产权的正当性——论知识产权法中的对价与衡平》,载《中国社会科学》2003年第4期。

〔3〕 我国《商标法》第33条规定,在初审3个月内无异议的商标,予以核准公告;第36条规定,对经审查异议不成立而核准注册的商标,商标注册申请人取得商标权的时间自初审公告3个月期满之日起计算。

极权能，即注册商标的专用权以核准注册的商标和商品或服务为限；另一项是消极权能，即未经商标权人许可，他人不得在一定范围内使用相同或者相似的商标于相同或相似的商品或服务上。[1] 而对于未注册商标而言，《商标法》与《反不正当竞争法》是其保护的主要依据。《商标法》第 33 条将在先使用并具有一定影响的未注册商标纳入在先权利的保护范围。因此，未注册商标使用人对恶意侵害未注册商标的行为享有禁止权。但在性质上，该禁止权不同于消极权能的注册商标权。《反不正当竞争法》通过列举侵害未注册商标的不正当行为，来保护其所含有的合法利益。

商标注册与否的差异，表明了注册行为本身能够产生授予申请人商标法意义上的商标权之效力，而不论一旦获得注册后，注册商标实际使用情况如何。[2] 即使此前已将所申请商标进行商业性使用，但未注册就不能使其获得商标法意义上的商标权，只能以在先权利或者主张合法利益保护。因此，在商标权注册取得模式下，取得商标权取决于注册，而注册本身也成了已使用商标成为新的注册商标的关键。

虽然商标权使用取得模式既符合传统所有权取得理论，又符合商标本质，但为何商标权注册取得模式会成为立法的主流？即便作为商标权使用取得模式的典型代表的美国，也不例外。通说认为，除了国内要求提高商标保护水平的呼声与消除不平等待遇的诉求之外，根本原因在于该模式的相对优势。第一，该模式可以减轻假冒诉讼中证明商誉和显著性的困难。第二，就个人成本收益而言，商标权注册取得模式成本更低、效益更高。第三，从社会成本收益而言，商标权注册取得模式可以使信息有效化，减少社会重复投资，降低社会的成本。第四，商

〔1〕 参见孔祥俊：《商标与反不正当竞争法：原理和判例》，法律出版社 2009 年版，第 32 页。

〔2〕 当然，应排除我国《商标法》第 49 条规定"连续三年不使用"之特殊情况。

标权注册取得模式可以更好地保护商标使用人的利益。第五，商标权注册取得模式更符合企业经营理论。[1] 上述优势虽然可以弥补使用取得模式的不足，但无法解释为何"注册"行为具有授权之效力。那种只是作为商标注册，事实上未使用过的，不应算作商标，更谈不上商标权。[2] 日本商标法学者小野昌延认为，"已经申请注册的商标，相当于一个'器皿'，可以在未来的使用中装载商誉"[3]。按此逻辑，商标权人所享有的权利，实际上是对该"器皿"的权利，而非商标权。该结论很容易等同于商标权纯粹由国家授予的观点。正如关于权利本质的法力说，即使权利受法律或国家所保障，但是需要说明法律和国家赋予权利的依据，若无法合理地说明该依据，权利就成为法律和国家的"恩赐"。[4]

在美国加利福尼亚州早期的一个案例中，法院认为"尽管（商标中的）财产权利有法律的规定也许会更安全、更有保障，但其并不取决于是否具有成文法的支持"[5]。法律承认一项权利的基础是存在特定利益，而不是基于司法审判的高效性或经营模式等。由于知识财产的无形性，若仅依使用取得和财产权劳动理论，很可能会导致产生相同知识财产的劳动者都享有知识产权，这与商标权作为对世权具有的排他性效力不符。再者，商标权人无法在物理上控制与占有。因此，它需要法律制度使商标权人获得合理的预期和稳定的独占效力，而商标注册制度理应充当该角色。对于注册前已实际使用的商标申请人来说，通过申请、公告和备案所实现的注册，只是对其商标所形成的商誉给予明确

〔1〕 参见邓宏光：《商标法的理论基础——以商标显著性为中心》，法律出版社2008年版，第80～83页。

〔2〕 参见刘春田：《商标与商标权辨析》，载《知识产权》1998年第1期。

〔3〕 [日]小野昌延：《商标法概说》，有斐阁1999年版。转引自文学：《商标使用与商标保护研究》，法律出版社2008年版，第4页。

〔4〕 参见北岳：《法律权利的定义》，载《法学研究》1995年第3期。

〔5〕 邓宏光：《我们凭什么取得商标权——商标权取得模式的中间道路》，载《环球法律评论》2009年第5期。

界限的法律保护，而非从无到有的授权。因此，在司法实践中，申请人有权在申请当日依商标法向法院申请禁止他人(未申请注册之人)未经允许在贸易活动中使用其商标的行为。该思路的结论就完全有异于注册取得模式下未注册商标使用人享有的权利性质，即商标权与在先权利的差异。而对于在公告之后申请相同或相似性商标，若此前存在商标实际使用之情形，那么在先使用商标权人依旧可在原范围内使用该商标，注册商标权人也有权要求其在商标上加上可构成差异的注释。若没有使用，则商标法不再给予注册保护。

因此，商标注册的法律效力应当只是公告、备案和商标权归属的表见证据或预期，该行为本身不产生授予商标权的法律效力。

(二)商标使用与注册制度的衔接

学界已有的学说，在讨论侵害商标权的判定标准时，多将视角聚焦在消费者身上，认为造成消费者混淆是构成侵害商标权的判定标准(混淆标准)。对此，笔者并不否认。笔者关注的是，如果脱离经济学、政策学、政治学的进路而承认知识产权法学应有自己的研究方法，从商标权是私权、进而怀持一种法学自生性系统的观点，侵害商标权的判定标准将出现什么逻辑？因此，与商标法之消费者中心不同，我们秉持商标所有人主义进路(trademark owner oriented)，认为保护商标权人是商标法的第一要旨。商标权人能否得到保护、保护的范围，取决于其实际的商业使用。对此，日本学者加藤雅信曾经指出，“……保护创造者的发明以及其他投资活动的成果，构成了无形财产权的基础”[1]。商标权人所投入的商业成本、广告宣传范围与时间、商品或者服务的市场占有率等指标，均能反映商标在市场的认知度。这与商标法通过保护商标显

---

〔1〕［日］加藤雅信：《“所有权”的诞生》，郑芙蓉译，法律出版社2012年版，第152页。

著性来激励商标权人投入必需的资源来开发一个强势商标相一致。[1]

从商标注册制度属性上看,注册制度属于确权,它具有权利推定、权利公示以及维护公共道德与秩序的功能。[2] 就注册制度的权利推定而言,在权利推定的法定期限内(连续3年不使用),已经注册但尚未使用的商标存在一种"器皿"效应,[3]即应当承认此种情况下申请人存在一定期限内的合理性与预期。在这段期限内,商标注册人有将其商标、商品或者服务、企业之间信息进行对接的权利,即塑造"三位一体"的预期。这种思路与司法实际中对注册商标的保护非常兼容。在司法实践中,对于那些虽已注册但尚未实际投入的商标,法院仅给予停止侵害的保护,而不让行为人承担赔偿责任,如"红河红"案;在相类似商品或者服务上使用近似商标,如果因历史原因等,一般不严格判定侵权,还有可能形成共存局面。[4] 对于前者,主流观点认为,这是一种推定混淆。但有学者从其他角度对此保护进行了质疑,认为实际根本不存在混淆的现实土壤,因为商标、商品或者服务根本没有形成自我市场。"'商誉'只能来源于市场,来源于附着商标的商品或者服务在市场上的表现及消费者的评价,而不论如何都不可能来源于商标的注册。这一简单的事实说明,基于注册的商标保护制度,其实是没有任何道理的,除了表明商标被置于行政权力的监督和制约之下外,我们根本找不到其存在的合理之处"[5]。

---

〔1〕 参见[美]威廉·M.兰德斯、[美]理查德·A.波斯纳:《知识产权法的经济结构》,北京大学出版社2005年版,第217页。

〔2〕 对商标注册制度的详尽阐述,参见李雨峰、曹世海:《商标权注册取得制度的改造——兼论我国〈商标法〉的第三次修改》,载《现代法学》2014年第3期。

〔3〕 日本商标法学者小野昌延认为:"已经申请注册的商标,相当于一个'器皿',可以在未来的使用中转载商誉。"参见[日]小野昌延:《商标法概说》,有斐阁1999年版。转引自文学:《商标使用于商标保护研究》,法律出版社2008年版,第4页。

〔4〕 如拉科斯特公司与鳄鱼国际公司、上海东方鳄鱼公司鳄鱼商标侵权纠纷案,最高人民法院(2009)民三终字第3号民事判决书。

〔5〕 唐广良:《知识产权:反观、妄议与臆测》,知识产权出版社2013年版,第33页。

CHAPTER 04 >>

第四章

商标共存制度的构成要件

第一节　商标相同或近似

一、商标相同

商标共存制度的特征之一是不同商标使用人的商标存在相同或近似性。所谓商标相同,若按照日常生活的通俗理解,应当是指商标完全相同,即原件与通过复制行为产生的复制件一样,在音、形、意方面完全一致。尽管被控侵权商标与他人注册商标相同是商标侵权的一种基本类型,但是在商品/服务上完全采用一模一样的商标的侵权行为,毕竟是少数,且不符合现代侵权行为的隐蔽性特征。因此,商标相同的含义必然得到扩展,总体上微不足道的差别也可以被认定为相同。

根据《最高人民法院关于审理商标民事纠纷案件适用法律若干问题的解释(2020 修正)》第 9 条第 1 款的规定,所谓商标相同是指被控侵权的商标与原告的注册商标相比较,二者就视觉而言基本不存在差别。另外,在《商标侵权判断标准》第 14 条也规定多种商标相同之情形:(一)文字商标有下列情形之一的:1. 文字构成、排列顺序均相同的;2. 改变注册商标的字体、字母大小写、文字横竖排列,与注册商标之间基本无差别的;3. 改变注册商标的文字、字母、数字等之间的间距,与注册商标之间基本无差别的;4. 改变注册商标颜色,不影响体现注册商标显著特征的;5. 在注册商标上仅增加商品通用名称、图形、型号等缺乏显著特征内容,不影响体现注册商标显著特征的。(二)图形商标在构图要素、表现形式等视觉上基本无差别的。(三)文字图形组合商标的文字构成、图形外观及其排列组合方式相同,商标在整体视觉上基本无差别的。(四)立体商标中的显著三维标志和显著平面要素相同,或者基本无差别的。(五)颜色组合商标中组合的颜色和排列的方式相同,或者基本无差别的。(六)声音商标的听觉感知和整体音乐形象相同,或者基本无差别的。(七)其他与注册商标在视觉效果或者听觉感知上基本无差别的。

在有关商标微不足道的差别是否构成商标相同这一问题上,欧盟法院也曾在判例中做出如下解释:标识与商标相同的标准必须严格解释,相同的确切界定是,比对的(两个标识的)要素应当在所有方面完全相同。因此,标识未加任何改变或者添加地复制商标的所有内容的,构成相同。但是,标识与商标相同的认识,必须根据被视为掌握较充分的信息的、理性的和小心谨慎的一般消费者的整体印象进行判断。标识使此种消费者产生一种整体的印象。这种消费者很少有机会将标识与商标进行直接的比较,必然将其信任建立在其头脑中完全的图像的基础上。基于标识和商标一样的认识,并非被比较的要素全部特点直接比较的结果,标识与商标相互间的微乎其微的区别或许并没有被普通消费者意识到。[1]

因此,对商标“微不足道的差异”的判断应以“消费者是否注意到”作为主观标准,以“视觉无差别”作为客观标准。孔祥俊教授认为,我们可以将视觉上的基本没有差别,理解为实质相同,也就是指当两个商标达到了实质上的相同程度,就能够被认定为基本相同。[2] 例如,尽管被告为了避免完全复制而被诉,在其商标中添加一些内容但又不足以对商标整体视觉效果的因素产生影响,这种情况可视为“微不足道的差异”情况下的商标相同情形。

二、商标近似

在阐述商标近似前,有必要对注册商标、注册权人所使用的商标与被控侵权的商标之间的关系进行法律定位。注册商标与注册权人所使用的商标之间是否存在唯一对应关系,各国的商标法存在不同的规定。欧、美、日等国家和组织的商标法都允许注册商标作非显著特征的改变,而我国《商标法》却禁止注册权人对商标的任何改变。[3] 因此,在此问题上如果没有形成统一的认识,那么被控侵权商标在比较对象上就存在差异,所导致的结果也是完全不相同的。本书认为,商标的完整性固然重要,但是整体中起着显著性作用的,绝大多数还是商标中的显著部分。这一点,在消费者观察商标的行为方式中就可得出。尽管驰名商标的显著性很强,但是消费者依靠商标进行“索引”购物时,并非完

---

〔1〕 See WIPO. *The Enforcement of Intellectual Property Rights: A Case Book*, p. 42. 转引自孔祥俊:《商标与不正当竞争法:原理与判例》,法律出版社2009年版,第233页。

〔2〕 参见孔祥俊:《商标与不正当竞争法:原理与判例》,法律出版社2009年版,第232页。

〔3〕 一种观点认为,由于我国《商标法》禁止自行改变注册商标,实际使用的商标不再是注册商标,构成另一个商标,因而不能将实际使用的商标作为比对的对象和主张商标权的根据。倘若该实际使用的商标符合知名商品特有名称等保护条件时,可以按照其他法律的规定,如《反不正当竞争法》,主张权利和给予保护。另一种观点认为,不改变注册商标显著特征的使用,仍然可以视为注册商标的使用,虽然仍然需要以注册商标作为比对对象,但在判断商标侵权时,可以将实际使用的商标作为注册商标的一部分进行比对。参见孔祥俊:《商标与不正当竞争法:原理与判例》,法律出版社2009年版,第234页。

全清楚商标的所有组成部分，而是将商标最突出的、最易于分辨的部分印在脑海里。再则，信息技术带来的不仅仅是交流方式上的改变，更是加速了商品/服务的更新换代。商品的外形、包装、服务的提供方式等的改变，或多或少影响商标标识的依附状态或标识颜色或标识图形；但是商标标识并没有改变商标显著特征部分，这是因为消费者所具有的选择性商标标识的记忆特质决定了商标注册权人势必会对商标显著部分予以保留。因此，允许商标注册权人在商标标识显著特征之外，改变标识的剩余部分。以此结论，被控侵权商标应当与商标注册权人实际使用（但并未改变注册商标显著部分）的商标比对。鉴于此，本书认为，商标近似是指两个商标客观上存在相似之处，普通消费者在一般注意限度之下难免会对商标的来源功能产生误认或者认为其来源与商标注册权人之间存在特定关系。

在商标近似的比对上，国内外的商标法理论大体上是一致的。在以相关公众的一般注意力为标准下，秉持商标隔离比对原则、兼顾整体比对与主要部分相结合、综合考量商标标识的显著性与知名度原则，着重比对商标的形、音、义上的近似。例如，我国《商标侵权判断标准》第15条规定，与注册商标近似的商标是指涉嫌侵权的商标与他人注册商标相比较，文字商标的字形、读音、含义近似，或者图形商标的构图、着色、外形近似，或者文字图形组合商标的整体排列组合方式和外形近似，或者立体商标的三维标志的形状和外形近似，或者颜色组合商标的颜色或者组合近似，或者声音商标的听觉感知或者整体音乐形象近似等。同样，《最高人民法院关于审理商标民事纠纷案件适用法律若干问题的解释（2020修正）》第9条第2款也规定，《商标法》第57条第2项规定的商标近似，是指被控侵权的商标与原告的注册商标相比较，其文字的字形、读音、含义或者图形的构图及颜色，或者其各要素组合后的整体结构相似，或者其立体形状、颜色组合近似，易使相关公众对商品的来源产生误认或者认为其来源与原告注册商标的商品有特定的联系。

以文字要素为主导的商标体系中,文字本意所传达的信息不能直接被用于指示商品/服务,除非获得“第二含义”。因此,绝大多数文字商标的含义是臆造性或者任意性商标。于此情形下,“形”比“音”和“义”更有优势,原因在于“形”与人类对文字的识别过程相适应。以“远东”与“运东”两个商标为例,在商标读音上二者截然不同;在商标的意义上,“远东”作为主要使用于服装的商标,其字意并不存在特殊的含义,而“运东”也并不存在约定俗成的特别意义,对于相关公众而言并不能从“运东”自身的字意中获取较为明显的信息。所以,“远东”商标与“运东”商标的显著性特征得以体现依赖于二者自身的文字字形。[1]但是与传统文字商标在“形”定义上不同的是,非传统商标在“形”上是具有特殊性的,以动态商标为例,动态商标的“形”是动态商标的整体过程的动态感受,而非该商标整体外观的印象。动态商标的动态效果是通过若干帧数的图形画面刷新所产生的,这也是消费者能在爆炸式的信息中锁定它的原因之一。在实践中,侵权者一般采用动态商标中的角色形象,并通过改变(或模仿,或演绎)一张或若干张图形画面或者改变每一帧图形画面播放的顺序,从整体上达到视觉上的混淆。那么比较这种商标“形”的相似时,应该以两者的共同特征为关注点。消费者对动态商标的印象是整体性的过程反映。越多的共同之处,消费者对商标的整体感受就越接近,造成混淆的可能性也就越大。但是两个商标共同之处达到多少比例才算“足以造成混淆”的可能性?这并没有固定的标准,认定的依据基本上是通过个案分析消费者的心理感受程度,

〔1〕 参见湖南省长沙市中级人民法院民三庭:《商标相同或相似的司法判断》,载《人民司法》2006 年第 8 期。

然后再做出裁决。此外,还需注意一点,若消费者没有关注动态商标的整体性过程,而只关注过程中最具代表性的某一帧图形画面,并且消费者认为该图形画面足以代表动态商标给人的整体印象,那么侵权者对该图形画面的模仿就足以造成消费者混淆。现实中这样的图形画面通常为动态商标的结束定格图形画面,如梦工厂公司电影开头的小孩钓鱼之图形画面,或许消费者不能记住动态的整体性过程,但是对最后定格的图形画面,是记忆犹新的。

"音"通常被理解为文字的读音,其原因是商标标志一般为文字形式,它需要消费者的发音来辨别。尤为明显的是在翻译文字商标的比对时,读音的意义非同寻常。当所接触的环境引导我们从视觉转为听觉时,"音"在商标上的作用就优于形与义。典型的例子就是声音商标与动态商标。动态动漫商标中的文字作用通常是被弱化的,消费者对文字的读音被动态动漫商标的声音所代替,消费者成了声音的接收者而非发出者。因此,只有将"音"扩大理解成声音,才有对两个动态动漫商标的声音进行比较的意义。消费者在尚未接触过动态动漫商标时,能够吸引他们停下脚步的往往是动态的视觉冲击,此时的声音更多的是辅助作用。一旦熟悉之后,消费者对视觉和听觉要素的认识会由于不断的重复而得以保留甚至强化。[1] 不同声音所蕴藏的内涵按照一般理性人的判断不难区别出来,再加上不同动漫形象,商标的整体差异显而易见。在当今商业活动中,很多广告是借助于电台和电视台发布,因此,消费者就有可能通过这些渠道了解某一品牌的商品或者服务。多数动态动漫商标的声音是可以编成曲的音乐,如美国哥伦比亚电影公司将各部电影所播放的自由女神像的片头剪辑作为商标注册,其剪辑中的声音就是一段音乐。由于乐曲本身具有高度抽象性,对于未经任

〔1〕 参见彭学龙:《商标法的符号学分析》,法律出版社2007年版,第233页。

何音乐训练或经常接触音乐的普通消费者来说,很难细分两个乐曲的差异。更何况消费者对于声音的感受是整体性的。尽管两件商标的声音略有不同,但这种轻微不同不能使侵权者免于承担责任。

完全以商标标识的含义作为商标显著特征的商标,在数量上绝对是少数,而且标识含义具有的辅助作用可增加商标的显著性。标识的含义的解读与比对,要比商标标识的“形”与“音”复杂,主要原因在于商标标识的含义在于商标设计者、商标使用者、消费者的共同解读。尽管如此,但是司法实践中仍需要对商标标识的含义比对进行阐述。含义的相似性,又称为观念的相似性,是指两个商标的文字或图案传达的意思是相似的。[1] 在美国1987年“美孚石油公司”案中,原告的注册商标为一匹飞马的形象,象征着希腊神话中的“佩加索斯”(Pegasus),该商标用于石油生意,被告也在同样的业务中使用“佩加索斯”文字商标,因此导致诉讼。对此,初审法院认为,尽管被告使用的是文字商标,但构成对原告图形商标的侵犯。随后,第二巡回法院明确在判决中表明,固然作为一个法律问题,将文字与文字的图形描述相等同并不适宜,但是地区法院仍能够将其作为事实问题予以认定。也就是说,作为事实问题,可以在某些特定的情况下,将文字商标与图形商标等同起来。“佩加索斯”一词令人想到红色“飞马”的形象,而“飞马”图形在人们观念中又与美孚石油公司相连。换言之,“飞马”图形与其名称“佩加索斯”是同义词。[2]

---

〔1〕 参见李明德:《美国知识产权法》,法律出版社2003年版,第302页。

〔2〕 See Jeremy Philips, *Trade Mark Law: A Practical Anatomy*, London: Oxford University Press, 2003, p. 318. 转引自彭学龙:《商标法的符号学分析》,法律出版社2007年版,第232页。

第二节　商品或服务相同或类似

在商标权注册取得模式下,相同商品或服务是指与注册商标核准认定的商品或服务类别相同。按日常生活理解,相同商品/服务应当仅限于全方位相同的商品/服务。然而,商标法意义上的相同商品/服务突破了此限制,以商品/服务的核定类别相同即可。尽管这样的认识已经成为司法实践的主流,但存在脱离实际之嫌:根据《商标注册用商品和服务国际分类尼斯协定》规定的制成品分类原则,即商品或服务的功能、用途为标准;原则上半成品或者未加工品、原材料按照其组成的原料分类;构成其他商品一部分的,按照其他商品分类;半成品或成品按照组成的原材料分类时,如果有多种原材料,则按照主要原材料为准分类;盒、箱之类的容器,按照所盛装的商品分类。如此归纳方式,主要目的在于商标搜寻上的便捷,有利于后来者商标的注册。但是有时全然不同的商品被列入相同类别中,如《类似商品和服务区分表》(以下简称《区分表》)中第九类计算机、眼镜、灭火器和电话机等相关设备,虽然同属于某一大类,但是该类别之下的各种商标是不相同的,至少说是不符合消费者日常生活所理解的相同商品/服务。再则,将相同商品/服务理解为核定的类别相同与类似商品/服务的认定存在交集,易造成概念间的混淆。故本书认为,在认定被控侵权商品/服务是否侵权时,应与商标权人实际使用且主张权利的商品/服务之间比对,而将其某一核定类别下的其他商品/服务划归到相似商品/服务的认定范围内。虽然此方式从表面上看存在缩小了商标注册权人依核定类别便可直接认定侵权的范围之嫌,但实际并非如此。

商标侵权之判定存在两种方式:其一,使用相同或类似商品或服务的概念，如欧盟、中国；其二，不采纳抽象的上述概念，如美国。[1] 那么，根据《最高人民法院关于审理商标民事纠纷案件使用法律若干问题的解释》第 11 条与第 12 条规定，[2] 司法实践在认定“相似”时，采用两种方法，一是等同，即两个商品/服务之间是可等同关系；二是引起相关公众的联想。根据《商标侵权判断标准》第 12 条规定，判断涉嫌侵权的商品或者服务与他人注册商标核定使用的商品或者服务是否构成同一种商品或者同一种服务、类似商品或者类似服务，参照现行区分表进行认定。对于区分表未涵盖的商品，应当基于相关公众的一般认识，综合考虑商品的功能、用途、主要原料、生产部门、消费对象、销售渠道等因素认定是否构成同一种或者类似商品；对于区分表未涵盖的服务，应当基于相关公众的一般认识，综合考虑服务的目的、内容、方式、提供者、对象、场所等因素认定是否构成同一种或者类似服务。因此，在认定两个商品/服务是否等同时，可将《商标注册用商品和服务国际分类表》《区分表》作为参考依据，但不能简单地将该参考依据代替类似商品的认定。

然而，在行政执法中，行政执法机关对类似商品/服务的判定与《区分表》基本保持一致。北京市高级人民法院知识产权庭认为，《区分表》虽然只是判断类似商品/服务的参考依据，但它对于商品/服务的区分毕竟是实际情况和执法经验的总结，商品/服务分类在一段时期内是相对稳定的，但考虑到商品/服务种类、市场交易的状况不断变化发展，这

---

〔1〕 参见孔祥俊：《商标与不正当竞争法：原理与判例》，法律出版社 2009 年版，第 297 页。

〔2〕 《最高人民法院关于审理商标民事纠纷案件适用法律若干问题的解释》第 11 条规定：商标法第 52 条第 2 项规定的类似商品，是指在功能、用途、生产部门、销售渠道、消费对象等方面相同，或者相关公众一般认为其存在特定联系、容易造成混淆的商品。类似服务，是指在服务的目的、内容、方式、对象等方面相同，或者相关公众一般认为存在特定联系、容易造成混淆的服务。商品与服务类似，是指商品和服务之间存在特定联系，容易使相关公众混淆。第 12 条规定：人民法院依据商标法第 57 条第 1 项的规定，认定商品/服务是否类似，应当以相关公众对商品/服务的一般认识综合判断；《商标注册用商品和服务国际分类表》《区分表》可以作为判断类似商品/服务的参考。

些不可能随时反映到《区分表》中，因此，应当将《区分表》作为商品/服务是否类似的推定依据，即该《区分表》做出的区分原则上应当予以认可，提出与该区分不一致的主张，应当就不一致的事实负举证责任。〔1〕尽管《区分表》是对实际情况的抽象概括与归纳，而且在很多情况下能覆盖大多数的类型，但面对日益更新与琳琅满目的商品/服务时，其分类可能因过于抽象而不合实际。再则，仅从《区分表》的效力分析，《商标注册用商品和服务国际分类尼斯协定》第2条第1款明确规定：在对任何特定商标所提供的保护范围或对服务商标的认可方面，本分类对特别联盟国家不具备法律效力。作为国家行政部门的规章制度，《区分表》的效力也应当限于司法上的参考因素。依司法最终救济原则，法院理应个案审查，而不是依据《区分表》而做出先入为主的判断。

上述观点在好丽友食品有限公司诉南京雨润食品有限公司"好多鱼"商标侵权案中得到呈现。火腿肠与膨化土豆片同属于休闲食品，在销售渠道、销售群体和消费对象等方面基本相同，好丽友食品有限公司在膨化土豆片上使用的"好多鱼"注册商标知名度较高，南京雨润食品有限公司在其鱼肉火腿肠上突出使用"好多鱼"文字，容易导致相关公众认为两商品来自同一提供主体或者存在特定联系，从而对商品来源产生混淆或误认。因此，南京雨润食品有限公司和阜阳雨润肉类加工有限公司生产的"好多鱼"鱼肉火腿肠侵犯了好丽友食品有限公司拥有的第30类膨化土豆片等商品上的"好多鱼"注册商标专用权。〔2〕

此外，尽管司法解释提供了以"相关公众认为存在特定联系"作为相似的另一种判断方法，但是对"特定联系"的范围没有做出界定。通

〔1〕参见焦彦、钟鸣、北京市高级人民法院知识产权庭：《专利商标案件审理中的若干问题》，载《中国专利与商标》2007年第3期。

〔2〕好丽友食品有限公司诉南京雨润食品有限公司"好多鱼"商标侵权案，北京知识产权法院（2014）京知民初字第85号民事判决书。

常而言，相关公众认为对商品/服务的来源产生误认或者认为两个商品/服务之间存在赞助、隶属等关系时，即可认定两个商品/服务是类似的。欲得此结论，法院除了需要对涉案的商品/服务全方位比对之外，还需要着重考虑相关公众的一般性认识。那么，一般性认识，范围多大才合适呢？美国联邦第九巡回上诉法院在著名的 AMF 案中提出了相关商品的概念，以不必过于严苛和机械的、凡是相关公众能够将其联系起来的商品，都可以视为类似商品："当被控侵权商品与引证商标的商品之间相互竞争时，倘若商标相似足以导致混淆，那么可认定构成侵权。如果属于相关产品，则法院还需综合考虑其他因素"[1]。因此，我国《商标侵权判断标准》第 9 条第 1、2 款也明确规定，同一种商品是指涉嫌侵权人实际生产销售的商品名称与他人注册商标核定使用的商品名称相同的商品，或者二者商品名称不同但在功能、用途、主要原料、生产部门、消费对象、销售渠道等方面相同或者基本相同，相关公众一般认为是同种商品。同一种服务是指涉嫌侵权人实际提供的服务名称与他人注册商标核定使用的服务名称相同的服务，或者二者服务名称不同但在服务的目的、内容、方式、提供者、对象、场所等方面相同或者基本相同，相关公众一般认为是同种服务。

第三节　不同市场格局

汉诺威星磨坊案是蒂罗斯 - 莱格特纳斯规则的源头，是首个有关商标共存制度的案例。审查该案件的法官对商标在后使用人于不同区

---

〔1〕 AMF Incorporated v. Sleekcraft Boats, United States Court of Appeals for the Ninth Circuit 599 F. 2d 341, 9th Cir., 1979. 转引自［美］罗伯特·P. 墨杰斯、［美］彼特·S. 迈乃尔等：《新技术时代的知识产权法》，齐筠、张清等译，中国政法大学出版社 2003 年版，第 536 页。

域销售的商品或服务上使用相同或近似的商标的行为给予保护，并解释对该使用商标行为的阻止很可能会引起商标权理论的曲解。[1] 两年后的联合药品公司案在案情上与汉诺威星磨坊案相似，但前者更侧重于商标在先使用人意图向在后使用人所在区域的扩张。[2] 尽管唐·多纳特案丰富了蒂罗斯－莱格特纳斯规则，但在判断商标共存的核心要件上是一致的，即双方之间的不同区域市场。唐·多纳特案没有改变蒂罗斯－莱格特纳斯规则的实际内容，而是将核心构成要件予以细化，以便操作。从本质上分析，市场格局强调相同或近似商标是否具有指示商品或者服务来源的功能，以及是否分别承载着各自的商誉。如果不保护任何一方商誉都将会被视为非正义。市场格局可以由不同使用区域或者不同消费群体等因素构成；在具体界定市场格局时，通说从地域的角度采用实际商誉区域与自然扩张区域之标准。因此，从具体类型上分析，可将不同市场格局分为两类：不同区域市场格局与重叠性区域市场格局。前者主要以美国传统商标共存制度为代表，后者以我国商标共存司法实践为代表。由于我国商标共存司法实践在第一章已做阐述，并且在第七章还会予以解释，因此，本章节仅对美国传统商标共存制度的不同区域市场格局予以分析。

不同区域市场格局规定商标的使用必须处于不同物理区域且相隔较远的市场。在进行要件审核时：首先，需要验证该商标是否已取得全国性的注册；若已注册，则只需要考虑商标注册人是否已渗透到在后使用人所在区域。其次，需验证争议商标是否为“第二含义”商标；若争议商标未产生“第二含义”，也就不存在商标权；倘若该商标

〔1〕 See Allen & Wheeler Co. v. Hanover Star Milling Co. 240 U. S. 403(1916).

〔2〕 上述两个案件的差异，最明显的是法官判定商标共存的法理依据。Hanover Star Milling 案是基于普通法规定的商标权的产生需经过商业实际使用。因此，只要不存在“搭便车”之嫌，双方依据普通法均可取得商标权。而 United Drug 案则是对商标在先使用人扩张行为的评价，法官不予支持的依据是公平的法律价值理念。

已产生“第二含义”,则区域要件的分析与固有显著性商标一样。检验完先决问题之后,法官在检验特定区域是否存在一方排他性权利时,一般分为两个区域:(1)实际商誉区域;(2)自然扩张区域。

一、实际商誉区域

普通法语境下,当消费者将商标与商品或服务相联系时,才可产生商标的实际商誉区域,商标才能获得保护。实际商誉区域可以划分为:(1)实际市场渗透区域;(2)商誉区域。[1] 商标权人可同时或者分别建立实际市场渗透区域和/或者商誉区域,进而证明形成实际商誉区域。

实际市场渗透区域包括附有商标的商品或服务所销售的区域与消费者可购买到的或者接触到的区域,[2]而商誉区域是指所有能够意识到商标所附着商品的消费者所处范围,但是无法购买的区域。[3] 商誉区域是市场渗透检验的一个分支,是检验单一商标产品销售的常用手段,其目的是检验消费者将商标与相关商品或服务联系起来的程度。与实际市场渗透区域不同,商标使用人所享有的商誉范围还包括消费者已意识到商标所蕴含的商品信息,但实际上消费者所在区域并未销售之情形。商誉范围的形成可以依靠传统媒体与互联网媒体、广告以及口口相传。然而,就理论而言,商标保护的区域不应当超过商品实际销售区域。在普通法语境下,商标权的取得来自商业中的商业使用。我们不禁会问,为何商标法准许在实际销售的区域之外,还将商标权授予给商标使用人?其原因是,在汉诺威星磨坊案中,法院意识到商标所

---

〔1〕 See Thomas F. Cotter, *Owning What Doesn't Exist, Where It Doesn't Exist: Rethinking Two Doctrines from the Common Law of Trademarks*, 1995 U. Ill. L. Rev. 487, 492 (1995).

〔2〕 See Lunsford, *Geographical Scope of Registered Rights-Then and Now*, 61 Trademark Rep. 411, 414 (1971).

〔3〕 See Adam v. Burks & Dirk D. Lasater, *Comment, Location? Location? Location?: A New Solution to Concurrent Virtual Trademark Use*, 11 Wake Forest J. Bus. & Intell. Prop. L. 329, 338 (2011).

承载的商誉可以通过广告予以传播至实际销售区域之外。[1] 对于这些"名声在外"的商誉,麦卡锡教授认为,大量的广告与处于流动状态的消费者对传播商标商誉起到了重要作用,两者都可以将商誉扩散至离实际销售区域远上千英里的区域。[2] 此外,基于混淆可能性的标准,对商誉的保护也具有合理性。其核心缘由是当商誉传播开后,消费者已经意识到商标之商誉,那么,如果允许其他商标使用人在该区域使用商标,那么将会造成消费者的混淆可能性。因此,为了保护消费者与商标权人的利益,商标权的保护范围可以延伸至商誉区域。

二、自然扩张区域

自然扩张区域,顾名思义,是潜在的扩张区域。商标法之所以考虑该区域,是基于保护商标使用人发展空间的政策性考虑。[3] 依上述市场渗透范围标准,商标使用人享有商标权的范围应按其产品实际销售区域予以划定。然而,商业活动存在扩张的可能性。通常而言,商品销售者会在特定区域销售其产品。这样的销售方式能够形成一个焦点,进而有助于判断在多大范围内消费者已经将商标与商品或服务之间建立了联系。由于销售者愈加成功,普通法需逐渐从原聚焦地往其他区域扩张,进而与保护销售者的商誉相一致。[4] 鉴于实际商誉区域是判断取得商标权最基本的考量因素,因此,随着区域性商标权开始突破实际商誉区域,法律也需要进一步发展。在此背景下,自然扩张区域标准的出现,具有时代合理性。根据自然扩张区域标准,商标权的区域范围

---

〔1〕 240 U. S. 403,415 (1916).

〔2〕 See J. Thomas MaCarthy, *MaCarthy on Trademarks and Unfair Competition*, Clark Boardman Callaghan,2002,Vol. 26,no. 6(A),p. 296 – 297.

〔3〕 See Hanover Star Milling Co. v. Metcalf,240 U. S. 403,420 (1916); Tally-Ho,Inc. v. Coast Cmty. Coll. Dist. ,889 F. 2d 1018,1028 (1st Cir. 1989).

〔4〕 See Cf. GoTo. com,Inc. v. Walt Disney Co. ,202 F. 3d 1199,1206 (9th Cir. 2000) (offering a comparison between traditional bricks-and-mortar commerce and Internet commerce).

存在基于销售者持续扩张的可能性。[1] 商标权人前期的资本投入,不仅仅为了占领和稳固已有市场,更为开拓潜在市场。潜在市场依标准不同,可分为关联市场与跨地域市场。前者侧重于商品或服务之间的关联性,由此产生"关联使用"原则(The related use doctrine)[2];后者侧重于物理范围的扩张,由此产生"自然扩张"原则(Natural expansion doctrine)。鉴于本书所讨论的是物理层面的扩张,关于关联市场的扩张不再展开论述。一般而言,"自然扩张"原则默认保护商标在先使用人的利益,其默认的假设前提是理性经济人利益最大化的驱使。[3] 因此,有些法院则倾向于关注商标权人所付出的致力于商业贸易扩张所付出的努力这一事实。[4] 然而,自然扩张原则显示出衰败的迹象。其原因是该原则的弱点之一,即自然扩张区域标准固有的不确定性。商标在先使用人的自然扩张区域范围只有在实际扩张至商标在后使用人区域之后,才能判定。相应地,无论是在先使用人还是在后使用人,都不能完全意识到商标权的范围,直至两者纠纷的产生。更有甚者认为,在无须证明消费者是否意识到商标存在的情况下,就赋予商标使用人自然扩张的权利,这无疑是提供了商标在先使用人扩张的虚构区域。[5] 为了回应该问题,不正当竞争法第三次重述就禁止仅依靠自然扩张的区域性权利主张。美国联邦第一巡回法院完全否定了该原则。[6] 尽管其他巡回法院会继续考虑该原则,但那时多数法院趋向于限制该原则的

---

〔1〕 See J. Thomas MaCarthy, *MaCarthy on Trademarks and Unfair Competition*, Clark Boardman Callaghan,2002,Vol.26,no. 27.

〔2〕 所谓"关联使用"原则(related use doctrine)是指销售商可能将自己销售范围延伸到原商品相关产业的原则。例如,从销售汽车轮胎到销售汽车引擎。

〔3〕 See Graeme B. Dinwoodie and Mark D. Janis, *Trademark Law And Theory*, Edward Elgar Piblishing Limiyed,2008,p.286.

〔4〕 See Accu Pers.,Inc. v. Accustaff,Inc.,846 F. Supp. 1191,1209 (D. Del. 1994).

〔5〕 See Tally-Ho,Inc. v. Coast Community College Dist.,889 F.2d 1018,1028 (11th Cir. 1989).

〔6〕 See Raxton Corp. v. Anania Assocs.,Inc.,635 F.2d 924 (1st Cir. 1980).

适用。[1]

尽管自然扩张区域在有形实体环境中存在不利，但是互联网为自然扩张区域的发展提供了新的契机。自然扩张区域只能适用于那些不被视为“远程”的区域，并且对自然扩张区域的质疑多数围绕着善意在后使用人无法预知商标权人是否扩张至此。鉴于互联网逐渐突破地域限制，基于历史发展而提出批评将站不住脚。通常而言，实际商誉与自然扩张区域的二元结构是普通法商标保护的基础，尤其对未注册商标的保护意义重大。根据先使用规则，一旦商标权人能够证明其是第一个在某一或者两个区域建立商誉的人，那么，就可以在该区域范围内享有在特定商品或者服务上使用商标的排他性权利。作为先使用规则发展的自然产物，司法上创造了商标共存规则，并以此赋予与商标权人不存在关联的第三人在特定环境下使用相同或近似商标的权利。[2]

三、区域标准的内涵与分类

(一)概念的混乱

在司法实践中，最容易产生混乱的是实际市场渗透区域与商誉区域的理解。该混乱所反映出来的是法院试图解决商标权的区域范围时，其在概念理解上的不准确。实际市场渗透区域主要用于判断实际销售区域与购买商品的消费者所在的区域。而商誉区域往往要比实际市场渗透区域范围广。在商誉区域，商标使用人并不存在足够的市场渗透，但是通过口口相传或者广告能够让消费者认识商标；如果在消费

---

〔1〕 Brookfield Communications, Inc. v. West Coast Entm't Corp., 174 F. 3d 1036, 1051 (9th Cir. 1999) (considering zone of natural expansion for its analysis but ultimately finding that the question was not dispositive); Lucent Info. Mgmt. v. Lucent Technologies, 186 F. 3d 311, 316 n. 8 (3d Cir. 1999) (sidestepping the analysis by citing insufficient use to establish even a zone of actual goodwill).

〔2〕 See David S. Barrett, *The Future of the Concurrent Use of Trademarks Doctrine in the Information Age*, Hastings Comm. & Ent. L. J., Vol. 23, 2001, p. 687.

者所在的区域同时存在合法商标使用人的商标与侵权人的商标，那么消费者可能会产生混淆。Natural Footwear 案（Natural Footwear Ltd. v. Hart，Schaffner & Marx）就是上述混淆的最好例证。该案是一起涉及在鞋子与衣服上使用“Roots”商标的纠纷。作为商标注册权人，商标在后使用人向法院申请禁止商标在先使用人在新泽西州之外继续使用其商标。商标在先使用人在新泽西州开设服装店的同时，通过电子传单的形式，将其产品宣传发送至全国消费者。尽管在先使用人并不存在大量的纸质全国性广告，但是有将其产品宣传刊登在当地报纸上。与此同时，在先使用人提出反诉，申请法院对注册权人颁发永久性禁令。地区法院支持了在先使用人的诉求，并颁发了永久性禁令。[1] 然而，对于地区法院是否基于其自由裁量权而判决商标在先使用人享有全国性的商誉，或者享有全国性的市场渗透区域时，这就已经表明：当用于描述某一区域的语言，更适合用于描述另外一个区域时，实际上法院对概念存在混乱。此外，法院在判决中写道，“有充足的证据显示在先使用人已经形成并且继续享有在服装（包括鞋子）上的唯一性品牌认证。这些服装是通过经销商的方式，主要销往新泽西，同时遍布全美”[2]。由此可见，法院似乎认为在先使用人通过在先使用人的商标进而享有全国性的声誉。同时，法院还提及商品被销往全美。这意味着在先使用人在全美范围内形成了实际市场渗透。此外，美国联邦第三巡回上诉法院的判决强化了上述混乱：地区法院判决在先使用人获得全国性的声誉是正确的。然而，纵观全部争议，法院反复使用“市场渗透”而未区分实际渗透区域与商誉区域。同样，在美国第八巡回上诉法院主审的 Sweetarts 案（Sweetarts v. Sunline）中就无法正确区分商誉区域与实际

---

〔1〕 See Natural Footwear Ltd. v. Hart，Schaffner & Marx，579 F. Supp. 543，572 （D. N. J. 1983），rev'd，760 F. 2d 1383 （3d Cir.），cert. denied，474 U. S. 920 （1985）.

〔2〕 Natural Footwear Ltd. v. Hart，Schaffner & Marx，579 F. Supp. 543，570 （D. N. J. 1983）.

渗透区域标准的差异。该案涉及在糖果上使用"Sweetarts"商标权。在先使用人是俄勒冈州的一家小型制作巧克力与奶乳糖的企业。该企业几乎是通过邮件订单与企业老板的私人关系来销售其商品。相反,在后使用人是一家大型的糖果制造企业。该企业通过超市、药店与餐馆等零售方式,在全美范围内分销商品。[1] 地区法院认为可以赋予在先使用人在若干个州内享有商标权。尽管地区法院明确地指出在判断实际市场渗透时的参考因素,但是法院所使用的混淆性的术语让这个问题变得更加模糊:商标权保护的区域是基于在先使用的商誉范围还是其实际渗透区域。

(二)替代方案:消费者认知区域

根据普通商标法,一方获得商标权是基于商业中的商标使用。作为一般性规则,第一个将商标使用于商业活动中的人可以在特定区域范围内获得商标权。然而,在特定环境中,使用相同或近似商标的商标在后使用人在特定区域范围内,也享有商标权。[2] 由于商标权的排他性效力,法律只允许在某一特定区域存在一个权利主体。因此,只要一方获得有效的权利,那么,其他使用人在该区域的使用行为就构成侵权。[3] 商标侵权的判定标准是在商标权人与商标侵权使用人所使用的商标之间是否存在混淆可能性。如果双方对所使用的商标都享有商标权,那么,纠纷解决的关键就在于在该区域内谁享有商标权。[4] 如果相同或近似商标在该区域存在混淆可能性,那么在先使用人一方可以要求禁止另一方在该区域范围内使用该商标。

根据上文所述,鉴于已有标准之间的不一致,以及由此导致的混乱

---

〔1〕 See Sweetarts v. Sunline, Inc. 380 F. 2d 923 (8th Cir. 1967).

〔2〕 See United Drug Co. v. Theodore Rectanus Co., 248 U. S. 90, 100 (1918).

〔3〕 See Wiener King, Inc. v. Wiener King Corp., 192 U. S. P. Q. (BNA) 353 – 357 (3d Cir. 1976).

〔4〕 See Treece, *Security for Federally Registered Mark Owners Against Subsequent Users*, Geo. Wash. L. Rev., Vol. 39, 1971, p. 1020.

性局面，有学者建议，应当消除实际市场渗透区域与商誉区域之间的差异，并将两个区域标准合并为一个区域标准，即消费者认知区域（zone of consumer recognition）。[1]该学者认为，由于实际市场渗透与商誉区域都是受制于混淆之虞的标准（both theories are governed by the likelihood of confusion standard），因此，可以用统一的标准来反映相似性。实际市场渗透区域与商誉区域之间的联系在于混淆之虞。在任何特定区域范围内，商标权人必须能够证明混淆之虞的存在，才能获得法院签发的禁令。换言之，保护商标权主要通过禁止侵权人的侵权行为予以实现。实际市场渗透区域反映的是实际销售区域，以及消费者在其所居住地可以购买的区域。同时，签发禁令取决于是否存在混淆可能性，因此，任何关于实际市场渗透区域的标准，其实就是混淆之虞的标准。相应地，在实际市场渗透区域之外，法律同样通过禁令的形式予以保护。此外，基于政策考量，商标法主要目的在于保护消费者免于混淆，同时，还要保护商业贸易免于被非法利益窃取。两个区域标准之间的联系均在于"消费者认知"，只有在该区域内，消费者能够认知商标，才有可能存在消费者误将侵权人使用的商标当成商标权人的商标。相应地，只有在该区域内，消费者能够认知商标，才会存在侵权人窃取商标权人声誉的可能性。如果消费者并不认知商标，那么混淆就无从谈起。此外，在一个区域标准足够的情况下，法院就不需要去区分两个区域标准之间有什么差异。如果两个独立的区域标准是用于判断商标保护的区域范围，那么法院就必须在每一个案子当中分别适用两个标准来衡量每一个区域，可能在一些商誉区域，市场渗透区域并未形成。如果仅使用市场渗透区域标准，可能会导致法院不予签发禁令。如果使

〔1〕 William Jay Gross, *The Territorial Scope of Trademark Rights*, University of Miami Law Review, Vol. 44, 1990, p. 1110 – 1114.

用合一的标准,即消费者认知标准,便可适用于新的事实情形(factual situations)。如此一来,便不用在意先例的判决关于商誉还是实际市场渗透。实际市场渗透区域与商誉区域都是用于衡量混淆可能性的区域范围(the territorial extent of the likelihood of confusion)。类似地,“消费者认知区域”便是消费认知商标并且可能会将合法商标使用人的商标与侵权使用人的商标相混淆的区域范围。当商标被消费者所认知,才存在商标被混淆的可能性。因而,消费者的认知标准也是混淆可能性的区域范围的衡量标准。换言之,侵权人如果涉及合法商标使用人的实际渗透区域或者商誉区域,那便涉及在合法商标使用人区域范围内的消费者认知。鉴于此,如果采用合一的标准,那么法院就可以适用一套标准因素来判断是否存在混淆可能性。

按照目前有关商标使用的界定,商标广告已被作为商标使用的一种方式。[1] 如果商标使用人只借助广告形式,却不存在任何区域的有效市场渗透的话,此时能否形成商标权?如果商标权得以形成,则说明商誉区域标准可以单独存在,不需要依附于实际渗透区域,而只要通过广告让消费者认知商标,就可实现。如果不会形成商标权,那么,是否可以认为只有在存在实际渗透时,才会第二步考虑商誉区域?笔者认为,如果仅有商誉而无实际市场渗透,那么这将与商标法强调“商誉乃是消费者评价”的观点不相符合。虽然以广告等形式足以实现消费者对商标的认知,实现商标的区分功能,但是单纯的广告无法让消费者真正了解商品或者服务,自然也就无法形成真实评价。因此,商誉区域标准需要依附于实际市场渗透标准。如果采用消费者认知区域标准,那么在一定限度上能够处理实际市场渗透区域和商誉区域二者间的衔接

〔1〕 例如,我国《商标法》第48条规定,本法所称商标的使用,是指商标用于商品、商品包装或者容器以及商品交易文书上,或者将商标用于广告宣传、展览以及其他商业活动中,用于识别商品来源的行为。

问题,但是产生的副作用是无法解决的。消费者认知标准作为一个抽象概念,无法实现主观认知的客观化。再者,尽管实际市场渗透区域与商誉区域的二元论初创于有形市场,但是对互联网市场的适用确实有意义。整合分离式判断标准的做法是欠妥的,尤其在互联网环境中判断实际商誉的区域范围,该观点极有可能忽视互联网的商誉范围。[1] 因此,在过去的20世纪里,商誉大多数产生于实际销售,再通过互联网的扩散形成商业贸易的持续影响力。

四、区域标准的考量因素

(一)实际渗透区域的考量因素

本书认为,法院用于定义与判断商标权保护区域的考虑因素需要进一步解释。为了在特定区域获得商标权,古老的普通法规则只要求在该区域存在最低限度的销售即可。[2] 然而,美国联邦第八巡回上诉法院和第三巡回上诉法院在判断最低限度销售的考虑因素方面出现了分歧。这些分歧包括:实际销售额、潜在市场、销售增量、出现大规模销售的时间与广告投入量。[3]

在 Sweetarts v. Sunline 案中,商标在先使用人主张禁止在后使用人扩张至其所在区域。第八巡回上诉法院最终裁定签发禁令,禁止在后使用人进入已经由在先使用人占据95%的3个州的市场。同时,法院拒绝在其他州签发禁令,其原因是"在这些州内,商业贸易并不存在,或者销售量微乎其微、偶然性的、不持续性的,或者没有达到市场渗透的

---

〔1〕 See William Jay Gross, *The Territorial Scope of Trademark Rights*, University of Miami Law Review, Vol. 44, 1990, p. 1110.

〔2〕 See Sweet Sixteen Co. v. Sweet "16" Shop, Inc., 15 F. 2d 920, 925 (8th Cir. 1926).

〔3〕 See Sweetarts v. Sunline, Inc., 380 F. 2d 923 (8th Cir. 1967); Natural Footwear, Ltd. v. Hart, Schaffner & Marx, 760 F. 2d 1383 (3d Cir. 1985).

最低标准"[1]。法院强调,判定市场渗透的核心在于是否不同区域的商标之间具有相互混淆之可能性。当在先使用人所在的区域存在混淆可能性时,法院可以给在先使用人签发禁止令。尽管在先使用人无须获得很大的市场渗透方才获得保护,而主要在于在在先使用人所在区域内消费者是否对在先使用人与在后使用人的商品来源产生混淆。在该案中,地区法院根据4项因素来判断在先使用人的市场区域:(1)该区域的销售额(dollar value of the senior user's market area at the time the junior user enters the market);(2)购买者占潜在消费者总数的比例;(3)潜在的销售增长量(relative and potential growth of sales);(4)出现显著销售的时间跨度与强度(length of time since significant sales)。然而,笔者认为,尽管Sweetarts案所罗列的4项因素被诸多案件转引,但是针对因素含义与适用,始终存在争议。第1项与第2项因素主要是通过比较商品销售量与相关市场的大小(the size of the relevant market),来测试市场渗透程度。例如,面积大的州需要更多的销售量,才能达到市场渗透的标准。第3项因素针对的是未来销售增长情况,而不是目前的市场渗透(the user's present market penetration)。第4项因素的目的在于确保附有商标的商品销售是持续性的、显著的,而不是零星的。此外,在上述4项因素中,争议最大的是第3项因素。因为该因素是用于判断商品的将来销售情况,而不是决定当前的市场情况。因此,在判断商标实际渗透区域时,不宜将潜在的销售增长量作为考量因素。此外,反观自然扩张区域,由于该区域目前并不存在有效的市场渗透,而仅仅存在商标权人将来扩张的可能性。因此,"潜在的销售增长量"更加适合于判断自然扩张标准。

基于Sweetarts案,Natural Footwear案(1984年)也同样提出了实际

[1] Sweetarts v. Sunline, Inc., 380 F.2d 923, 929 (8th Cir. 1967).

市场渗透的标准。尽管 Natural Footwear 案是基于 Sweetarts 案，但是 Natural Footwear 案并没有完全采纳 Sweetarts 案的所有要素，同时也没有对删除那些要素提出过相应的解释。[1] 此外，该案所提的标准因素基本可以覆盖三个区域，即实际渗透区域、商誉区域与自然扩张区域。

在 Natural Footwear 案中，在后使用人，即商标注册人，要求法院签发针对在先使用人在新泽西州区域之外的禁令。其理由是，如果在后使用人是商标注册人，那么在先使用人就其普通法商标权的区域范围需承担证明之义务。地区法院支持了在先使用人的永久禁令之诉求，其原因是在先使用人的普通法权已经延伸至全美区域。第三巡回法院则撤销了一审判决，认为地域法院没有考虑在先使用人在特定区域内的市场渗透情形。基于维纳案与 Sweetarts 案的判决，第三巡回法院制定了新的适用于实际市场渗透的标准：(1)附有商标的商品销售量；(2)该区域内的销售增长区域；(3)实际购买者在潜在消费者总数中的比例；(4)该区域范围内的广告数量。如若我们逐一比对，会发现该案第一项、第三项与 Sweetarts 案的第一项、第二项相同，都是用于衡量商标使用在商品销售市场的渗透程度。而该案第二项与 Sweetarts 案的第三项相同，即用于衡量自然扩张可能性。尽管如此，但是笔者认为，趋势(trend)一词，虽然可以在一定程度上说明自然扩张的可能性，但没有完全表达出是在总量上的增长、在区域范围上的扩张还是在某一区域内量的增长。

此外，法院认为广告的数量应当被用于衡量实际市场渗透，其原因

---

〔1〕 两个案件的因素比对：In Sweetarts v. Sunline, Inc.：(1) the senior user's dollar value of sales at the time the junior user enters the market；(2) the number of customers serviced by the senior user in the area compared to the area's total population；(3) the senior user's relative and potential growth in sales；and (4) the length of time since significant sales were achieved in the area. In Natural Footwear Ltd. v. Roots, the Third Circuit established a four factor test：(1) the volume of sales of the trademarked product；(2) the growth trends (both positive and negative) in the area；(3) the number of persons actually purchasing the product in relation to the potential number of customers；and (4) the amount of product advertising in the area. 760 F. 2d 1383, 1398 – 1399 (3d Cir. 1984)。

是法院认为广告数量这个因素已经隐含于维纳案(1980 年)中的已有市场活动(previous business activity)因素中。然而,我们应当清楚的是,在维纳案中,法院只是说广告对商品声誉有着重要作用,但是并没有说在实际市场渗透方面,可以作为一个衡量要素。因此,“广告的数量”并不清楚是用于实际渗透区域还是商誉区域。在维纳案中,美国关税与专利上诉法院创设了一个标准,即在商标共存主体各自实际市场渗透区域之外,如何划分区域范围,这被解释为自然扩张区域的考量标准。如此解释的原因,可能是商标审判与上诉委员会的阐述:地区法院与上诉法院认为有这样的事实存在,即在后使用人已经在全美其他所有区域里,形成应当受到法律保护的自然扩张区域。[1] 然而,美国关税与专利上诉法院则认为,在后使用人作为第一个注册人,有权在全美最大范围内享有商标权。此外,如此判决还有一个很重要的因素,即在先使用人并无扩张的意图。[2] 因此,法院认为,建立自然扩张区域并不必然要求建立实际市场渗透,只要有以下 5 个因素的存在即可:(1)已有贸易活动;(2)扩张历史记录;(3)在该区域的持续销售期限;(4)目前的扩张计划与意图扩张的区域;(5)通过某种手段将商品带入某一区域的可能性。[3] 基于对尽早申请商标注册的政策性鼓励,以及保护在后使用人在注册之前所形成的商标权,法院判决在后使用人,即商标在先注册人(the prior registrant),除了在在先使用人已经享有的商标权区域之外,在全美范围内享有商标注册权。笔者认为,从“如何实施扩张计划”

〔1〕 See Weiner King, Inc. v. Wiener King Corp. ,201 U. S. P. Q. (BNA) 894,916 (T. T. A. B. 1979).

〔2〕 原句是:“junior user, who was the first to register its mark, was entitled to registration for the larger unoccupied portion of the United States”。这已经划定了如何处理兰哈姆法的商标注册与普通法的商标权区域之间的效力与关系。如果有扩张的意图,那么共存注册就无法将意图扩张的区域范围纳入其中。这也可以推出商标区域应该包括:实际渗透区域、声誉以及自然扩张区域。这三个部分,可以成为商标注册的额外领域。

〔3〕 Weiner King, Inc. outlined the relevant factors as follows: the party's (1) previous business activity; (2) previous expansion or lack thereof; (3) dominance of contiguous areas; (4) presently-planned expansion; and, where applicable, (5) possible market penetration by means of products brought in from other areas. 615 F. 2d. at 523.

的角度，该案提出的因素中，前面4项都是与自然扩张的地域范围相关。而第5项，即从其他区域购买商品，然后带入某一区域而形成的市场渗透，实质上并不是自然扩张，而是实际市场渗透或者商誉区域。因此，Natural案中的广告数量之要求，其实不是蕴含于维纳案的“previous business”因素中，而是包含在第5项中。

为了正确定位商标的商业性使用的区域范围，市场渗透标准关于区域范围的说明不仅需要以商标法所保护的各种类型商业活动为基础，还必须针对可能决定商品有效渗透进市场的所有要素予以斟酌。仅仅停留于是否存在必要数量或者最小限度的销售并非该项标准的原则性目的，而法院期望获得的是可以解决该区域范围内客观存在混淆可能性的十分重要的证据。[1] 美国第八巡回法院法官在Sweetarts案中就十分强调人口数量在实际市场渗透区域的作用。然而，在再审程序中，该认知被修改，认为对销售数量的作用应当更加关注，并且对于较少人数的州来讲，针对人口数量分析的意义并不显著。[2] 与此不同的是，美国第八巡回法院在Wrist-Rocket Manufacturing案中，认为应当将某区域的消费者所占的人口比重作为另外一种分析工具。[3] 综上所述，笔者认为判定实际市场渗透需考虑以下4个要素：(1)该区域的销售额；(2)购买者占潜在消费者总数的比例；(3)出现显著销售的时间跨度与强度；(4)通过某种手段将商品带入某一区域的可能性。

(二)商誉区域考量因素

商誉范围的检验对象是广告数量以及广告所形成的商标声誉，而并不是商品的数量。但是，关键的问题就在于何种程度或者范围才可以成就商誉的有效建立。对此，美国第十巡回法院指出，只有覆盖全国

〔1〕 See Sweetarts v. Sunline Inc. ,380 F. 2d 923 (8th Cir. 1967).

〔2〕 See Sweetarts v. Sunline Inc. ,436 F. 2d 705,708 (8th Cir. 1971).

〔3〕 See Wrist-Rocket Manufacturing v. Saunders Archery co. ,578 F. 2d 727,733(8th Cir. 1978).

性范畴的广告与电子商务邀请函，方能于未销售的区域范围形成有效的商誉。[1] 可能该准入门槛还需要进一步斟酌与商榷，可是它清晰地呈现出了对于商誉范围的检验仍然应当对广告的性质与渠道予以考察。由于在实际市场渗透区域的考虑要素中已经探讨过商誉区域的考虑因素，并且对于这些因素并无争议，因此，就此罗列考量因素，即广告的数量；广告的性质以及广告的渠道。

（三）自然扩张区域考量因素

自然扩张区域的基础在于保护商标权人将来的发展空间所做的政策性考虑。在衡量自然扩张区域时，一定要清楚该区域是法律拟制的，而非实际存在的区域。因此在判断上自然无法做到十分准确。麦卡锡教授在其著作中提出若干个关于认定自然扩张区域的指导意见：(1)从实际渗透区域到自然扩张区域之间的跨度；(2)贸易的性质或类型、是否存在或大或小的实际市场渗透或商誉；(3)是否存在扩张的历史、近些年的贸易是否处于静止状态、根据之前的扩张历史推断，这次扩张需要多久才能实现；(4)实现扩张是否需要一个大计划才能实现，或者自然扩张区域是否为已有区域自然的、循序渐进的、与以往计划力度相同的扩张而形成。这些因素与维纳案提出的因素有些重合。第一，维纳案的“扩张历史”与“目前的扩张计划”被包含在麦卡锡教授所提出的第1项与第3项，这两项是用于衡量商标在所主张区域的扩张可能性的比例。类似地，维纳案的第3项也被包含在麦卡锡教授所提出的第1项与第4项中。这两项均用于衡量使用人所主张的自然扩张程度的背后动力(motives)。此外，麦卡锡教授还认为，如果商标使用人的扩张路径较为明显，那么存在进入他人区域的可能性就越小。

---

〔1〕 See Western Auto Supply Co. v. Knox, 93 F. 2d 850 (10th Cir. 1937).

站在商标在先使用人的角度,"自然扩张"原则可谓是其刚强有力的"矛",而站在商标在后使用人的立场,商标共存就是其坚实牢靠的"盾"。于是,当抉择"矛"与"盾"谁强谁弱之时,法官往往会将商标使用的客观情况、使用人想要扩张的主观意图或者计划以及在客观基础上实现主观目的的逻辑合理性等情况共同加以考虑。法院在比垂克食品公司案[1]中就认为在特定情形下可以颁布禁令,此特定情形为:倘若一方所提供的证据足以证实在将来他们的确要扩展至某区域范围,并且可能存在在后使用人的加入会形成混淆可能性的情形。[2] 然而,这样的分解方式使得自然扩张原则的罅隙充分显现:(1)此原则存在固有的不稳定性。一是,当且仅当商标在先使用人的自然扩张权益延伸至商标在后使用人所在的区域范围后才能够被识别,原因在于是否扩张或意图扩张属于商标在先使用人的主观企图,这对于商标在后使用人而言实在难以琢磨。二是,如果硬性规定商标在后使用人在广泛使用某商标之前应当进行市场调研与考察,并且还应当以此为依据作出采用与否的抉择,毫无疑问这将难以契合经济效益。这就形成了商标在先使用人和在后使用人直至诉讼阶段才认识到有对方存在的现状。(2)在消费者并没有认识到商标就赋予他人商标权的情况下,或许会造成虚构局面的出现。[3] 有基于此,《美国反不正当竞争法重述》(第3版)对于只凭借自然扩张就声称对某地域享有权益的主张给予了彻底否决。于是紧随其后出现了另外一个亟待解决的问题,即商标在先使用人根据一定程度的市场渗透、商誉及其扩张计划,能否对在后使用人申请禁令?该主张的禁令范围到底又有多大?法院

〔1〕 See Beatrice Foods Co. v. Fairway Foods, Inc. 429 F. 2d 466(1970).

〔2〕 See Beatrice Foods Co., 429 F. 2d 466, 475, 166 U. S. P. Q. 431 (C. C. P. A. 1990).

〔3〕 See W. Scott Creasman, *Establishing Geographic Rights in Trademarks Based on Internet Use*, 95 Trademark Rep, Vol. 95, 2005, p. 1019.

在比垂克食品公司案中认为，假如一方当事人所提供的证据能够有效证明他们的确在将来会扩展至该区域，并且应当满足当在后使用人的进入或许会产生混淆可能性的情形时，才可以颁布禁令。[1] 但是，美国第六巡回法院认为，侵权判决作为颁布禁令的必要前提，这并不会存在市场范围的重叠，事实上，它仅仅是作为分析侵权的首要认定环节，[2] 况且在互联网环境中，市场重叠本身变化十分频繁。于是，卡特(Carter)等人认为应当倚重于保护商标在后使用人的商誉而并不是所谓的潜在混淆，[3]这就与唐·多纳特案所确立的原则保持了一致，从而有益于推动双方当事人待真正的扩张出现才去解决纠纷。

对于商标在先使用人自然扩张的判断，除了上述几点之外，还需考量在先使用人的“不作为”与不存在混淆可能性以及下文需要讨论的主观善意。一如前文所说，自然扩张区域标准的预设前提是商标在先使用人扩张的可能性。因此，当在后使用人能够有效证明在先使用人怠于行使该权益或若干时间内一直保持原有发展规模时，自然扩张原则的预设前提就会转向在后使用人。[4]当然，在混淆可能性的举证责任方面，在后使用人承担的责任往往重于商标在先使用人，其除了需要证明在本区域不存在混淆外，还须证明在先使用人所在区域与双方均未渗透过的区域亦不存在混淆。[5]

---

〔1〕 Beatrice Foods Co. v. Fairway Foods, Inc. 429 F. 2d 466 (1970).

〔2〕 See Circuit City Stores. Inc. v. CarMax, 165 F. 3d 1047, 1056 (6th Cir. 1999). 转引自 Jessica Amber Drew, *Death of Dawn Donut the Demise of Concurrent Trademarks*. Journal of Law, Technology & Policy, 2007, p. 109。

〔3〕 Stephen L. Cartert, *The Trouble with Trademark*, Yale L. J., Vol. 99, 1989 – 1990, p. 790 – 792.

〔4〕 See Weiner King, Inc., v. Wiener King Corp., 615 F. 2d 512, 204 U. S. P. Q. 820 (C. C. P. A. 1980).

〔5〕 J. Thomas McCarthy, *McCarthy on Trademarks and Unfair competition*, Thomson, 2008, § 26 – 84.

第四节 主观善意

善意是一个非常重要的因素，是使用人取得财产权或者主张其他权利的法律前提和道德上的立足点。正因如此，《兰哈姆法》第43条(a)款列举的8项中特意强调商标混淆的参考因素中包括被控侵权人的主观意图，当被控侵权人故意使用与他人类似的标识时，审查法院就推定被告能达到他的目的，即欺骗消费者。对于混淆可能性，善意并不是一个十分有力的证据，但却是确定救济形式的重要因素。[1] 亦即，在发生侵权纠纷后，法院会以当事人主观上的状态来确定被告所承担的责任形式。善意在商标法上的另外一种意义是，如果当事人的行为同时满足了法律规定的其他条件，法院会直接依照善意认定该当事人的行为合法。这就是蒂罗斯－莱克特纳斯规则的重要内容。按此，商标在后使用人在采用与在先使用人相同或近似的商标于远方区域使用时，如不知晓在先商标使用人已使用此商标，则有权继续在该区域继续使用。由此产生了商标共存的主观要件——不知(no knowledge)。在提出传统商标共存制度之初，主观善意作为核心要件之一是要求在后商标使用人主观上不知晓在先商标使用人使用相同或近似商标标识之情形。限于当时的时代背景，地域让信息传播更加困难。倘若在后使用人不知晓在先使用人使用商标，那么，依照当时情形，我们可以肯定地推定在后使用人不存在侵占在先使用人利益的动机。因此，此时在后商标使用人主观善意即是不知晓。

---

[1] [美]罗伯特·P.墨杰斯、[美]彼特·S.迈乃尔等：《新技术时代的知识产权法》，齐筠、张清等译，中国政法大学出版社2003年版，第540页。

然而,主观善意(good faith)与不知晓的等价虽被奉行为商标共存判断的先例标准,但诸多学者与法院对此等价提出了质疑,尤其在网络时代,这种质疑反而显得更正统。[1] 尽管大多数司法实践支持倘若能有效证明在后使用人知晓的事实就可摧毁其善意的观点,但少数法官认为主观善意理应理解为无恶意(no-bad intent),即不存在试图利用他人商誉的主观目的。若以历史的脉络分析两者的差异,不难得出少数派所主张的观点是多数派的观点在经济发展过程中的演绎。与自给自足的自然经济不同,现代市场经济以跨区域的合作为主要特征,与外界不存在任何信息往来的市场不复存在,更何况在网络技术的冲击下,信息的快速更新与传播提出了经济交往中快速定位已有信息的需求,作为信息"索引"的商标无时无刻不出现在各种信息平面上。因此,完全不知晓商标存在的情形,已不符合现实;对同行业是否使用某一商标的知悉更是如此。但知晓并不能抹杀商标使用人的主观善意,只有在后使用人想借商标"搭便车"或试图对消费者"瞒天过海"等不正当商业竞争时,方可被认定为恶意。在维纳案中,WKNJ 是最先使用"WEINER KING"商标,而 WKNC 则是在后商标"WIENER KING"的商标使用人;两者所使用区域相去甚远。在后使用人 WKNC 是第一个申请联邦注册商标者,在获知在先商标使用人之后,其大量拓展市场并介入在先使用人区域范围的行为,是否可以被认定为主观恶意?对此,联邦地域法院认为由于 WKNC 的商业扩张并不属于假冒行为或者侵占他人商誉之行为。相反,WKNC 所获得的商誉完全通过自身使用"WIENER KING"商标所得。该事实不足以推断 WKNC 主观存在恶意。当在后使用人试图侵占或者从介入商标在先使用人可能扩张的区域时,在后

[1] See GTE Corp. v. Williams, 904 F. 2d 536, 541 (10th Cir. 1990); EL Chico, Inc., v. Elchico Café, 214 F. 2d 721, 726 (5th Cir. 1954); Members First Federal Credit Union v. Members 1st Federal Credit Union. 54 F. Supp. 2d 393, 401 (M. D. Pa. 1999).

使用人知晓在先使用人的存在就足以推定其主观存在恶意。因此,仅仅知晓一方的存在并不代表在后商标使用人主观必然存在恶意。[1] 依此逻辑思路,商标在后使用人原本应注意但因疏忽而未意识到已有商标存在而仅凭借依据社会调查做出决定时,只要不存在恶意,即存在商标共存可能。同样的情形也适用于国外著名商标(well-known trademark)。商标共存制度与商标权取得的"使用主义"哲学的适用范围均是美国境内,对于在美国外享有盛名而尚未进入美国的商标,其权利人亦不能主张商标共存。然而,对于美国消费者知晓的著名商标或已着手计划将商标推向美国市场的商标,而他人在美国范围内使用该商标能否被认定主观善意?在商标法体系中,著名商标的保护范围广于普通商标的保护范围,其原因是著名商标的高知名度与强显著性,他人未经许可使用容易造成(广义)混淆以及"搭便车"之嫌。为了实现外国商标知名度的有效性而获得美国商标法的保护,商标使用人只有举证美国消费者已知晓该商标。Pregerson. J 法官认为,在检测该商标的市场知名度方面与描述性商标是否获得"第二含义"一致,包括市场调查、消费者问卷、商标排他性使用的时间、广告数量与方式、销售额与消费数量等。[2] 若该商标满足保护所需的要件,则在后使用人就被推定主观上存在恶意。

在商标注册取得商标权的国家,商标使用无法形成商标权。同时,他人知晓在先使用商标,并不意味着其必然存在主观获利的恶意。商标法所要规制的乃是主观明知并以此从所知商标而获利之情形。我国司法实践中的"鸭王"案肯定了上述表述。最高人民法院认为,该条旨在规制恶意抢注,来弥补注册制度带来的不公平。在商标申请人明知

〔1〕 See Weiner King, Inc. , v. The Wiener King Corporation 615 F. 2d 512, 522 (U. S. P. Q. 820 1980).

〔2〕 See Grupo Gigante S. A. v. Dallo & Co. , Inc. aka Dallo Co. , Inc. 119 F. Supp. 2d 1083.

或者有理由知晓已经具有一定影响力的未注册商标之存在,并且试图从中获取利益的,才能成为规制对象。该案中,在被异议商标申请日即2002年1月29日,北京鸭王公司已成立五年,在北京地区有四五家分店,并进行过一些媒体宣传和报道,其在北京地区已经有了一定的知名度和一定影响。然而,鉴于该案特殊案情,上海全聚德公司商标注册行为并不构成“不正当抢注”行为。2000年12月21日,北京鸭王公司向国家工商行政管理总局商标局申请在第42类服务上注册“鸭王”商标。2001年7月30日,因“直接表示服务的内容及特点”,国家工商行政管理总局商标局将其驳回,北京鸭王公司也未申请复审。同样,此后上海全聚德公司申请异议商标被驳回;但之后提出复议,并提交已经使用被异议商标的证据而最终获得初审。案中证据表明,上海全聚德烤鸭店有限公司已经在上海开展相关贸易活动,主观并无侵占北京鸭王公司商誉之恶意,客观上并无造成混淆。自异议至今,上海全聚德烤鸭店有限公司通过在上海区域的使用与宣传,已经形成自身品牌。因上海全聚德烤鸭店有限公司和上海淮海鸭王申请、使用被异议商标的行为主观上并没有占用北京鸭王公司商誉的意图,客观上亦未损害北京鸭王公司商标的利益,故不构成对北京鸭王公司商号权的侵犯。

此处需要特别注意的是,商标在后使用人的主观善意与商标注册制度的“推定通知”之间的关系。在《兰哈姆法》的注册语境下,第一个申请注册的商标使用人可依据注册,推定全国范围内的任何第三人都知晓这一商标。注册所具有的公示功能对商标共存制度合理性产生了一定的威胁。换言之,只要商标注册人在法定期限内实际使用其商标,并取得实际性的、效力及于全国的商标权,在后的善意使用人就只能在原范围内使用其商标,不能向外进行自然扩张,其原因就在于“推定通知”实质性效力的阻却。这是原则性的处理方式,但非绝对性做法。主观善意界定标准的深化,在一定程度上影响着商标注册推定效力的执行。笔者认为,如何处理主观善意与商标注册制度的"推定通知"之间的利益关系,应当根据不同情形予以认定。在商标权注册取得模式中,当商标在后使用人知晓商标在先使用人已经注册商标之后,商标在后使用人仍旧持续使用,或者在诉讼过程中企业发展至甚至超越商标注册权人时(例如"渝富侨"案),就需要客观衡量商标在后使用人在知晓他人注册商标之后仍旧持续发展的主观动机,再判断是否需要绝对保护商标注册的制度价值,认定在后商标使用人在知晓他人注册商标之后而使用商标构成侵权。倘若在后商标使用人能够证明其并未侵占商标注册人的利益,而仅靠自身商业模式的自然拓展而形成市场格局,则可认定在后使用人主观并无恶意。

第五节　不存在混淆可能性

将"不存在混淆之虞"作为商标共存制度的要件之一,商标学界存在一定争议。反对观点认为,我国商标学界对商标共存的概念研究存在一定认识误区,并且主要体现在商标共存需要以不存在混淆可能性为条件的认识上。从逻辑上,在不存在混淆可能性的情况下探讨商标共存是没有任何意义的,因为在此情况下,两个商标之间不存在混淆可能性意味着两个商标之间不存在冲突,而没有冲突的商标当然是能够共存的。事实上,商标共存中需要讨论的正是存在混淆可能性的相同或者近似商标的共存问题,正是由于存在混淆可能性,是否允许两个或两个以上的相同或者近似商标共存才是需要讨论的,才需要讨论是否允许共存以及在何种条件下允许共存。[1] 然而,本书认

〔1〕 参见王太平:《商标共存的法理逻辑与制度构造》,载《法律科学(西北政法大学学报)》2018年第3期。

为,商标法意义的商标共存制度应当以“不存在混淆可能性”为要件。具体理由如下:

一、商标共存制度亦遵循商标法保护商标权人且使消费者免于混淆的立法宗旨

《商标法》的立法宗旨是商标法制度必须贯彻的最高宗旨,其中,保护商标权人利益以及消费者利益是《商标法》最重要的目标之一。原则上,商标权人对其基于使用或者优先申请注册的商标享有绝对排他性权利。他人未经许可,不可在相同商品或服务上使用相同商标。也正基于《商标法》保护消费者免于混淆的宗旨,商标权人不可任意行使其权利,包括在商标权人许可他人在相同或类似商品或服务上使用相同或近似商标,从而存在导致消费者混淆之虞的情形。商标共存制度作为商标法制度之一,也须遵循商标立法宗旨,保护商标权人合法权益且防止消费者产生混淆。

二、商标共存前的“混淆”不属于商标混淆性理论

商标共存中的“不存在混淆可能性”应指共存商标不存在消费者的实际混淆或者具有较大的混淆可能性。混淆可能性作为商标侵权成立的基本要素之一,是保护商标权的基本依据所在。譬如,《TRIPs 协定》(《与贸易有关的知识产权协定》)第 16 条第 1 项将“混淆可能性”作为商标侵权的独立构成要件。我国 2001 年修正的《商标法》关于诉争商标与在先商标权益以及侵犯商标权的界定中并无关于混淆可能性的规定,在 2013 年修正的《商标法》第 57 条第 2 项中增加了混淆可能性要件,并一直沿用至现行版本。虽然美国商标法在商标混淆可能性的接纳上与我国轨迹相似,但是两者基础与事由存在较大差异。美国商标法中混淆可能性理论的认知变化与商标属性的认知密切相关。作为受

英国衡平法影响深远的美国,最初受理商标侵权纠纷时,以商标为私人财产为依据认为他人侵犯私有财产。但是,基于普通法财产理论的权利基础与诉权依据,面临一个难以圆说的问题——既然已经存在的标识属于公共财产,并且社会公众均可使用,为什么商标权人可以对此标识主张财产性质的专有权?为了弥补理论缺陷,被赋予财产权保护等商标被限定在“技术性商标”(technical trademark),包括完全臆造标识与以有别于通常含义等方式进行使用的既有标识。由于该保护是一种对准财产权的保护,商标权人只需要证明他人在相同商品上使用了相同或近似商标,即可获得救济。[1] 除了技术性商标之外,其他非技术性商标采用此理论时便会遇到障碍。因此,美国法院早期普通法审理商标纠纷时,以反不正当竞争法予以规制。为了调和商标保护的地域限制与准财产权理论之间的冲突,司法界与理论界逐渐发展出商誉理论。根据商誉理论,商标保护并非保护商标标识本身,而是保护商标所形成的商誉。因此,无论技术性商标还是非技术性商标,获得法律保护完全基于商誉本身。以至于在许多情况下,法院认为对技术性商标的侵权行为与损害非技术性商标的不正当竞争行为并无实质性区别,法院不再关注技术性商标的财产属性,而重视被告行为产生的混淆后果。在成文法上,美国《兰哈姆法》第 32 条第 1 条 a 款则明确规定,侵犯联邦注册商标的判断标准是被告的使用行为是否“可能引起混淆、错误或欺骗”。

根据商标混淆性理论,商标法禁止相同或近似商标在相同或类似商品或服务上使用导致消费者混淆或存在混淆可能性的情形。但是,如果不存在混淆可能性,或混淆可能性可被归零,即便是在相同或类似商品或服务上使用相同或近似商标,也应当被允许。对此,美

---

〔1〕 参见文学:《商标使用与商标保护研究》,法律出版社 2008 年版,第 54 页。

国《兰哈姆法》第2条d款规定,包含有与某一标识十分近似的标识,可能引起混淆,但是如果专利与商标局局长认为,假如对标识或这些标识所附载物品的使用方式或地点加以一定条件或限制,从而一个以上的人继续使用相同或类似标识不可能引起混淆,并且当这些人在下列特定时间之前已在商业中共同使用因而已拥有这些标识的合法使用权时,则可以核准他们共同注册。为了获得共同注册,美国法院所适用的原则是,允许在先使用人注册,但其涵盖的地区是除去在后使用人能够证明已经实际确立商标使用权的区域及其自然扩张区域以外的所有美国地区,在后使用人应该证明共同使用不能引起混淆。言下之意,商标共存若能实现,商标使用者必须证明共存不存在混淆可能性。实现不构成混淆可能性的方法除了区域性隔断之外,还存在贴附区别性标志以及使用方式的限制等。因此,商标共存制度要求不存在混淆可能性是属于结果维度且使用者主动性避免的应然要件。商标使用者为获得商标共存使用,必须证明彼此商标共存的混淆可能性已被其积极采取的措施消除,共存发生时已不存在混淆可能性。

因此,反对将"不构成混淆可能性"作为商标共存构成要件之一的观点,认为如果不构成混淆的商标当然可以共存也就没有讨论共存可能性的必要,本书认为,该观点有两个待商榷之处。

其一,没有区分混淆可能性发生的先后顺序。共存之前,商标存在混淆可能性。共存时,若商标共存使用者不采取任何主动性措施,混淆可能性不会归零。那么,商标共存使用者采取主动措施行为意味着商标使用者主观上不存在搭他人商誉之"便车",也不希望消费者存在彼此商标的混淆。因此,商标法尊重市场理性人的行为,并从行为结果角度认定在采取主动措施之后的商标共存不存在混淆可能性。混淆之虞的判断存在诸多的考量因素,譬如美国在杜邦公司案(E. I. DuPont

DeNemours & Co.)[1]中列举的9项,[2]但其中相同或近似商标与相同或类似商品/服务的比对,有时起着关键作用。满足商标与商品/服务之间存在相同或近似时,商标共存制度作为侵权抗辩理由,必须以不存在混淆之虞为要件,如此方可为商标权排他性效力的阻却事由。但是与司法判断侵权不同,该要件通常不以消费者为视角,而选择以市场主体作为理性经济人应作出的合理市场反应为依据。因此,如果市场主体(商标使用人之间)的市场行为确已证明判断混淆是不合理的,那么商标共存就可存在。

其二,没有区分初始混淆与商标混淆理论。在1980年之后的美国,商标法中混淆概念扩张明显,不仅包括传统商标混淆性理论中的销售时混淆,还包括销售之前与之后的两种类型混淆——初始混淆与售后混淆。初始混淆,又被称为初始兴趣混淆,是指因侵权商标的使用,导致消费者在决定购买商品之前产生了混淆,造成消费者注意力和购买兴趣转移到侵权商标指示的商品上。换言之,消费者购买时并未混淆,只是在购买前引发购买兴趣的混淆。初始混淆理论认为,并非只有在消费者购买过程中发生的混淆才会损害商标权人的利益,消费者在购买之前发生的混淆也属于商标侵权的基础。对此,美国商标法权威学者麦卡锡教授将初始混淆形象比喻成虚构简历的"求职者",虚构简历者通过弄虚作假获得令人羡慕的求职机会,使其明显比那些具有相同教育背景并在简历中如实陈述的求职者占优势。此情形下,不可能说没有造成竞争损害。[3] 随着大众生活网络化,大量消费行为发生在网络环境中,这使初始混淆有了更加适合的理论实践土壤。美国第九

[1] United States v. E. I. du Pont de Nemours & Co.,351 U. S. 377(1956).

[2] 1.类似商标于形状、声音、含义与给消费者的印象之间的比对;2.近似商品/服务的比对;3.近似商业渠道的比对;4."冲动型"与"思虑型"购买者的比对;5.商标影响力的比对;6.实际混淆;7.在近似商品/服务上使用类似商标的数量与性质;8.不存在实际混淆之虞时,共存使用的时间跨度;9.使用商标的商品类型。

[3] See J. Thomas McCarthy, *McCarthy on Trademarks and Unfair Competition*, Ch. 1 Refs, § 23:6.

巡回法院在处理一则案件中指出，嵌入原告商标的元标记就像高速公路上的误导性路牌，被该路牌误导离开高速公路的顾客找不到原来的目的地，就可能在设置该路牌的人那里消费了。[1] 但是，也有一些法院将初始混淆作为商标侵权的基础持否定观点，他们认为，由于初始混淆持续时间非常短暂，网络使用者只需点击一下鼠标就可以重新进行搜索并找到正确的目标。[2]

初始混淆情形也极有可能发生在商标共存之前，因此，本书认为，反对将"不存在混淆可能性"作为构成要件的观点也是认为商标共存之前存在的混淆是包括初始混淆。从初始混淆理论分析，该阶段的消费者混淆发生在消费者购买之前，一旦外界介入，混淆可能性就会消失。因此，商标共存制度要求商标共存者采取一定措施避免将来市场上存在消费者混淆可能性。需要注意的是，对于要求商标共存者采取措施是否可推出存在商标混淆这个问题上，我们要避免陷入概念偷换。我们不能基于要求商标共存者采取避免混淆可能性的措施推导共存商标存在混淆可能性所以才需要采取措施，而是采取措施是为了避免允许商标共存之处出现的消费者混淆可能性。

---

〔1〕 See Brookfield Communications, Inc. v. West Coast Entertainment Corp., 174 F. 3d 1306, 50 U. S. P. Q. 2d 1545 (9th Cir. 1999).

〔2〕 J. Thomas McCarthy, *McCarthy on Trademarks and Unfair Competition*, Ch. 1 Refs, § 25:76.

CHAPTER 05 >>

第五章

商标共存制度的基础

第一节　基于意思自治

一、商标共存协议的价值

商标共存诉讼程序往往会以双方达成商标共存协议而告终;其主要原因在于商标共存协议的经济性价值。与吞并关系不同,商标共存协议能够实现的前提是实力相当且均不愿放弃商标使用的经济体,商标共存协议是为了双方能够和平共处,各自发展。从侵权角度分析,商标共存协议化解了潜在的侵权可能性;从诉讼成本分析,商标共存协议是尽早结束“马拉松”式诉讼的有效途径;从市场份额角度分析,商标共存协议是稳固已有领域最佳的方式。商标共存协议的基础是防止消费者混淆,协议双方将商品投入市场时,必须表明商品的来源、商标的显著性没有因共存而减弱。免去了上述顾虑,才能激发商标使用人投资的热情,开发一个强势商标,也正是基于共存协议经济上的合理性,司法实践才逐步正视商标共存协议的效力。

分析商标共存协议在经济效益上的期望值时，应从微观与宏观角度着手。从微观上讲，商标共存协议的主体与蕴含商誉的商标使用人之间存在利害关系。作为以追逐商业利益最大化的“经济人”，断然会抵制商业活动中任何可能损害他们商业利益的行为。一般而言，在相同或近似商品/服务上使用相同或近似商标，对于任何“经济人”而言，都可能是利益受损的信号，其常规应对手段是提起诉讼或申请无效宣告。从“理性”经济人的角度分析，只要存在足够的可期待经济效益便会促使他们达成协议，而非选择高成本的诉讼。

从宏观上分析，共存协议主体的选择理应会产生比原格局更多的经济效益。根据“帕累托”最优标准（Pareto Optimality Criterion），一种理想状态的资源分配是，在从一种分配状态到另一种状态的变化中，在没有使任何人境况变坏的前提下，也不可能使任何人境况变好。然而，这种标准太过理想，在实践中很难实现，更可取的是“帕累托”改进标准（Pareto Improvement Criterion）。根据“帕累托”改进标准，在没有使任何人变坏的情形下，至少使得一个人变得更好。共存协议对于理性“经济人”而言，增加收益是最起码的价值追求，但又需要保证没有使任何人变坏。那么，任何人又应如何定位呢？由于商标是消费者认识和购买商品/服务的指示与“索引”，不仅蕴含商誉价值，而且还包括消费者的信赖利益。商标共存协议首先需要解决的乃是避免消费者的混淆，且不能增加消费者搜索的成本。此外，商标共存协议对于其他已经或者尚未进入竞争市场的商业主体而言，不能带来进入市场的成本。需要注意的是，反垄断法并没有保证任何竞争者可以自由进入市场而不需要付出一定成本。由此观之，任何人应包括消费者与同行竞争者。共存协议在提高协议主体经济效益的同时，不能增加消费者与同业竞争者不合理的成本。

二、商标共存协议的效力

20世纪八九十年代,已有国家采用商标共存协议。这些国家通过相互间划定各自权利存在的类别与地域范围,来调整商标共存纠纷。作为产生商标共存的来源之一,商标共存协议常因涉及消费者混淆、市场垄断等因素,致使其合理性不断受到质疑。对共存协议效力的认定,司法实践中并没有形成统一的看法,从被视为私人之间的协议,到主要依据共存协议,再到因公共利益而认定共存协议无效之间的选择。

(一)完全否认效力

从消费者免于混淆等于社会公共利益的角度,若允许相同或近似商标存在于市场上,共存协议将会弱化商标法保护消费者的目的。例如,在麦尔医药公司诉阿莱根公司案中,诉讼双方签订了共存协议,其中内容之一便是被告不能对原告商标申请提出异议。当原告麦尔医药公司申请ALLEGRA商标时,Allergan公司针对申请商标提出了异议。面对异议,原告以商标共存协议为抗辩理由。法院认为,商标共存协议并不必然保证ALLEGRA商标得以注册。原因除了商标近似导致的消费者混淆之虞外,还在于医药领域的混淆可能性带来的不可逆的危险。鉴于此,法院在判断商标共存协议之效力时,就存在一个标准,即共存协议涉及公共卫生安全时,公共利益的保护要优先于私法领域的合同利益。据此,驳回商标注册。[1] 此外,在没有涉及公共安全情形时,法院坚持这样的观点:异议商标与引证商标之间构成商标性近似。该事实的存在不因原告与引证商标权人之间的私人协议而改变,即使根据当事人之间的共存协议之内容可以得出在先商标权人对申请商标的注册没有异议的结论,也不能因此而消除申请商标核准注册后所可能带

---

〔1〕 *The Eleventh Annual Int'l Rev. of Trademark Jurisprudence*, Trademark Rep. Vol. 94, 2004, p. 355 – 356.

来的使消费者产生混淆、误认的不良社会效果。

另外，有些法院对附条件、附期限的商标共存协议的效力不予采信。例如，广州依妙实业有限公司与国家知识产权局商标行政管理纠纷案。2017 年 9 月 4 日，广州依妙实业有限公司（以下简称广州依妙公司）向商标局申请了诉争商标，申请号为 26227742，指定使用商品（第 25 类，类似群 2501－2505；2507－2511；2513）：服装；婴儿全套衣；游泳衣；防水服；戏装；鞋；帽；袜；手套（服装）；领带；婚纱；服装绶带；浴帽；睡眠用眼罩。引证商标二的注册号为 13279933，申请日期为 2013 年 9 月 24 日，专用期限至 2027 年 12 月 6 日，核定使用商品（第 25 类，类似群 2509）：婴儿袜；短袜。引证商标四的注册号为 22672365，申请日期为 2017 年 1 月 19 日，专用期限至 2030 年 01 月 13 日，核定使用商品（第 25 类，类似群 2501；2504；2507－2508；2510－2512）：休闲服装；羊毛衫；女士短上衣；背心；休闲连衣裙；休闲夹克（服装）；紧腿裤（裤子）；裙子；鞋（脚上的穿着物）；羊皮拖鞋；帽子；羊皮手套（服装）等。2019 年 12 月 13 日，国家知识产权局以诉争商标的申请注册违反《商标法》第 30 条之规定为由决定驳回诉争商标在"服装；婴儿全套衣；游泳衣；防水服；戏装；鞋；帽；袜；手套（服装）；领带；婚纱"商品（以下统称复审商品）上的注册申请。广州依妙公司不服该决定，向北京知识产权法院提起行政诉讼。北京知识产权法院认为，《北京市高级人民法院商标授权确权行政案件审理指南》第 15.11 规定，共存协议的形式要件要求引证商标权利人应以书面形式同意诉争商标的注册申请，明确载明诉争商标的具体信息，但对附条件或者附期限的共存协议一般不予采信。该案中，虽然广州依妙公司与引证商标二、四的权利人伊缪里奇控股有限公司签署了《商标共存协议》，但该协议明确载明：本协议为商标共存协议，假设行政部门或者司法最终认定本协议各方所涉商标构成市场混淆，则本协议失去共存法律基础。基于共存协议附加了条件，故对该案的共存协议不予采信。[1] 另外，在恩斯特·优客与国家知识产权局商标行政管理纠纷案中，二审法院认为，判断诉争商标与引证商标是否构成近似商标，共存协议可以作为排除混淆的初步证据。引证商标权利人应以书面形式同意诉争商标的注册申请，明确载明诉争商标的具体信息，但对附条件或者附期限的共存协议一般不予采信。[2]

理论上，有学者反对商标共存协议是由与自身具有直接利益关系的在先商标权人与在后商标申请人共同签署，商标共存协议通常是排除混淆可能性的有力证据。事实上，从逻辑上来看，商标共存协议不仅不是排除混淆可能性的有力证据，恰恰相反，商标共存协议和混淆可能性判断中的"被告的故意"因素类似，恰恰是存在混淆可能性的有力证据。[3]

（二）作为考虑因素

世界知识产权组织原则上认可商标共存协议的效力，但同时也指出商标共存协议导致消费者混淆可能性的风险，因此严格要求共存协议双方"诚实地共同使用"（honest concurrent use），并提出若干衡量准则。[4] 作为较早出现商标共存现象的美国，在商标共存协议的效力上，一直处于支持完全意思自治与意思自治兼顾公共利益之间徘徊。然而，"兼顾意思自治与公共利益"的司法实践则是商标共存有效性的体现，是以不损害公共利益为前提的。反观欧盟在商标共存协议效力的认定上，欧盟商标与外观设计注册局从"极端"走向"中庸"。在两则著

〔1〕 参见广州依妙实业有限公司与国家知识产权局商标行政管理纠纷案，北京市高级人民法院（2020）京行终7245号行政判决书。

〔2〕 参见恩斯特·优客与国家知识产权局商标行政管理纠纷案，北京市高级人民法院（2019）京行终5925号行政判决书。

〔3〕 参见王太平：《商标共存的法理逻辑与制度构造》，载《法律科学（西北政法大学学报）》2018年第3期。

〔4〕 http://www.wipo.int/amc/zh/clauses/index.html，访问时间2015年10月5日。

名的案例[1]中,欧盟商标与外观设计注册局及有关法院认为,私人协议不能决定商标之间是否存在混淆,私人意思自治不应凌驾于公共利益之上。然而,在2006年的一则案例[2]中,欧盟商标与外观设计注册局开始考虑共存协议在商标共存中的效力,认为共存协议是解决相关商标争议一种途径。尽管欧盟商标与外观设计注册局所做的解释是否正确还存在讨论的空间,但这在对待共存协议上却是关键一步,正如有学者评价的那样,"任何程度上的关注比不予理睬来得更好"[3]。作为欧盟成员之一,在处理商标共存效力纠纷时,法国建议从传统理论中寻找依据。譬如,巴黎上诉法院把共存协议类比成商标授权。[4] 在我国,商标局与商标评审委员会的观点以及司法意见并不相同。在2007年10月16日召开的商标评审委员会第24次会议上,商标评审委员会认为,"作为私权,争议商标与引证商标之间属于私权纠纷,可由当事人通过法律途径解决。在驳回复审程序中,因双方达成的共存协议已经化解权利冲突;此外,共存协议的签订已经表明双方之间不存在相互'搭车'的主观善意。由此推知,完全不认可商标共存协议,不尽合理。但是,作为《商标法》的立法目的之一,保护消费者免于混淆还必须考虑"。故我国最高人民法院在审理"鳄鱼"案时认为,"尽管双方1983年签订的和解协议不涉及中国,但是直接否定协议之效力似乎不妥,应当将其作为认定争议商标与引证商标可共存的参考因素"[5]。

另外,商标共存协议不得违反相关法律法规等规定。在杜芙瑞有限

〔1〕 See Omega SA v. Omega Engineering Inc. (R 537/2002); Compare Ltd. v. Naber + Co. KG. (No. 478/1999).

〔2〕 See British SKY Broadcasting Group plc. v. Vortex, (R 1167/2006).

〔3〕 Matthew J. Elsmore. *Trademark Coexistence Agreement: What is All the (Lack of) Fuss About?* Script-ed. (2008), p. 21.

〔4〕 参见陈娅倩:《共存协议框架下的商标共存机制》,载《中华商标》2012年第4期。

〔5〕 (法国)拉科斯特股份有限公司与(新加坡)鳄鱼国际机构私人有限公司、上海东方鳄鱼服饰有限公司北京分公司侵犯商标专用权纠纷案,中华人民共和国最高人民法院(2009)民三终字第3号民事判决书。

公司与原国家工商行政管理总局商标评审委员会商标行政管理纠纷案中，法院认为，申请商标与引证商标不完全相同，而且引证商标的专用权人在共存协议中明确同意申请商标的注册申请，能够佐证申请商标与引证商标共存于类似商品上不容易引起相关公众的混淆、误认，因此，商标评审委员会关于《商标法》第28条的认定缺乏事实依据，不予支持。虽然判断商标共存在类似服务上是否会造成相关公众的混淆、误认时应当考虑商标共存协议，但是，引证商标权利人对其权利的处分应当具有界限，商标共存协议的内容不得违反相关法律法规等规定。该案中，申请商标的显著识别部分为外文"HUDSONGROUP"，其中"GROUP"通常可以翻译为"集团"，该含义为相关公众熟知，故申请商标显著部分"HUDSONGROUP"具有"HUDSON集团"之含义，易被相关公众理解为企业的名称，而该名称与杜芙瑞有限公司的名义存在实质性差异，综合考虑现有社会的商业惯例及相关公众的认知习惯，相关公众无法将申请商标所指向的推销(替他人)、样品散发等服务与杜芙瑞有限公司相关联，易导致相关公众无法区分服务的真正来源，产生误认，申请商标的申请注册可能损害消费者的利益，扰乱社会经济秩序，造成消极、负面的影响。因此，申请商标的注册申请属于《商标法》第10条第1款第8项规定的"有不良影响"之情形，应予禁止注册和使用。[1]

另外，境外签署的共存协议也会作为商标近似的判断要素之一。例如，在拉科斯特股份有限公司(以下简称拉科斯特公司)与卡帝乐鳄鱼私人有限公司(以下简称卡帝乐公司)商标行政管理纠纷案中，争议商标经商标局初步审定公告并核准注册后，鳄鱼国际机构私人有限公司(以下简称鳄鱼国际公司)于2012年6月13日向商标评审委员会提

---

〔1〕 杜芙瑞有限公司与国家工商行政管理总局商标评审委员会商标行政管理纠纷案，北京市高级人民法院(2014)高行(知)终字第3630号行政判决书。

出撤销商标注册申请。在评审期间，卡帝乐公司与鳄鱼国际公司于2013年11月15日共同提交了《权利继承声明》，明确卡帝乐公司于2012年3月27日受让引证商标，系该商标权利人；同时继承鳄鱼国际公司的各项权利，参与该案件评审程序，并保留鳄鱼国际公司作出的所有请求理由及主张。2013年12月2日，商标评审委员会认为争议商标与引证商标未构成《商标法(2013修正)》第29条所指的使用在同一种或类似商品上的近似商标，故裁定争议商标予以维持。卡帝乐公司不服该裁定，向北京市第一中级人民法院提起行政诉讼。北京市第一中级人民法院认为争议商标与引证商标构成《商标法(2013修正)》第29条所指的使用在同一种或类似商品上的近似商标，争议商标的注册违反《商标法(2013修正)》第29条规定，故判决撤销上述裁定，责令商标评审委员会重新评审。拉科斯特公司不服一审判决，提起上诉，二审法院驳回上诉，维持原判。拉科斯特公司不服二审判决，向最高人民法院申请再审。关于境外共存协议是否必然影响商标近似性的判断，共存协议达成后是仅对协议约定的区域有约束力，还是对协议约定以外的区域也有可能造成影响？最高人民法院认为，一方面，争议商标是否应予注册，应当按照中国商标法及其司法解释等规定进行判断；另一方面，商标权具有地域性。1983年和解协议中约定双方在中国台湾地区、新加坡、印度尼西亚、马来西亚、文莱5个地区开展合作，故1983年和解协议只适用于以上明确约定的5个地区。因此，1983年和解协议并不能成为判断该案争议商标是否与引证商标相近似以及是否应当注册的事实和依据。综上，争议商标是否应予注册，应当按照中国商标法及其司法解释等规定进行判断，境外共存协议不影响商标近似性的判断。[1]

---

〔1〕 参见拉科斯特股份有限公司与卡帝乐鳄鱼私人有限公司商标行政管理纠纷案，最高人民法院(2018)最高法行再134号行政判决书。

另外,与上文将商标共存协议视为存在混淆的有力证据不同,司法中有些法院认为,诉争商标与引证商标不能排除混淆时共存协议作为降低混淆可能性的证据。在雀巢产品有限公司与国家知识产权局商标行政管理(商标)再审审查与审判监督行政纠纷案中,法院认为该案的争议焦点在于诉争商标申请注册是否违反商标法第30条的规定。诉争商标指定使用的“供制作咖啡和茶用的电动设备”商品,与引证商标核定使用的“燃气炉”商品,在功能、用途、生产部门、销售渠道、消费群体等方面相同或相近,已构成相同或类似商品。诉争商标与引证商标若共同使用在上述类似商品上,容易造成相关公众的混淆,从而对商品来源产生误认,故诉争商标与引证商标构成使用在类似商品上的近似商标。在诉争商标与引证商标完全相同的情况下,虽然引证商标所有人依克利斯公司出具了同意书,同意雀巢公司在第11类指定商品上在中国申请注册诉争商标,但仍会造成相关消费者的混淆误认,不能排除相关公众基于来源误认而遭受的不利后果。故原审判决认定诉争商标与引证商标共存会导致消费者混淆误认并无不当。[1]

(三)有条件的充分尊重

作为完全尊重商标共存协议有效的经典案例——“苹果”案,法院认为,尽管苹果电脑公司与苹果音乐公司所注册的商标都含有差异不大的“APPLE”标识,但是两家商品与服务的内容完全不同:一方为电脑生产商与软件供应商,另一方则主营“披头士”乐队音乐。此前双方达成的共存协议约定苹果电脑公司在电子产品、电脑软件、数据传输和处理以及与上述商品相关的服务与商品上独占地使用其商标;而苹果音乐公司则对现有与将来的音乐创作上拥有独占使用权。这份协议让双

[1] 参见雀巢产品有限公司与国家知识产权局商标行政管理(商标)再审审查与审判监督行政纠纷案,最高人民法院(2019)最高法行申3230号行政判决书。

方相安无事地各自发展。[1] 在我国,北京市高级人民法院在审理"UGG"商标驳回案中指出,"即使争议商标与引证商标之间存在较高的标识近似性,但是如果双方达成的《同意书》中确定不对争议商标申请提出异议,那么该《同意书》应当作为是否核准注册的参考因素。主要原因如下:首先,商标授权机关或者法院作出的混淆可能性是一种推定,而《同意书》当事人作为与商标市场关系最为直接的人,对是否构成混淆的判断更符合市场实情。鉴于此,当无其他证据证明存在混淆之虞时,《同意书》可作为证明无混淆可能性的证据……"笔者认为,北京市高级人民法院的理由与美国联邦法院在杜邦公司案的推理相同:当最熟悉市场使用、最希望排除市场混淆的人签订专门用于避免市场混淆的协议时,证据责任已经转移。如果直接相关的人说不会发生混淆,那么至少是很难坚持会发生混淆的主观看法,如果最直接使用和消费的人们所提供的无可反驳的证据表明不会发生混淆,那么仅仅推论混淆可能发生就很难与之抗衡了。

如果共存协议由双方在商标局的主持下达成,体现了当事人的意思自治,没有损害第三方利益,不违反法律法规强制性规定,因此认定该共存协议合法有效并采纳。例如,山东良子自然健身研究院有限公司(以下简称山东良子公司)与国家工商行政管理总局商标评审委员会等商标行政纠纷一案。2001 年4 月7 日,商标局核准注册第1551944 号"良子"商标(以下简称争议商标),核定使用服务为第42 类保健、理疗、整形外科、化妆品研究、生物学研究。后因《区分表》的修订,保健、理疗服务由第42 类调整为第44 类。该商标权利人为山东良子公司。1998 年12 月28 日,商标局核准注册第1235891 号"良子及图"商标(以下简称引证商标),核定使用服务为第42 类按摩、推拿。后因《区分表》的修

[1] See Apple Corps. v. Apple Computer 2006 EWHC 996 (cH) Case n. HC03C02428.

订,按摩、推拿服务由第42类调整为第44类。该商标权利人为新疆良子健身有限公司。引证商标于2002年2月22日核准转让给北京台联良子保健技术有限公司(以下简称北京良子公司)。2002年12月31日,北京良子公司以争议商标的注册违反了《商标法》第28条的规定为由,向商标评审委员会提出撤销注册不当商标申请。2008年6月25日,商标评审委员会作出商评字〔2008〕第06099号裁定,认为争议商标指定的保健、理疗服务与引证商标指定的按摩、推拿服务构成类似服务上的近似商标。争议商标指定在其余服务项目上与引证商标指定的服务相差较远,未构成类似,应予维持。山东良子公司不服第6099号裁定,在法定期限内向北京市第一中级人民法院提起诉讼。北京市第一中级人民法院认为:山东良子公司提交的证据均未在商标评审阶段提交,不是商标评审委员会作出第6099号裁定的依据,与该案争议的事实没有关联,对此不予采信。商标评审委员会作出的第6099号裁定审查程序合法,认定事实清楚,适用法律正确,应予维持。二审法院认为:商标权是私权,可以根据契约自由的原则进行约定。如果这种约定不违反法律、法规的强制性规定,是当事人的真实意思表示,且没有损害消费者的利益及公共利益,则应当认定合法有效。该案中的共存协议是济南市历下区良子健身总店与新疆良子健身有限公司在商标局的主持下达成的,该协议不违反相关法律的规定,体现了当事人的意思自治,亦不违反《商标法》第28条的立法本意,故该协议是合法有效的共存协议,相关当事人均应严格遵守。共存协议的权利义务及于该案中的山东良子公司和北京良子公司。共存协议第4条规定,济南市历下区良子健身总店与新疆良子健身有限公司均放弃对对方带有“良子”字样的商标提出异议或注册不当申请的权利。由于共存协议签订时,争议商标已被商标局核准注册,因此,共存协议第4条中所指的“良子字样的商标”包括争议商标。北京良子公司亦应当遵守共存协议的约定,不应对争议商标提出撤销注册不当商标申请。[1]

依财产独占论,权利人对财产的处分就是合法的。换言之,假如商标是一项财产,那么商标法最主要关注的就是商标权人的利益,而不是社会公众。共存协议作为私人之间的协议,其要解决的是相同或近似商标并行使用而可能产生的冲突以及权利义务的分配。当市场上共存多个商标时,不可避免地会造成消费者的混淆,但这并不是否认商标共存协议的理由。商标是一种财产这一理念已经成为现代社会的共识。尽管商标权的获得需要经过国家有关机关的授权、主管机关对商标转让合同的实质性审查等,但是这并没有改变商标的财产属性。商标许可制度、转让制度的广泛应用,特别是商标反淡化制度的建立,在一定程度上证明了商标的财产属性。[2] 在这个意义上,允许商标的共存,商标权的转让、商标权的许可使用一样,都是商标权人对自己财产的处分方式。与商标许可的情形类似,商标共存可能造成消费者混淆的危险。但这可以通过加注经营者的其他信息如商号来纠正。因此,共存协议从本质上讲,仍是私人之间的约定,尽管其从内容特征来讲,存在违反《反垄断法》的可能。

除了对商标共存协议内容的规制之外,商标法也应该对商标共存协议的效力进行规制。对此,美国商标法的相关做法值得借鉴,即当商标共存协议严重违反公共利益,如危害公共健康或者导致垄断时,相关机构应该否认商标共存协议的效力,从而不允许商标共存。[3] 在实践中,如果商标共存协议涉及公共卫生、垄断性共有资源等领域,则会采

---

〔1〕 山东良子自然健身研究院有限公司与国家工商行政管理总局商标评审委员会等商标行政纠纷案,最高人民法院(2009)高行终字第141号行政判决书。

〔2〕 参见李雨峰:《重塑侵害商标权的认定标准》,载《现代法学》2010年第6期;See Arthur R. Miller, Michael H. Davis, *Intellectual Property: Patents, Trademarks and Copyright*, Thomson West, 2007, p. 183。

〔3〕 参见戴哲:《论商标共存协议的效力认定——美国法的司法实践与借鉴》,载《重庆工商大学学报(社会科学版)》2014年第2期。

用更严格的审查标准。例如,济南艾格福实业有限公司与国家工商行政管理总局商标评审委员会商标行政管理纠纷案就是很好的例证。2014 年 1 月 24 日,济南艾格福实业有限公司(以下简称艾格福公司)向商标局申请了诉争商标,申请号为 13975119,指定使用在(第 5 类 505 群组):消灭有害动物制剂、杀虫剂、灭微生物剂、除蚝蝓剂、除草剂、治小麦枯萎病(黑穗病)的化学制剂、土壤消毒制剂、杀螨剂、农业用杀菌剂、灭蝇剂。引证商标的注册号为 6752554,注册人为济源艾格弗作物保护有限公司(以下简称艾格弗公司),申请日期为 2008 年 5 月 29 日,专用权期限至 2030 年 7 月 13 日,核定使用在(第 5 类 505 群组):消灭有害动物制剂、杀虫剂、灭微生物剂、灭鼠剂、消灭有害植物制剂、除虫菊粉、土壤消毒剂、驱虫用香、农业用杀菌剂、除草剂。2015 年 11 月 12 日,商标评审委员会以诉争商标和引证商标已构成《商标法》第 30 条所指的使用在同一种或类似商品上的近似商标为由决定驳回申请商标的注册申请。艾格福公司不服,向北京知识产权法院提起行政诉讼。2016 年 4 月 5 日,艾格福公司与艾格弗公司签订《商标共存协议》。北京知识产权法院认为,诉争商标使用在指定使用的复审商品上与引证商标已经构成使用在类似商品上的近似商标,故判决驳回艾格福公司的诉讼请求。艾格福公司不服原审判决,提起上诉,二审法院驳回上诉,维持原判。艾格福公司不服,申请再审,最高人民法院裁定驳回艾格福公司的再审申请。最高人民法院经审理认为,尽管商标申请人与引证商标权利人就申请商标达成共存协议或者同意书属于私权处分而应予尊重,但前提是不得损害国家利益、社会公共利益和第三人的合法权益。在该案中,由于申请商标与引证商标均使用在第 5 类消灭有害动物制剂、消灭有害植物制剂等化学制剂、土壤消毒制剂、农业用杀菌剂等商品上,相关商品与农业生产和生态环境密切相关,两商标近似可能损害公共利益,故艾格福公司提交的《商标共存协议》不能成为申请商标获准注册的充分理由。[1] 在我国台湾地区神隆股份有限公司与国家工商行政管理总局商标评审委员会行政管理纠纷案中，二审法院认为，在申请商标标识与引证商标标识近似程度较高，但引证商标权利人与申请商标申请人达成《商标共存协议》同意申请商标注册的情况下，该《商标共存协议》应当作为适用《商标法》第28条审查判断申请商标可否获准注册时应予考量之因素。《商标共存协议》体现了在先商标权人对其权利的处分。商标法的直接目的是保护商标权人的权利，同时兼顾消费者的利益。只有在有充分证据证明在先商标权人签署的《商标共存协议》侵害了消费者利益的情况下，在先商标权人对其权利的处分才应当予以否定。但是，《商标共存协议》不得损害公共利益，也不得垄断公有资源。在申请商标使用所指定商品或服务中通用的文字或图形要素的情况下，可能会导致垄断公有资源的现象发生，损害公共利益。该案中，申请商标所使用的是直线连接的圆形构成的分子结构图形，该分子结构图形是化学分子结构领域众所周知的结构图形，属于公有资源。尽管商标申请人与引证商标权利人达成了《商标共存协议》，但是，由于申请商标使用公有资源的分子结构图形，所指定的商品为第5类原料药等商品，如果核准申请商标注册，会损害公共利益，不当垄断公有资源。神隆公司关于其已经与引证商标二权利人达成《商标共存协议》，申请商标应当予以注册的上诉主张不能成立，本院不予支持。[2]

三、商标共存协议的内容

明确商标共存协议的作用，有利于确定协议中相应权利义务关系。

〔1〕 济南艾格福实业有限公司与国家工商行政管理总局商标评审委员会商标行政管理纠纷案，最高人民法院(2017)最高法行申3845号行政判决书。

〔2〕 我国台湾地区神隆股份有限公司与国家知识产权局商标行政管理纠纷案，北京市高级人民法院(2013)高行终字第281号行政判决书。

商标共存协议的作用主要有两个方面:第一,作为证据,向司法机关或者商标局等行政机关证明,协议所涉及的商标并不存在混淆之虞;第二,明确双方的权利、义务以及违约解决方式,其中包括引证商标权利人同意不对申请商标提出异议;且双方认为,通过协议的履行,可以明确区分消费群体,以防止误导消费者的现象发生。共存协议,其特征主要集中在双方主体如何利用事实与商业环境去说服商标主管机关以及如何有效采取措施来防止混淆的发生。由于商标共存协议在性质上属于合同,因此,共存协议除了具体合同的一般要件之外,还需要根据共存协议的特性来订立内容。核心内容主要围绕以下几个方面:第一,协议双方不可在对方区域内使用或广告宣传其商标;第二,协议双方须采取一切可以采取的措施避免引起混淆;第三,在双方区域外预留“缓冲区”;第四,列举各自商标或商品、服务之间的任意差异;第五,提供任何有关可以防止混淆的与销售渠道有关的信息;第六,使用不同的与商标有关的包装、标签、符号;第七,提供商标共存的时间跨度及程度,以及共存是否会导致事实混淆的信息。[1] 共存协议的具体则如下。

1. 事实陈述。该类条款常用于国际合同的序言。但在共存协议中更具实用性。因为,它可以开宗明义地表明当事人订立共存协议的背景。双方若系母子公司或合资公司关系,陈述如此事实,应使主管机构或法院了解当事人订立协议的经济基础,进而以此为前提,审视商标共存导致消费者混淆的可能性。如果当事人因历史原因订立共存协议,则首先证明争议当事人在约定条件下,对以往纠纷达成和解的事实。主管机构或法院应尽可能尊重当事人的决定,进而有利于稳定当事人之间的经济关系。

---

〔1〕 See Janet E. Rice, *Concurrent Use Application and Proceedings*, Trademark Rep, Vol. 72, 2007, p. 408.

另外,事实陈述部分还必须满足商标共存协议中引证商标一方的签字人必须是权利人。在株式会社博米乐与原国家工商行政管理总局商标评审委员会商标行政管理纠纷案中,法院认为,原告株式会社博米乐一审提交的《商标共存同意书》落款是“强生公司”,签字人是“MA门德尔松”,职务是授权签署人。一审法院要求株式会社博米乐及时补充强生公司的主体及签字人的证明及公证认证手续,但截至原审法院作出判决时,株式会社博米乐未提交上述材料。在法院已经给予株式会社博米乐充分的举证时间的情况下,株式会社博米乐提交的《同意书》及相关公证认证手续并无明确显示签名人“MA门德尔松”与强生公司的关系,无相关证据证明该《同意书》是引证商标权利人强生公司的真实意思表示,故对该《同意书》不予采信。因此,根据在案证据无法认定引证商标的权利人具有同意申请商标注册的意思表示。[1]

2.“不异议”条款。既然当事人订立共存协议的首要目的,是助力申请商标被批准注册,那么有必要明确约定引证商标权利人负有不对申请商标注册提出异议的义务。然而,既然合同讲的是“对价”关系,则应明确引证商标权利人履行“不异议”义务的前提,是商标申请人严格遵守协议各项约定。如若商标申请人没有履行协议义务,则引证商标权利人可以选择的处理方式有:(1)直接在该类条款中约定,如若商标申请人不履行约定义务,或履行义务不符合约定的,共存协议自动解除;进而使共存协议成为合同法中的“附解除条件的合同”。当然,共存协议是否继续有效,不对主管机构或法院审理与申请商标注册相关的案件产生实质影响;但引证商标权利人至少可以此为由,对申请商标提出异议,并不因此承担违约责任。此外,引证商标权利人还可以相应证

〔1〕 株式会社博米乐与原国家工商行政管理总局商标评审委员会商标行政管理纠纷案,北京市高级人民法院(2016)京行终2233号行政判决书。

据证明,商标申请人违反约定使用商标,是导致消费者可能产生混淆的重要因素。(2)或者约定,如果商标申请人违约,则引证商标权利人有权解除合同。此为合同法中的“约定解约权”。一旦事实条件成就,引证商标权利人可以决定是否单方面解约。从合同法角度讲,引证商标权利人可向商标申请人发出解约通知,而共存协议自通知到达商标申请人处时解除。若后者对协议解除有异议,可诉诸人民法院或裁决机构予以确认。无论争议解决机构如何认定,引证商标权利人都可据此对申请商标提出异议。当然,若纠纷审理机构未支持引证商标权利人的“违约指控”,是否应为异议申请商标承担违约责任,则需依具体争议情节而定。(3)如若当事人未约定上述条款,则在商标申请人违约时,引证商标权利人也可以考虑主张合同法项下“履约抗辩权”,进而对申请商标提出异议,并以此抗辩商标申请人的“违约指控”。从主管机构或法院角度讲,尽管无权审理认定引证商标权利人主张的“履约抗辩权”是否成立,但可以就此核实引证商标权利人订立共存协议后对申请商标提出异议的事实。至于如此行为是否违反共存协议,不是该程序审理的重点;本委或本庭有权力和责任独立审查申请商标能否注册。

3. 确定申请商标的条款。援引二者商标并对申请商标加以明确限定,尽可能使二者具有较为明显的差异(如下述两件商标);并明确约定,商标申请人不得未经引证商标权利人同意,单方面变更申请商标使用形式及范围。

4. 申请商标使用限定。从商业交易地位角度看,一般多为商标申请人要求引证商标权利人订立共存协议;因而后者应处于更为有利的谈判地位。为此,严格限定申请商标的使用方式和范围,不仅有利于引证商标权利人的商业利益,而且可以减少消费者混淆的可能性。例如,若涉及相同商品类别,引证商标权利人可以要求商标申请人只能在该类别的若干商品上使用。若后者违反该约定,尽管不一定构成商标侵权，但应为此承担违约责任。因为，商标法定使用范围与当事人约定范围有别；由此产生的法律责任也不同。此外，当事人还可以对申请商标的包装装潢、标识、使用地域、销售渠道、广告宣传等做出约定。与如此约定相关的，更多涉及违约责任。

5. 允许使用条款。该条款约定的主要内容是，双方同意，如果主管机构没有基于共存协议允许申请商标注册，则商标申请人有权在约定地域内使用申请商标。一旦商标申请人通过使用申请商标使其商标为相应消费群体认同，则仍有权基于该共存协议再次申请注册其商标。如此约定对商标申请人具有特殊商业意义，即在获得引证商标权利人同意前提下使用申请商标，并可能通过使用使其商标具有可注册性。当然，引证商标权利人是否同意此类约定，需要双方协商如何约定相应条件。

另外，商标受让人不当然地受到转让人与他人签订的商标共存协议的约束。例如，在微软公司与原国家工商行政管理总局商标评审委员会商标行政管理纠纷案中，二审法院认为商标共存协议是引证商标权利人对其所享有的商标专用权部分权利空间的让渡和处分，应当以引证商标权利人的明示作为其是否同意该共存协议的判断标准。该案中，虽然微软公司在商标评审程序中提交了引证商标一原所有人 ORKAM ASIA TRADEMARK AG 于 2012 年 10 月 18 日出具的同意书，但引证商标一已于 2015 年 11 月 23 日被核准转让给正大盛同公司，在微软公司于 2016 年 3 月 21 日提出该案申请商标的注册申请时，引证商标一的权利人已为正大盛同公司。正大盛同公司作为引证商标一的现权利人，并未出具书面声明明确表示认可 ORKAM ASIA TRADEMARK AG 之前出具的同意书对其具有拘束力。在缺乏正大盛同公司明示的情况下，不能仅因正大盛同公司受让了引证商标一，即推定正大盛同公司对 ORKAM ASIA TRADEMARK AG 在引证商标一上所附加的权利限制亦予以认可。[1]

6. 一般条款。如(1)协议期限条款:应视当事人具体考虑而定。例如,从引证商标权利人角度讲,可以考虑这样的措辞,如若申请商标未被批准注册,则协议自生效行政决定或法院判决之日起自动解除。如果主管机构采信本协议并批准申请商标注册,则本协议有效期至申请商标失效或被无效之日。如此约定的主要考虑因素是,既然共存协议涉及申请商标的注册与使用两种不同的交易,那么若前一个情形发生,则共存协议亦无存在必要。但如若申请商标被批准注册,则共存协议效期与商标有效期保持一致,至少使商标申请人受到合同约束(如使用范围的约定);且在违约时承担法律责任,以增强对引证商标权利人的保护。

如果从商标申请人角度讲,则可以约定,“本协议有效期至引证商标失效或被无效之日”。这样即使申请商标未能被核准注册,商标申请人也可以依据前款中的“允许使用条款”,先行使用申请商标。在通过使用获得更高显著性后,再次尝试申请注册。此外,在引证商标失效或无效后,商标申请人就可以不再受合同关于使用方式、范围等的合同约束。

(2)违约责任条款:鉴于共存协议更多涉及对引证商标权利人的保护,因而有必要明确商标申请人的违约责任,包括由此产生的引证商标权利人的单方面解约权、商标申请人应承担的支付违约金责任、商标申请人是否须停止使用商标。有些特定的共存协议,需要考虑加强对商标申请人的保护。如果商标抢注人的违约成本低于其通过违约可能获取的“利润”,则商标抢注人很可能会单方撕毁协议,再度诉诸异议、无

〔1〕 微软公司与原国家工商行政管理总局商标评审委员会商标行政管理纠纷案,北京市高级人民法院(2018)京行终5073号行政判决书。

效等程序。这类协议应特别注意采取预防措施，如可规定高额违约金条款。但共存协议中，引证商标权利人往往处于较强的谈判地位。如此，一般只在共存对价比较丰厚的情况下，才可能达成如此违约金条款。

(3)适用法律条款：在一方当事人为境外当事人的情形下尤为重要。合同准据法适用于对合同条款的解释，以及对当事人履行合同行为的判断。既然共存协议旨在用于在华注册商标的程序，约定适用中国法是适当的。

(4)争议解决条款：既然涉及合同法律关系，且一方当事人可能居于境外，选择仲裁方式十分必要。这不仅因为仲裁员多为各领域专家(包括知识产权领域)，而且仲裁裁决可以在世界160多个国家得到承认和执行。中国国际经济贸易仲裁委员会和北京仲裁委员会是首选。[1]

那么对于商标未进入区域，商标共存协议能否相互之间进行约定归属？对此，有判决认为，共存协议双方的区域仅限于实际使用与自然扩张的区域，对于未开发的余地，双方不可自行约定。[2] 需要注意的是，该判决限于未注册商标共存之情形，商标若已注册，则商标注册的“推定通知”效力可以覆盖双方未曾涉及的区域，这也与推行注册的政策相一致。

在内容审查方面，为了保证商标共存不会引起消费者混淆，多数国家对协议内容进行实质审查。在实质审查中，共存导致混淆可能性的判断以审查员的判断为准还是以市场主体的判断为准？对此，主流观

---

〔1〕 关于共存协议的具体条款设计部分，主要借鉴《如何订立商标共存协议》一文，详情参见：http://mp.weixin.qq.com/s/ZfwwASnfuAD2qKOUBtg9yA。

〔2〕 See J. Thomas MaCarthy, *MaCarthy on Trademarks and Unfair Competition*, Clark Boardman Callaghan, 2002, Vol. 26, p. 84.

点倾向于以市场主体的判断为准。其理由是，商标审查员在判断混淆可能性时是基于审查经验，由于不知商标市场实际情况，其判定就有可能与实际情况不同。[1] 这暗示我们，过度的经济追求也会导致将来的混淆，最典型的就是“苹果”案。[2] 由于审查员没有后续跟踪共存发展的义务，当科技进步带来的巨大商机诱导协议一方（或双方）突破各自区域时，混淆也就随之而来。协议双方无法预见未来发展趋势时，也就缺乏应对的措施，最终导致原来寻求共存协议达到共存的局面转向单一商标权或许可使用之情形。[3] 当一方商标使用人通过商标使用形成商标知名度时，为防止他人免费“搭便车”，可允许以共存协议的方式设置一项特殊条款，规定商标发展至何种程度时双方需要重新协议。

并非所有的商标共存协议均涉及《反垄断法》。根据《反垄断法》所规制的对象，即形成贸易壁垒、限制其他公司进入市场的主体。在一般情况下，共存协议只要求双方不针对商标申请提出侵权诉讼，约定双方相互区分的手段与方式，并将用于诉讼的成本投资于商品或者服务的开发商，而不会限制竞争对手在商品或者服务上执行相同标准。

四、反思：共存协议性质的曲解

（一）无中生有的“权利处分”说

主张采纳商标共存协议关于商标使用分配之规定的一方，通常认为在无涉及重大公共利益时，作为私权的商标权可按照意思自治处分自己权利。作为商标权人对其权利的处分意思表示，商标共存协议在不违背法律与公共利益的情况下，应当得到遵守。笔者认为，无论是商

〔1〕 参见史新章：《美国商标审查中的同意协议制度》，载《中华商标》2009 年第 12 期。

〔2〕 See Apple Corps Ltd. v. Apple Computer, http://en.wikipedia.org/wiki/Apple_Corps_v_Apple_Computer，访问时间 2011 年 12 月 25 日。

〔3〕 See Xuan-Thao Nguyen, *Selling It First, Stealing It Later: The Trouble With Trademarks In Corporate Transactions In Bankruptcy*, Gonz. L. Rev., Vol. 44, 2009, p. 16.

标共存协议还是《同意书》，均未涉及商标权人对其商标权的处分，其核心理由是，商标法并未赋予权利人该权利内容。

成文法语境下，商标权属于法定权利，其权利内容与行使需遵守法定主义原则。作为典型的成文法国家，我国《商标法》第 48 条、第 56 条、第 57 条分别从商标权的积极与消极两方面，综合列举权利行使方式、范围与内容。就积极方面而言，商标权人只能在核准的商品或服务上使用核准注册的商标。就核准商品或服务而言，除了商品与服务之外，还包括包装、容器以及文书，来用于识别商品来源；就消极方面而言，他人在相同或者类似商品或者服务上使用相同或近似商标而导致消费者产生混淆可能性的，商标权人有权主张侵犯其商标权。相对应地，商标权人处分其权利时，也可分为积极与消极层面。就积极层面而言，商标权人可以通过许可、转让等方式有偿或无偿授权、处分他人使用商标；就消极层面而言，商标权人可以依法提起商标侵权之诉，要求法院禁止他人有损商标识别性的使用行为。那么，商标共存协议中关于"商标权人放弃或者不在他人申请商标时主张异议"之规定，是属于积极、消极层面还是两个层面都不属于呢？笔者认为，该约定并不属于权利处分范畴。按照国家商标协会之定义，商标共存协议在性质上属于合同，是以"没有引发混淆为前提"为要件。按照传统合同法理论，合同生效要件为：行为人具有相应的民事行为能力；意思表示真实；不违反社会公共利益；合同必须具备法律所要求的形式。[1] 因此，商标共存协议主体应当真实地表达了其在市场上同时使用商标的行为不会引发也不会主动去引发混淆。因为只有合同主体承认双方同时使用的行为不会引发混淆是真实的，商标共存协议才能满足定义之要求。按此逻辑，如果商标共存协议成立并且有效，那么可以断定任何一方主观上并

〔1〕 参见王利明、杨立新、王轶等：《民法学》，法律出版社 2011 年版，第 533～534 页。

无认为另一方商标使用行为会致使商标混淆。既然主观上不存在认为他人行为构成侵犯商标权的认知，同时商标权人又无积极授权行为(也无法归入授权范畴)，那么就不存在所谓形式权利这一说法，自然也就无处分行为存在。

（二）商标共存协议的初始证据效力与预防效果

1. 商标共存协议的初始证据效力

在Times Mirror Magazines案中，原告主张取消商标共存协议。对此，美国联邦第二上诉巡回法院则认为，在判定共存协议无效时，需要考量合同的存在将会损害公益，并且要有能够证明混淆可能性以上的强有力证据。[1] 尽管商标共存协议并未涉及商标权处分行为，但因合同属性，法律应当尊重并保护合同主体之间有关商标使用的约定。然而，允许共存之存在并非提供挟持他人商标共存的机会。如果共存协议人出于得到行政部门的核准而专门签订规避协议，这将是不可取的。因此，商标授权确权的行政与司法程序中，商标共存协议在无其他证据进行反驳的情况下，可以作为初步证据证明商标共存主体同时使用商标并无混淆可能性。[2] 在我国商标注册实践中，国家知识产权局商标局认为，商标申请人虽然提交商标共存协议，但申请商标能否注册，属于法定审查范畴。为此，就商标共存协议的法律性质而言，其只能作为相应程序中的证据，由主管机构或法院决定是否予以采信，以及若采信可以认定什么事实。既然申请商标能否注册不仅涉及当事人的私利，还涉及消费者的公利，那么主管机构或法院进行审查时，应更加关注如允许商标共存时，是否会导致消费者混淆。

〔1〕 See Times Mirror Magazines v. Field & Stream License Co. ,294 F. 3d 395 (2nd Cir. 2002).

〔2〕 在判断两个商标是否构成混淆，除了商标共存协议的初始证据之外，还需要综合比对"商标标识的近似程度与商品或者服务的类似程度""商标实际使用情况和市场状况""双方的市场格局""双方采取的措施""是否存在其他明显损害公告利益的情形"。

2. 商标共存协议的预防效果

商标共存协议在内容上多针对两类主题：第一类是关于限制商标异议权。商标权人针对在后商标申请表示将来不持反对意见，以此支持在后商标注册。第二类是在地域、商品或服务类型等方面约定如何划分使用商标。从商标共存协议目的的角度，当事人签订协议旨在事先规划使用事项以避免将来出现纠纷。即使基于解决争端之目的，但因业务发展超出了协议的范围，那么法官可以将案件审理的一切"推倒"重来，再次从事实出发判定争议商标是否有共存的理论与事实依据。[1]

第二节　基于公权力

一、立法创设

在商标相关的法律体系中，基于公权力的立法规制的主要形式有三种：第一种是罗列"不予注册相对理由"的例外；第二种是抽象归纳可以共存的条款；第三种则是直接规定商标共存注册的程序。由于上述两种情形已经在第一章阐述，为避免赘述，此处只重点论述第三种情形，即立法创设下的商标共存注册程序。

（一）商标共存注册程序概述

论及商标共存注册程序制度时，体系最为完善的当属美国商标法。因此，在立足本国商标制度实情上，对美国商标共存注册程序的运作与程序性要件的分析极具意义。

商标共存注册程序是指为实现主薄登记而提出的区域性商标注册

〔1〕 参见陈娅倩：《共存协议框架下的商标共存机制》，载《中华商标》2012 年第 4 期。

申请注册程序。[1] 它是商标共存制度在商标注册程序上的体现,是商标共存制度从司法个案转向立法普遍适用的结果,更主要的是商标注册程序的例外。在立法明文规定商标共存注册程序之前,于相同或近似商品/服务上申请注册相同或近似商标,只能产生一个商标权。就商标注册人而言,无论该商标申请是否存在区域性限制,在核定的商品/服务上申请与已核定商标相同或近似的标识,都是对其权利的破坏。就联邦注册而言,商标使用的范围必须是跨州际性的,其原因就在于美国商标法的宪法基础是国际性的商业贸易。[2] 但是,就商标权取得而言,其重点在于商标使用人在商业贸易中是否已建立商标与商品/服务之间的联系;如果商标使用人已享有商誉,则商标权就已取得。故商标使用的区域范围可在州际或者州内之间进行。既然商标使用是取得商标权的前提,那么谁最先于商业上使用商标且产生商誉,便意味着其享有在特定区域内对该商标及注册的排他性权利,且有权阻止在后商标使用人的全国性商标注册申请,尽管在后商标使用人在州际范围内是在先商标使用人。因此,该情形为商标共存注册提供了权利实现的基础。

1905 年美国第三部联邦《商标法》不允许商标共存注册,法院认为,双方一致同意的商标共存注册是不具有效力的,其原因在于专利、商标委员会是社会公众利益的守护者,双方之间的交易或者协定并不能为其原本在法定情形下无权的行为提供权利保障。[3] 然而,善意的在后商标使用人在特定区域内建立的商誉,如果因在先商标使用人的权利排他性而被迫停止继续使用,那么对其造成的损失无疑是无法弥

---

〔1〕 See J. Thomas MaCarthy, *MaCarthy on Trademarks and Unfair Competition*, Clark Boardman Callaghan, 2002, Vol. 20, p. 80.

〔2〕 参见 Arthur R. Miller, Michael H. Davis, *Intellectual Property* (*second edition*), 中国人民大学出版社 2004 年版, 第 150 页。

〔3〕 Application of Laskin Brother, 146 F. (2d) 209, 309 (C. C. P. A., 1944).

补的。尽管商标法为维护在后商标使用人的权利而提供了商标异议与撤销程序,但是两个程序并不能对两者之间的各自权利进行划分与调整。因此,1946 年《兰哈姆法》将商标共存注册程序纳入联邦注册程序中,并赋予专利、商标委员会授予商标共存注册的权力。商标共存注册程序的设立为在后商标使用人提供了申请联邦管辖的权利;同时,通过商标共存注册程序,在后商标使用人享有除区域限制之外的所有因注册而享有的权利。

在绝大多数案件中,商标评审委员会并不能(will not)将异议程序直接转化为商标共存注册程序,而是更倾向于采用在审理商标共存注册程序期间(pending),将异议程序暂且搁置。但是,在 1983 年此做法被改变了。商标评审委员会认为,异议程序的双方当事人同意对有利于维持异议申请者在地域上不受限制申请的决定时,评审委员会将会授予一项动议使申请变更为商标共存注册程序之申请。

有三种基本的情况可能会终止异议程序而支持商标共存注册程序。

第一种情形是,在异议程序中,一方以商标共存注册申请为由抗辩商标排他性权时,该提交的申请就会有要求异议程序终止的效力,转而做出有利于商标共存注册程序的裁定。

第二种情况是,在异议程序中,一方提出的商标共存注册申请并未作为商标排他性权利的例外时,无论是(1)一方异议者提交商标共存注册的申请是作为一种例外存在,还是(2)另一方异议者愿意修改其申请并添加异议一方而成为另一种例外。基于异议者的申请或者另一方异议者申请的修改,商标评审委员会将会授权开始商标共存注册程序,并且无任何偏见地驳回异议程序。

第三种情况是,当意识到与异议人在不同的地理区域使用一个类似的标记时,非地域限制的注册申请人将会修改其申请:反对将其作为商标排他性权利的例外而要求商标共存注册程序申请。如果异议者同意申请修正，那么将会停止商标异议程序，同时开始商标共存程序。同时商标评审委员会将无偏见驳回异议程序。如果异议者拒绝同意该修正申请，那么所作出的判决很可能会对非限制区域的申请不利，但这不妨碍申请者不受限制地提交一份新的申请，要求商标共存注册程序。[1]

(二)商标共存注册程序内容[2]

1. 共存注册申请要件

根据美国《兰哈姆法》(1052)第2条“可在主注册簿上注册的商标与共存注册”规定：凡能将他人商品之商标相区分的商标，不应驳回在主注册簿上的申请，除非该商标满足以下情形……d款规定，与已经注册商标或者他人在美国在先持续使用至今的商标之间容易造成混淆、误认或者欺骗的；除非专利商标局局长认为在使用方式、使用地域、使用商品的条件和限制下，两人以上对相同或近似商标的连续使用不会造成混淆、误认或欺骗，这些人将获得共存注册，假如在下列日期之前他们在商业中的共存合法使用已使他们有权使用该商标。

(1)待审的申请或依本法核准的注册中最早的申请日；

(2)对依1881年3月3日或1905年2月20日的法案核准并至1947年7月5日仍有效的注册，1947年7月5日，或；

(3)对依1905年2月20日的法案提交的申请并于1947年7月5日后注册，1947年7月5日。

如果待审申请或已注册的商标所有人同意授予申请人共存注册，则无须要求其在该待审申请或已注册的商标申请日之前已经使用该商标。倘如法院判决双方均有权使用各自商标，那么专利商标局局长应当批准共存注册；并且还应该规定各商标的所有人使用其商标的方式、

[1] THE TTAB: Concurrent Use Applications and Proceedings, 72 Trademark Rep. 403, 1982, p. 408-409.

[2] 该部分集中介绍美国商标共存注册程序的规定，其目的不仅在于商标共存制度的完整性，而且还在于厘清共存注册的流程，以便下文提出的“商标共存制度与商标注册制度的衔接”。

地域或者商品的条件和限制。[1]

商标共存注册程序作为商标权宣示的方式之一，其在满足所有商标注册形式性要件之外，[2]还必须陈述核准商标共存注册的特殊性要件。为获准商标共存注册，申请人须特别对以下三点予以证明：第一点，在任何商标申请之日前，共存注册申请人已合法使用商标，并形成区域性市场；第二点，相同或近似商标的共存使用并不会引起消费者任何混淆、误解或者欺骗；第三点，申请人必须对商标所使用的方式或者区域之限制予以说明。[3]

①第一点之证明——区域分离（territorial divisions）

鉴于第四章第二部分已经详细阐述了商标区域分离判定的共同内容，笔者此处就不再展开重复论述。

②第二点与第三点之证明——区分性提示（notices of differentiation）

尽管将解释性语句和区分性提示作为避免混淆之手段的效力常常受到法院的质疑，但是其仍旧被反复地用于规制在相同市场的相同或近似商品/服务上使用相同或近似的商标而可能引起的混淆。在创设更加有效的手段之前，在相关商品/服务上使用个性化的名称，无疑是有效的；而个性化的名称包括商标使用人的姓名、地址、商业性合作关系的公开声明。（1）全名与地址区分作用：在规制商标共存上的第一步往往是要求在后商标使用人在商标上增加其姓名以示区分；相应地，若在后商标使用人为公司或企业形式，则同样如此。但需要注意的是，在商标上添加姓名须避免改变原有商标的显著性，克服在强显著性的商

---

〔1〕 原文请参见§2(15 U.S.C. § 1052)。

〔2〕 鉴于《兰哈姆法》第1条a款与《商标实施条例》(Trademark Rules of Practice)2.42已规定商标注册程序的一般性程序要件，此处并不再赘述。

〔3〕 See Walter J. Holliday, *Concurrent Registration under the New Trademark*, Trademark Rep., Vol. 37, 1947, p. 243－244.

标上前缀或后缀而造成的侵权。[1] (2)商业性合作关系的公开声明:"我们与运水人公司(L. E. Waterman corporation)不存在任何联系"是多数案件中极其有使用效力的一个例证,尽管它的形式可能过于简单。在许多案例中,判令通常会规定提示的内容、类型的大小、提示所处的位置以及放置的方式与颜色。然而,在后商标使用人仅仅预防性地使用"与此无关"的提示并不能自动核准共存使用;相反,法院会因此而禁止其继续使用。[2]

2. 注册申请的审查与核准[3]

商标共存注册申请除了需要经过与其他商标注册申请相同的检验方式之外,商标检查人员必须就以下事项做出判断:(1)申请人实际使用商标的日期是否满足《兰哈姆法》第2条d款规定的司法管辖权的要求,即先于依本法未决申请的最早申请日或任何注册办法日;或者1947年7月5日,即指根据1883年3月3日或者1905年2月20日《美国商标法》颁发注册并且在1947年7月5日之后继续有效的;或者1947年7月5日,即根据1905年2月20日《美国商标法》核准注册的,且根据1947年7月5日又重新颁发的;或者即使在后商标使用人并未先于任何申请日,商标注册申请人或者商标权人同意其共存注册;(2)申请书中是否包含《美国商标法实施条例》2.42所列明的有关申请确认或宣告的信息和形式;(3)申请人是否提交了申请书副本、商标样本以及列明其他商标共存主体,倘若申请书中明确显示申请人与其他主体的市场区域存在重叠时,商标检查人员会以重叠区域的商标共存可能会引起混淆为由而驳回申请。

[1] See Tillman & Bendel v. California Packing Corp., 63 F. (2d) 498, 508 (C. C. A. 9, 1933). 转引自 Walter J. Holliday, *Concurrent Registration under the New Trademark*. Trademark Rep., Vol. 37, 1947, p. 245。

[2] See Esso, Inc. v. Standard Oil Co., 98 F. (2d) 1, 7 (C. C. A. 8, 1938). 转引自 Walter J. Holliday, *Concurrent Registration under the New Trademark*. Trademark Rep., Vol. 37, 1947, p. 246。

[3] 此处主要参考 Janet E. Rice, *Tips From the Ttab*, Trademark Rep., Vol. 72, 1982, p. 403。

当某一享有司法管辖权的法院最终决定在商品上使用相同或相似标识的权利主体为一个以上时,商标共存注册申请程序并不会启动,假如(1)在诉讼期间,一方已取得合法、有效的商标使用;(2)法院判定各自的权利区域;(3)确已向商标审查人员提交了法院判定的真实副本;(4)商标共存注册申请完全地、准确地与法院判决保持一致;(5)在商标共存注册中申请人所期望的特定(specified)商标使用并未被注册,或者依据法院判决,专利、商标局局长已经对所涉及的任何注册进行限制。[1] 满足上述所有条件时,商标检查人员才会准许注册申请。

对于核准商标共存注册的申请,将会被公布在政府公报上(official Gazette)。如果异议没有提出,或者任何提出的异议被否决或撤回时,商标评审上诉委员会便会着手准备向各方发送启动商标共存注册程序的通知,并附上商标共存注册申请书副本。尽管商标注册人或者商标共存注册申请人并没有回复通知的义务,但是需要在收到通知的40天内提交陈述——对商标共存注册申请人意图所占区域的位置所做的陈述。假如除商标注册人与商标共存注册申请人之外的第三方发送通知时,其必须在收到通知的40天内提交答复或者陈述。

在商标共存注册申请程序中,申请人——在后商标使用人是作为原告的角色出现——负有证明其已实际使用商标且达到核准注册的程度以及在各自区域范围内(而非仅证明申请人自身所在区域)的商标共存并不会引起混淆的义务。对于另一方——在先商标使用人(商标注册人或商标权人)则作为被告而言,其论证的重心往往是针对注册申请人的资质是否已经具备。商标共存注册程序意义上的"在先"与"在后"的判断与分配规则是富有逻辑性的:当申请商标共

[1] 假如专利、商标局长根据法院判决做出不予限制的商标注册时,商标共存注册程序就会启动,其原因是共存注册对区域的要求。

存注册的主体存在两个时,以最近(the latest)提出申请者为在后商标使用人。当申请商标共存注册的主体存在三个以上时,一方主体若晚于最早提交申请而早于最晚提交申请,则对于比他早的人来说,他是“在后商标使用人”;对于比他晚的人来说,他是“在先商标使用人”。若提交商标共存注册申请为同一日时,则以最近受理的商标申请为“在后商标使用人”。当一方主体主张对商标享有排他性使用权时,不论其享有商标注册还是没有提交共存注册之申请,都须认定该方主体为所有涉及商标共存注册程序主体的“在先商标使用人”。自此,除非在异议程序提出并得到维持,商标共存注册申请便被核准授权,并记入主簿。

二、司法创设

当缺少商标共存的立法创设时,通过司法途径形成的商标共存则成了主要方式。尽管不同主权国家的法院在司法审判中均秉持“允许商标共存不会产生混淆之虞”的目的,但是在具体适用标准与审查要素等方面却存在差异。鉴于美国与中国在司法审判中的代表性,本章节将比较对象限定于中美在商标共存司法审判中的差异。

美国商标共存司法创设可分为两个大的阶段:第一个阶段是从1916~1946年,即从第一个美国联邦最高法院判决生效的案件开始,到1946年《兰哈姆法》颁布之时。由于美国秉持“商标使用主义”与“先占原则”,因此,当商标使用人最先存在有效商标使用时,原则上可推定其已经取得商标权。当多人在相同或者近似商标上均存在有效的商标使用时,能否同时取得商标权则需要法院认定。一般而言,商标使用处于不同区域范围时,由于彼此在各自范围内均属于在先使用人、不存在恶意侵占他人商誉的可能性,因此,根据“先占原则”,不同商标使用人均可在其所使用的范围内取得商标权。[1] 在司法过程中，当事人需要提供初始使用时间、在哪些区域已经使用商标、在该区域内的商品销售量、广告投入成本、扩张计划等证据，以此来证明商标使用区域范围、首次使用时间、是否形成有效商标使用。此外，此时商标共存司法过程乃是对商标权的一种确认，而非授权。第二个阶段是从1946年至今，即商标注册程序对商标司法审判的影响。由于商标注册制度的权利推定效力，当商标申请注册后，除了在先使用人所在区域（包括自然扩张区域）以外，其权利可以遍及全部主权范围。法院在判断在先使用人的商标权区域范围方面与第一阶段相似。

相比较而言，我国司法创设的商标共存更倾向于对商誉形成的历史原因、是否形成商誉以及主观善意（包括对“不正当抢注”的理解与适用）等因素予以判断，进而对商标共存是否导致混淆做出判断。在“鸭王”案中，法院认为“第三十一条规定的‘以不正当手段抢先注册他人在先使用并有一定影响的商标’旨在规制恶意抢注，以期修正绝对注册制度带来的不公平局面。只有在后使用人从在先使用并且具有一定影响力的商标中窃取商誉之情形，才能成为规则的对象”[2]。

在“张小泉”商标侵权与不正当竞争案中，处理商标权与商号等标识之间的利益冲突时，法院强调“尊重历史、维持客观市场格局、保护在先取得的合法权利”[3]。在“散列通”商标纠纷案中，法院认为“市场的实际格局表明‘散利痛’作为商标已经形成不亚于西南药业股份有限公司的‘散列通’的规模，如果单纯撤掉任何一方商标，都会对相应企业带

---

〔1〕 See Hanover Star Milling Co. v. Metcalf, 240 U. S. 403 (1916).

〔2〕 参见北京鸭王烤鸭店有限公司与上海淮海鸭王烤鸭店有限公司、原国家工商行政管理总局商标评审委员会商标异议复审纠纷申请再审案，最高人民法院（2012）知行字第9号行政裁定书。

〔3〕 杭州张小泉集团有限公司与上海张小泉刀剪总店等商标侵权及不正当竞争纠纷上诉案，上海市高级人民法院（2004）沪高民三（知）终字第27号民事判决书。

来毁灭性冲击。”应当从“从节约社会资源的角度维持其商标注册比较经济之角度，因此准许两个近似商标共存于市场，在本质上还是包含了对客观市场格局的肯定与考虑”〔1〕。上述案件中的判决考虑因素，在“鳄鱼”案中得到了抽象性归纳。法院认为，“如果按照传统商标侵权的认定方式：在相同商品上使用标识相近似的商标，按照一般相关消费者的一般注意力程度，应当认定存在混淆可能性。然而，该案与之不同，双方使用商标均属善意，并且通过各自努力长期共同在我国使用，形成彼此独立的市场格局。由于我国司法实践证明，商标物理性近似并不必然得出商标混淆可能性。因此，商标法意义上的商标侵权乃是商标混淆性近似。在具体侵权认定上，除了考虑商标标识近似性之外，还需要综合其他相关因素，如主观意图、使用历史、相关市场等。倘若商标标识近似，但是结合其他因素可以证明市场并不存在混淆可能性的，那么不应认定侵权商标专用权”〔2〕。可以说，该案的判决对此后关于商标共存案件具有里程碑意义的指导价值。例如，在 2014 年“稻香村”商标异议复审行政案中，北京市高级人民法院便转引了最高人民法院在“鳄鱼”案中的判决：北京稻香村公司的“稻香村”商标经过长期使用具有了较高的知名度，其与苏州稻香村公司在先取得商标之间已经存在能够区分的市场实际和稳定的市场秩序。被异议商标标识与其在先取得的商标差异较大，反而与北京稻香村公司的引证商标非常接近，因此苏州稻香村公司申请注册被异议商标，不能认定为对其在先已受让的“稻香村”商标声誉的延续，而是侵入了北京稻香村公司商标的

〔1〕（瑞士）豪夫迈－罗须控股公司诉原国家工商行政管理总局商标评审委员会、第三人西南药业股份有限公司商标行政纠纷案，最高人民法院（2009）行提字第 1 号行政判决书。

〔2〕（法国）拉科斯特股份有限公司与（新加坡）鳄鱼国际机构私人有限公司、上海东方鳄鱼服饰有限公司北京分公司侵犯商标专用权纠纷案，最高人民法院（2009）民三终字第 3 号民事判决书。

排他权范围内，打破了能够区分的市场实际和已经形成的稳定市场秩序，将导致消费者对商品来源的混淆误认。[1]

在洛阳杜康控股有限公司诉陕西白水杜康酒业有限责任公司侵害商标权纠纷案中，原告洛阳杜康公司诉称：原告经授权取得了在第33类商品上注册的“第152368号商标、第9718179号商标、第9718151号商标、第9718165号”商标（以下简称涉案商标）。通过原告及关联企业的大量宣传和使用，杜康系列酒品在相关公众中具有较高的知名度和美誉度。2016年6月30日，原告发现，被告擅自在其生产的52度白水杜康古法酿造50白酒500ml、90白酒1680ml产品（以下简称涉案产品）及外包装上突出使用上述标识，构成与涉案商标在相同商品上的相同或近似使用，引起消费者的误认误购，侵犯了原告的商标专用权。被告陕西白水杜康酒业有限责任公司辩称：不能确定涉案产品是否由被告生产，即便是，也不构成侵权。1. 由于历史原因，被告1983年12月经伊川杜康酒厂许可使用第152368号商标，许可使用期限截至该商标的有效期内，使用被控侵权标识系对该商标的延续性使用，在该商标共有时期内，使用时已注明企业名称，能够使消费者对其来源进行区分，不会造成混淆。2. 被告1997年在第33类酒商品上注册取得了第915685号商标，被控侵权标识为该商标的一部分，该商标具有较高的知名度，被告不存在攀附原告商标的恶意。1975年陕西省白水县杜康酒厂（以下简称白水杜康酒厂）创立，1986年更名为陕西省杜康酒厂，1998年该厂被兼并后成立了陕西三九杜康酒厂，2001年因兼并协议无效，由白水县人民政府收回陕西三九杜康酒厂全部资产及债务，2002年恢复陕西省杜康酒厂。2003年陕西省杜康酒厂出现经营困难，白水县人民政府

〔1〕 参见苏州稻香村食品工业有限公司等诉原国家工商行政管理总局商标评审委员会商标异议复审行政纠纷案，北京市高级人民法院（2014）高行终字第1103号行政判决书。

同意对其实施破产,最终被白水县人民法院裁定终结破产程序。2005年白水县人民政府决定对陕西省杜康酒厂进行改制,由被告出资收购其全部资产,并接收安置职工。20世纪70年代初,伊川杜康酒厂、白水杜康酒厂先后开始生产杜康酒,但均未注册商标,仅将“杜康”作为酒的特定名称使用。1980年10月,当时的国家工商行政管理总局、轻工业部、商业部联合发布《关于改进酒类商品商标的联合通知》,规定酒的商标应当同其特定名称一致,要求在当年12月底以前,两家以上企业申请特定名称商标的,由省有关部门协商或由轻工业部提出意见,核准注册专用。伊川杜康酒厂、白水杜康酒厂在当年12月底以前先后提出注册申请。由于当时没有商标共存制度,只能由一家企业注册同一商标,后经国家工商行政管理总局、河南省人民政府、陕西省人民政府及相关部门协调,由伊川杜康酒厂注册“杜康牌”商标,伊川杜康酒厂和白水杜康酒厂共同使用。1981年12月,伊川杜康酒厂在酒商品上注册了第152368号商标。1983年12月,伊川杜康酒厂和白水杜康酒厂签订商标许可使用合同,约定前者同意后者继续使用商标,商标上要注明各企业的名称。此后,实际使用的区别性标识是“伊川杜康”“白水杜康”,此种做法沿用了10余年。1993年,商标面临续展,国家工商行政管理总局召集相关部门和企业协调,提出维持现状或者两家企业都注册带有地名标志的杜康商标,但未能达成一致意见。为了彻底解决“杜康”商标纠纷,国家工商行政管理总局商标局最后同意白水杜康酒厂可以申请注册带有地名的杜康商标,伊川杜康酒厂办理了商标的续展。1995年3月,白水杜康酒厂在酒商品上申请注册第915685号商标,并于1996年12月获得注册。2002年5月,该商标转让至被告。法院认为,关于涉案产品是否侵犯了原告的涉案注册商标专用权。该案中,涉案产品系白酒,属于涉案商标核定使用的第33类商品范围。被控侵权的标识与涉案4枚权利商标整体上构成近似。从是否容易导致混淆来看,“杜康”商标具有特殊的形成历史和发展历程,从20世纪70年代伊川杜康酒厂、白水杜康酒厂均未为各自生产的“杜康酒”注册商标,到20世纪80年代经协调形成“一家注册,两家使用”,并各自注明企业名称以示区别的局面,再到20世纪90年代白水杜康酒厂最终注册商标,至此,“杜康”商标与“白水杜康”商标共存的市场格局业已形成,通过此后的经营,各自积累了诸多荣誉。原、被告理应在尊重上述历史沿革和发展现状的前提下,严格规范使用各自享有权利的商标,对他人的商标予以合理避让。该案中,被告虽在涉案产品上标注了第915685号商标,但其同时以字体明显大于该商标的方式在显著位置突出使用了与原告涉案商标相同或近似的标识,仅在该标识的左侧上方标有较小的上下排列的“白水”字样,而第12634998号商标因与原告涉案第9718165号商标近似未被核准注册。即便被告有权继续使用第152368号商标或使用其第915685号商标,被控侵权标识显然并非对上述商标的规范使用,况且该种突出“杜康”而弱化“白水”的方式亦非是对企业名称的使用。现有证据不足以证明涉案产品上突出被控侵权标识而弱化第915685号商标、突出“杜康”而弱化“白水”的必要性,被告涉案使用被控侵权标识的行为不仅将会打破现有稳定的市场格局,导致“杜康”标识之间的混淆或误认,也不利于双方划清彼此商标标识之间的界限,不利于各自企业的发展壮大以及品牌的进一步提升。此外,“杜康”商标标识争议的历史问题较为复杂,固然不排除特定消费者对载有“杜康”相关商标的产品来源具有稳定认知的可能,但随着酒类产品的更新换代及消费群体的不断变化,对于普通公众而言,通常只会对该类产品施以一般的注意力,较难知晓或分辨相关标识存在的细微差异,涉案被控侵权标识的使用方式容易使人只注意到“杜康”文字,从而对产品的来源产生误认,或者认为经营者之间具有许可使用、关联企业等特定关系,故被告的涉案行为侵犯了原告涉案商标专用权,应承担停止侵权、赔偿损失等民事责任。[1] 鉴于此,基于历史、现状、公平的考量,应尊重特定背景下形成的老字号商标共存格局,但共存商标的使用应谨守合理边界。判定共存商标的使用是否逾越合理边界,应秉持诚信及公平原则,审查行为人的主观心态是否善意、使用行为是否有损公共利益。[2]

---

〔1〕 参见洛阳杜康控股有限公司诉陕西白水杜康酒业有限责任公司侵害商标权纠纷案,北京市东城区人民法院(2016)京0101民初17043号民事判决书。

〔2〕 参见高翡:《特定历史渊源下共存商标的使用边界》,载《人民司法》2021年第23期。

CHAPTER 06 >>

第六章

互联网环境下商标共存制度的挑战与回应

第一节　互联网环境的挑战

如果说蒸汽机引发了工业革命，那么互联网则带来了全球经济的信息革命。在这场席卷全世界的信息革命中，传统产业与互联网之间相互博弈又彼此融合。在博弈与融合过程中，传统行业不断"互联网"化，也涌现了一批完全依托于互联网的新产业，并最终完成整个经济引擎的切换或升级。互联网在中国同样犹如一场正在进行的深化改革，这场改革已经潜移默化地产生了深远影响。"互联网发展二十余载，最大的成就是互联网经济体的壮大，使互联网成为经济转型的引擎"[1]。电子商务作为互联网经济的重要内容，其迅速发展为大众创业、万众创新提供了新的契机。在这信息高速增长的时代，无论初设的小公司还是跨国公司，互联网的商品销售与服务，已是它

〔1〕 参见《互联网20年：网络经济改变中国》，载 htpp://www.prcte.com/web/meyw/2014-04/20/content_1074318.htm。

们进行快速、高效与远近消费者之间建立联系的关键渠道。互联网的低准入、充分竞争的市场环境，迎合消费者的运营模式等，共同使互联网成为市场前沿。在这个时代背景下，我国国务院《关于大力发展电子商务加快培育经济新动力的意见》明确提出要加强电子商务领域的知识产权保护。在相关政策指引下，虽然初创企业对于知识产权保护的关注程度有所提升，但对于大多数初创企业而言对于知识产权的保护仍被视为一种“奢侈”的保护手段。因此，相较于诸多企业接入互联网之前，并没有多少企业对其初创商标进行注册。

商标共存制度如何因应互联网的挑战？通常当一个新事物出现时，我们总习惯用类比的方法从既有事物的角度来解释新事物，这符合认识的规律。因此，有些法院直接将互联网类比成具有全球性或全国性影响的广告渠道，与传统广告媒体的区别仅体现在广告范围的大小上。〔1〕然而，这种类比往往会使我们忽略新事物的特殊性，从而错过了对新事物的准确认识。人们没有绝对的理由认为解决问题的办法应该是类同的，尽管我们有理由相信随着时间的推移，当信息成本下降时，它们会逐渐趋同。〔2〕但即便是逐渐趋同，也不代表是绝对的等同。换言之，将互联网直接类比有形世界，而将有形世界的规则直接适用于互联网的做法并不尽合理，这对互联网环境下的商标共存制度而言亦如此。

一、现有研究文献的不足

目前已有文献与司法实践显示，通过商标使用而产生的商誉多数依托于客观有形市场。例如，我国《商标法》第 48 条规定商标使用须将

〔1〕 See Entrepreneur Media, Inc. v. Smith, 279 F. 3d 1135, 1151 (9th Cir. 2002).

〔2〕 参见[美]道格拉斯·C. 诺思：《经济史上的结构与变革》，历以平译，商务印书馆 1992 年版，第 126 页。

商标流通于市场。[1] 商标先用权制度强调在先使用商标须在申请注册之前,已形成一定地域范围的影响力。商标共存制度则要求存在两个独立的区域范围,且在后使用人需满足主观善意之要件。[2] 那么,对于互联网环境下使用商标而形成商誉的判断标准是否与有形市场因商标使用而形成的商誉判断标准一致的问题,却鲜有司法判例或理论研究给予详细的指导。

(一)类比研究方法的不足

近年来,案例法试图在互联网扩张与传统商标权区域范围之间寻找平衡之道。有些法院视互联网为独立的市场渠道。[3] 沿着该推理逻辑,有形市场的销售者与互联网销售者可以在同一个市场内共存。即便采用上述结论,法院仍旧在判断形成商标权的有效商标使用上存在不同的标准。在判定普通法商标权的归属时,并不要求存在十分广泛的使用行为。即使商标使用并非获得深度市场渗透或者消费者的广泛认知,商标使用人依旧可以获得商标权,只要商标使用是持续性的、长期性的即可。[4] 在互联网,商标使用需要提供更大规模的销售与广告量要求,才能形成实际商誉区域和获得商标权。[5] 麦卡锡教授认为,其实并不需要专门创设一个单独的模型,因为可将互联网类比成如全国性销售类型、广播、电视营销或者杂志广告等传统大规模销售渠道一样。就有形物理环境的全国性、大规模广告而言,商标使用人确实有可能获得全国性的商标权保护。早期案件的判决中已经十分清楚地予以说明。如在 Travelodge Corp. 诉 Siragusa 案中,法院判决一家酒店获得

〔1〕 我国《商标法》第48条规定:本法所称商标的使用,是指将商标用于商品、商品包装或者容器以及商品交易文书上,或者将商标用于广告宣传、展览以及其他商业活动中,用于识别商品来源的行为。

〔2〕 参见李雨峰、倪朱亮:《寻求公平与秩序:商标法上的共存制度研究》,载《知识产权》2012年第6期。

〔3〕 See E. g. ,*Big Time Worldwide Concert & Sport Club at Town Center*, LLC v. Marriott Int'l, Inc. ,236 F. Supp. 2d 791,804 (2003).

〔4〕 See Circuit City Stores, Inc. v. CarMax, Inc. ,165 F. 3d 1047,1055 (6th Cir. 1999).

〔5〕 See Lucent Info. Mgmt. v. Lucent Technologies,186 F. 3d 311,325 (3d Cir. 1999).

全国性区域范围的商标权,是基于(1)使用商标时间超过8年;(2)广告费用超过350万美元;(3)自己独立分发超过300万份的指导书,这并不包括第三方指导书和材料;(4)在2000家美国广告牌和全国性杂志广告上刊登广告。[1] 从该案可以推导出,如果将传统判断标准适用于互联网环境,那么互联网使用的判断标准也应当和判断电话销售、传统广播电视销售适用一样的标准。然而,这样的分析方式是无效的,其原因如下:(1)互联网可能渗透的区域比传统的媒介要广得多。(2)互联网能够提供与潜在消费者更加流动性的关系(与传统的广播广告相比,用户可以随时、多次浏览互联网)。反复多次的接触可以更加强化潜在消费者的持续记忆。(3)尽管互联网特定市场渠道分析方式有一定的用途,但是该分析方式无法涵盖所有类型的模式。在面对该问题时,法院通常保持沉默。然而,这样的沉默已经导致无效与不可预期的后果。[2]

(二)互联网商标呈现的辩证分析

有些法院在判决书格言(Dictum)部分指出,积极性互联网的商标呈现可能获得全国性的商标权。[3] 然而,商标权人并不能主张仅仅互联网的商标呈现就可以扩大商标保护的地域范围。如在Echo Drain诉Newsted案中,Echo Drain作为美国得克萨斯州达拉斯的乐队,主张对"ECHO DRAIN"享有普通法的商标权。Echo Drain在2002年2月开始使用"ECHO DRAIN"商标,并在2002年9月在达拉斯市范围内进行了19场乐队表演。除此之外,Echo Drain创建了网站(www. echodrain. com)来提供乐队的照片和消息。同时,网站浏览者还可以下载音乐和

〔1〕 See Travelodge Corp. v. Siragusa, 228 F. Supp. 244 (N. D. Ala. 1964).

〔2〕 See Adam v. Burks & Dirk D. Lasater, *Comment, Location? Location? Location? A New Solution to Concurrent Virtual Trademark Use*, Wake Forest J. Bus. & Intell. Prop. L., Vol. 11, 2011, p. 350.

〔3〕 See Pure Imagination, Inc. v. Pure Imagination Studios, Inc., No. 03 C 6070, 2004 WL 2967446, at * 11 (N. D. Ill. Nov. 15, 2004).

留言消息。[1] 在解决"ECHO DRAIN"的实际商誉范围时,法院着重强调了乐队在当地的性质(local nature)以及在达拉斯与沃思堡(Forth Worth)区域之间的商标权限制。尽管美国任何人都可以进入 Echo Drain 的网站,但是 Echo Drain 却无法提供证据证明在达拉斯市与沃思堡市区域之外,实际上存在用户浏览其网站、下载表演视频或者留言。关于"ECHO DRAIN"商标的自然扩张可能性,法院调查了 Echo Drain 的主要活动,认为虽然在达拉斯市与沃思堡市区域之外,其他用户可以浏览网站,但这并不能证明其存在扩张的计划。[2] 虽然,商标权人存在上述的论证困难,但他们仍旧试图主张互联网市场的普通法商标权。在 Dudley 诉 Healthsource Chiropractic, Inc 案中,Dudley 主张在纽约市的若干个镇和互联网上对"HEALTHSOURCE CHIROPRACTIC"在脊椎指压治疗法服务上享有商标权。法院认为,互联网并不适合适用该方式,并指出互联网并不是在地域上可以划分的区域,相反是让任何人都可以进入的全球性媒介。基于此,法院判决 Dudley 不能享有互联网上的商标排他性权利。

由此可知,互联网与传统媒介的显著区别之一便是所有区域的消费者都可以进入互联网的可能性;因此,呈现于互联网的商标同样在理论上存在被所有区域消费者接触、认知的可能性。然而,商标使用人不能仅依据该可能性便主张其商标权可覆盖所有区域,商标使用人还需要提供足够的证据来证明互联网上的商标与消费者有着真实的"联系"。

二、区域管辖权理论在互联网环境下的适用与不足

与有形市场可以直接定位销售区域不同,互联网市场因其无形性

[1] See Echo Drain v. Newsted, 307 F. Supp. 2d 1116, 1119 (C. D. Cal. 2003).
[2] See Echo Drain v. Newsted, 307 F. Supp. 2d 1116, 1127 - 1128 (C. D. Cal. 2003).

而使商标权区域界定变得困难重重。在已有文献中,有学者主张将区域管辖权理论(the theory of personal jurisdiction)适用于互联网环境,通过结合区域管辖与传统商标侵权判定标准,来判断互联网商标使用后所建立的普通法商标权区域。笔者认为,区域管辖权理论无法体现互联网市场的特点,而特定管辖权理论才能符合。

(一)"personal jurisdiction"的概念界定

"Personal Jurisdiction"是美国司法体系中的管辖权专有术语,核心内容是原告可在哪些区域起诉的管辖权问题。该术语的中文之意,目前学界尚未有一致观点。现有两个主要译法:一种是将"personal jurisdiction"译成"属人管辖权"。对此,笔者并不赞成。其原因是"属人管辖权"在我国已有特定含义。[1] 此外,"personal jurisdiction"的本意并非指国家对国民的管辖权力,而是法院对当事人的管辖权力。另一种译法是"对人管辖权"[2]。笔者认为,该译法只包括了"persona jurisdiction"的一部分含义,无法展现其全貌。笔者赞成第三种译法,即"区域管辖权"。其原因如下。

与我国起诉时需要确定管辖权问题一样,无论在美国联邦法院还是州内法院诉讼,首先都需要确定在哪个州起诉。由于美国各州法院系统的独立性,以及州与联邦之间的独立性,管辖权问题就变得复杂。如果提起诉讼,第一个想到的问题是到哪个州的法院进行诉讼,而不是选择联邦还是州法院系统这个问题。因为联邦法院作为与州法院系统作为两条平行线,尽管各有分工,但就地理位置而言,联邦法院不是"悬于空中"的楼阁,而是与州法院一样,坐落在某州范围内。因此,即使起诉到联邦法院的案子,仍旧需要确定拥有管辖权限的、位于特定州的联邦法院起诉。从当事人的角度看,州法院的管辖权包括对原告的管辖

〔1〕 参见王铁崖:《中华法学大辞典》(国际法学卷),中国检察出版社1996年版,第519页。

〔2〕 [美]Joseph W. Glannon:《民事诉讼法》(第4版),孙邦清、李蓉、徐继军注,中国方正出版社2004年版,第3页。

权与对被告的管辖权。法院必须对双方当事人都享有管辖权时，才能行使司法审判权。原则上法院对原告的管辖权并不会存在问题，因此，法院的管辖权问题就可以简化为法院对被告是否享有管辖权。目前，美国司法系统中有两个标准来确立法院对被告的管辖权。一种是建立在被告人身基础上的管辖权，即以被告的人身作为管辖依据；在普通法历史上，人身管辖权的标准有其合理性。其核心缘由是确保被告能够出庭，有时甚至需要以逮捕之形式。如果法院无法控制被告人身，可能就无法确保诉讼的正常进行。另一种是针对被告的财产的管辖权。就被告的财产诉讼而言：一类是针对财产所有权本身，即原告通过诉讼取得被告财产所有权。另一类并非针对财产本身所有权，而是申请法院拍卖被告财产，然后以拍卖所得偿还债务。因此，相对应地，就存在两个不同的管辖权类型：第一类是对物管辖权；第二类是准对物管辖权。该类管辖权又可以进一步细分为两种情形：其一是当部分人对某物主张所有权时，某州法院如果在诉讼开始时扣押了该物的话，就取得了对该纠纷的管辖权。其二是原告对物的所有权属于被告没有争议，原告在诉讼开始时申请州法院扣押被告财产的目的在于胜诉后，通过拍卖该财产来偿还自己的债权。原告在无法获得对被告的对人管辖权时就会采用这种类型的准对物管辖权。美国诉讼实践中最常见的就是此种类型的准对物管辖权。由此可见，在美国民诉管辖权的发展史上，"personal jurisdiction"是一个统称，从当事人的角度看，既包括对原告的管辖权，也包括对被告的管辖权。就对被告的管辖权而言，根据管辖权依据的不同，又包括三大类：对人管辖权、对物管辖权和准对物管辖权。[1] 因此，如果单纯把"personal jurisdiction"翻译成对人管辖权或者

---

〔1〕 参见王学棉：《美国民事诉讼管辖权探究——兼论对 Personal Jurisdiction 的翻译》，载《比较法研究》2012 年第 5 期。

对物管辖权,都无法涵盖其完全含义。如果将其译成“区域管辖权”,即表示在特定区域范围内,法院在什么情况下对当事人享有司法管辖权之含义,则更为准确。

(二)互联网下区域管辖权的适用与不足

1.传统环境下区域管辖权的适用

如果被告人身与财产都不在特定州内,那么该州法院对州外的被告能否享有管辖权?由于存在地方自我保护主义的可能性,某些州为保护本州公民,希望将州外的被告押至本州予以诉讼。这种做法不仅会损害这些被告的利益,也会侵犯其他州的主权问题。[1] 因此,“管辖权问题多数体现在被告不在本州内的问题”[2]。为解决该问题,美国宪法第十四修正案提出了“正当程序”要求,以此来解决州何时能够对州外公民享有管辖权。

彭诺耶诉内夫案是第一个体现修正案旨意的案件。该案的基本案情是:作为俄勒冈州马尔托马县的一名律师,约翰·米歇尔为马科斯·内夫提供了法律服务,律师费为300美元。因马科斯没有按期支付费用,米歇尔向法院提出诉讼,要求马科斯付款。然而,在米歇尔起诉时,马科斯住在加州,因此无法对马科斯本人提起诉讼。但是由于马科斯在俄勒冈州拥有一块地皮,便提起准对物诉讼。根据俄勒冈州的法律,将应诉通知于报纸。可问题是,诉讼中法院与当事人均没有意识到扣押马科斯的地皮。在马科斯没有看到报纸通知时,法院判决米歇尔自然胜诉。在执行过程中,米歇尔将这块土地变卖给另一个人,后者举家搬入。当马科斯从加州回来发现自己的土地被他人占领时,就向联邦

[1] The doctrine is grounded on two main principles: courts should protect defendants from the undue burden of facing litigation in an unlimited number of possibly remote jurisdictions (in line with the due process requirements of the Constitution), and courts should prevent states from infringing on the sovereignty of other states by limiting the circumstances under which defendants can be "haled" into court.

[2] [美]玛丽·肯·凯恩:《民事程序法》,法律出版社2001年版,第31页。

法院起诉要求占领者归还土地。这样,后一案件的胜败就取决于米歇尔诉内夫一案的判决是否有效。联邦初审法院判决马科斯胜诉。彭诺耶不服,上诉到联邦最高法院。联邦最高法院维持了原判,但理由不同于联邦初审法院。它认为由于俄勒冈州的法院没有在诉讼开始时扣押马科斯的财产,没有获得第二种类型的准对物管辖权,因此州法院所作判决无效。[1] 就该案而言,因法院在诉讼开始时没有扣押马科斯的财产而不符合"正当程序"的宪法要求。

除了要满足"正当程序"要求之外,州法院还需要满足本州立法关于法院管辖权的规定,其中,最主要是针对"最低限度联系"的要求。关于"最低限度联系"的标准,最早体现在国际鞋业案(International Shoe Co. v. Washington)[2]。在该案中,法院运用三步检验法(three-part test)来检验州被告是否满足"最低限度"的要求:第一步,非本州居民的被告必须完成一些交易,或者通过实施一些行为,进而有目的地使其从中获得好处与保护;第二步,原告所提出的诉求必须由被告的相关行为导致;第三步,法院实施管辖权是合理的。[3] 此外,在卡尔德诉琼斯案(Calder v. Jones)中,当被告不存在足够的互动性或者最低限度的联系,但是存在特定销售或宣传目标(针对对象或区域),法院可通过"影响力"标准(effects test)来判断该州法院是否具有司法管辖权。[4] 在Calder v. Jones案中,一位从事娱乐业的加州居民起诉坐落于佛罗里达州的一家名为"全国咨询者"(the National Enquirer)的公司,主张被告出版的杂志对其造成名誉损害。尽管该杂志上的文章撰写并发表于佛

〔1〕 Pennoy v. Neff,95 U.S.714(1878).

〔2〕 International Shoe v. State of Washington,326 U.S.310(1945).

〔3〕 (1) The nonresident defendant must do some act or consummate some transaction with the forum or perform some act by which he purposefully avails himself of the privilege of conducting activities in the forum, thereby invoking the benefits and protections[;] (2) the claim must be one which arises out of or results from the defendant's forum-related activities[; and] (3) exercise of jurisdiction must be reasonable.

〔4〕 See Calder v. Jones,465 U.S. 783 (1984).

罗里达州，但是法院认为加州法院享有司法管辖权是合适的，起源于被告行为在该州所产生的影响。由于文章是以加州的数据作为样本，分析加州居民的职业状况，因为法院认为被告“意图的行为十分明确地指向加州”。该案中，可以得出如果不符合 International Shoe Co. v. Washington 案所罗列的“最低限度的联系”，那么，如果能够满足 Calder v. Jones 案的特定目标也可能使法院获得司法管辖权。

2. 互联网环境下区域管辖权的不足与挑战

在互联网环境下，区域管辖权纠纷通常会涉及网站经营者或者以互联网为基础的销售平台，而这些经营者或者网络平台与特定区域之间并未形成充足的联系，以致法院无法对他们行使司法管辖权。鉴于互联网纠纷的日益激增，法院必须面对在互联网环境下如何使用区域管辖权，以实现商业贸易能够与区域之间建立联系。由于互联网领域的属人管辖权还不存在联邦最高法院的先例，因此，从联邦法院的判决中寻找对互联网区域管辖权的理解，是一条明智的途径。

通常情况下，只要存在互联网企业运营中心的地方，该地区的法院就有可能会因各自理由获得对该企业的司法管辖权。如果一方与特定州之间存在系统的、持续性的联系，那么法院也可能获得一般区域管辖权。由于一般区域管辖权的适用标准极其严格，导致该理论极少适用于互联网的纠纷。[1]

相比较而言，特定区域管辖权的适用可以基于互联网性质与特征而获得司法管辖权。如果原告基于被告互联网活动而提起诉讼，那么在被告只存在互联网广告时，法院通常不认为此限度已经满足获得司法管辖权的要求。相反，法院需要调查更多与网站相关的行为，如法院

〔1〕 See Jeffrey Jensen, *Personal Jurisdiction in Federal Courts over International E-Commerce Cases*, Loy. L. A. L. Rev., Vol. 40, 2007, p. 1507.

所在州的居民访问被告网站的实际人数,有时候也会作为考虑因素。[1] 在 Zippo 案(Zippo Manufacturing Co. v. Zippo Dot Com,Inc)中,联邦法院认为区域管辖权的取得与互联网商业贸易活动的性质与特点有关(nature and quality)。该标准即为浮动规模(sliding scale)标准。该标准与区域管辖权原则相一致,[2] 进而逐渐成为联邦法院判断涉及区域管辖权的互联网案件的标准。[3] 浮动规模标准主要是针对网站互动性的判断。法院认为,网站互动程度越高、商业性质越广(the greater the commercial nature),就越有可能被认为网站运营者意图使其自身与特定州之间建立联系,进而进入该州的司法管辖权范围内。网站互动程度的判断可以基于网站特性与意图性使用等方面。如果网站旨在有利于或者促进商业交易,那么这将会被视为网站互动性的表现。相反,如果网站仅仅将有关信息陈列网页上,而不试图通过网站来交易的,那么此消极性的做法可能就无法产生区域管辖权效应。因此,Zippo 案判决认为,管辖权的执行取决于发生在网站上的互动程度、信息互换的贸易性质。[4] 尽管 Zippo 案只针对特定司法管辖,而非一般性管辖,但是之后法院将网站的互动程度与信息互换的贸易性质扩大至适用于处理涉及一般区域管辖与互联网使用的案件。[5] 在 Hy Cite Corp. 诉 Badbusinessbureau. com 案中,尽管法院判决被告所经营的网站不存在足以获得一般区域管辖的贸易活动,但法院首席法官则认为,如果一方既有以威斯康星州居民为特定目标,又存在通过网站将大量商品销售给这些居民事实的话,那么就可以

〔1〕 See Cybersell,Inc. v. Cybersell,Inc. ,130 F. 3d 414 (9th Cir. 1997).

〔2〕 See Zippo Mfg. Co. v. Zippo Dot Com,Inc. ,952 F. Supp. 1119 (W. D. Pa. 1997).

〔3〕 See TiTi Nguyen, *A Survey of Personal Jurisdiction Based on Internet Activity: A Return to Tradition*, Berkeley Tech. L. J. ,Vol. 19,2004,p. 519.

〔4〕 See Zippo Manufacturing Co. v. Zippo Dot Com, Inc. 952 F. Supp. 1119,1124 (W. D. Pa. 1997).

〔5〕 See Mink v. AAAA Development,190 F. 3d 333 (5th Cir. 1999).

获得区域管辖。[1]

针对Zippo案的弹性规模标准,还存在诸多批评意见。由于Zippo案仅强调通过网站属性、商业性质等方面判断网站互动程度,进而判断网站是否落入特定州的管辖权范围;但是没有提出在何种程度上互联网互动能够证明主观意图的成立——足以与特定州建立联系。再则,该标准尚无考虑获得区域管辖权有关区域数量的限制。一旦网站达到Zippo案提出的最低标准,那么所有州都将有可能取得管辖权。然而,现阶段的许多案子开始倾向于不再适用Zippo案的标准,而是重新回归到传统的判断标准,[2]即法院采用Calder案的"影响力"标准来实现国际鞋业案中所提到的"最低限度的联系"之要求。在互联网环境下,法院可以采用"影响力"标准来检验互联网行为/活动的性质,以此判断网站运营者的州外行为是否有特定的目标。有关Calder案的特定目标(purposeful direction)的判断,一般需要考察三个方面:(1)意图性的行为;(2)该行为是明确针对区域的;(3)行为人能够意识到其行为能够影响到区域内的居民。[3] 根据商标侵权诉讼,如果侵权行为指向并且影响到商标权人的利益,同时该影响是发生在侵权销售行为所在地的话,那么侵权损害结果就已经产生。[4] 以此逻辑,如果法院认为在互联网环境下,只要被告的行为能够满足特定目标的三要件,那么即使没有到达最低限度联系的要求,也能够形成司法管辖权的效力。

---

〔1〕 See Hy Cite Corp. v. Badbusinessbureau. com. 297 F. Supp. 2d 1154,1162 (W. D. Wisc. 2004).

〔2〕 See Michael A. Geist, *Is There a There There? Toward Greater Certainty for Internet Jurisdiction*, Berkeley Tech. L. J., Vol. 16,2001, p. 1345.

〔3〕 See Dudnikov v. Chalk & Vermilion,514 F. 3d 1063 (10th Cir. 2008).

〔4〕 See Beverly Hills Fan Co. v. Royal Sovereign Corp.,21 F. 3d 1558,1571 (Fed. Cir. 1994).

第二节　互联网环境下商标共存制度存在的可行性

一、"混淆可能性"的个案原则

互联网环境下商标共存制度的适用问题将会随着互联网贸易的不断兴起而变得更加普遍。由于互联网带来的商标使用的特殊维度,其区域市场并不像有形市场那样可予以划分。如果允许一方在互联网上排他性地使用商标,则有些法院认为这对另一方并不公平,并且会损害商标注册制度的制度利益与制度稳定性。由于联邦商标注册并未肯定商标权可以延伸至互联网,并且在先使用人也不能主张互联网优先权或普通法上的排他性权利,那么,如果允许商标注册人享有互联网上的商标排他性权利,同样也会损害在先使用人的地域性权利。[1] 如果允许双方在互联网上使用相同或近似商标,那么很难想象是否会导致混淆可能性局面的出现。倘若上述争议无法解决,那么模糊不清的困境将会带来司法上无法解决的麻烦。更严重的是,类似于美国州法院涉及互联网的判决很可能会超越司法管辖权区域,以至于适用在无边界的互联网上。[2]

"商标混淆可能性"最初只是英美商标法中的一般性术语,后来因欧洲工业革命带来的科技革命与全球经济的一体化,[3] 再加上美国强权政治话语下的全球性商品与技术标准的推行,让"商标混淆可能性"

〔1〕 See Dudley v. Healthsource Chiropractic, Inc., 883 F. Supp. 2d 377, 394 (W. D. N. Y. 2012).

〔2〕 See Harrods Ltd. v. Sixty Internet Domain Names, 302 F. 3d 214, 234 (4th Cir. 2002).

〔3〕 马克思与恩格斯在《共产党宣言》中如此评价工业革命的大变革:"资产阶级在它的不到一百年的阶级统治中所创造的生产力,比过去一切世代创造的全部生产力还要多,还要大。自然力的征服,及其的采用,化学在工业和农业中的应用,轮船的行驶,铁路的通行,电报的使用,整个大陆的开垦,河川的通航,仿佛用法术从地下呼唤出来的大量人口,——过去哪一个世纪料想到在社会劳动力蕴藏有这样的生产力呢?"马克思、恩格斯:《共产党宣言》,人民出版社1997年版,第32页。

逐渐成为国家商标法律体系中的基本概念。在我国商标法体系中,“混淆可能性”既是侵权认定的依据,又是商标注册审查的准则。[1]

混淆可能性是“Likelihood of Confusion”的中文译文,强调存在混淆的一种盖然性。然而,此盖然性并非泛泛可能性,而是指较大可能性。由于混淆可能性是外来术语,对其含义或界限的把握,如果从历史或者源头入手,说服力自然更充分。作为起源地之一的美国,其判例法曾述:“混淆可能性(likelihood of confusion)是处于可能性混淆(possibility of confusion)[2]与实际混淆(actual confusion)之间的一种可能性。当事人证明可能性混淆较为容易,而证明实际混淆则相对困难。”其原因是,可能性混淆与实际混淆都各有偏执,前者偏向原告,后者偏向被告。[3] 由于实际混淆与混淆可能性之间存在明显的界限,法院无须过多讨论此两者之间的差异。在可能性混淆与混淆可能性之间,则需要有个清楚的界定:如果新来者无正当理由假冒他人商标,则可适用可能性混淆。与此同时,法院认为可能性混淆的适用是一种偶然,因为可能性混淆如果适用过于普遍,将会赋予原告绝对控制权。[4] 因为一旦原告在事实认定中成功证明可能性混淆,被告就必须克服重

〔1〕 具体来说,我国《商标法》第57条第1款第2项规定,未经商标注册人的许可,在同一种商品上使用与其注册商标近似的商标,或者在类似商品上使用与其注册商标相同或者近似的商标,容易导致混淆的,属于侵犯注册商标权的行为。第30条规定:“申请注册的商标,凡不符合本法有关规定或者同他人在同一种商品或者类似商品上已经注册的或者初步审定的商标相同或者近似的,由商标局驳回申请,不予公告。”第50条规定:“注册商标被撤销、被宣告无效或者期满不再续展的,自撤销、宣告无效或者注销之日起一年内,商标局对与该商标相同或者近似的商标注册申请,不予核准。”同时,《最高人民法院关于审理商标民事纠纷案件适用法律若干问题的解释》第10条第1款第1项规定:商标混淆可能性的判断要以相关公众的一般注意力为准。因此,商标混淆可能性是社会相关公众主观上的混淆可能性,是以相关消费群体的一般认知为准。在一定程度上,相关公众的一般注意力标准的高低,可能会直接影响商标混淆可能性是否成立的判定。

〔2〕 需要特别注意区分的是,笔者将可能性混淆、混淆可能性分别是与Possibility of Confusion、Likelihood of Confusion相对应的概念。这不是简单地将“混淆”与“可能性”予以调换,而是为了突出“Possibility”与“Likelihood”的差异,所做的一种区别对待。

〔3〕 See Lisa Kobialka, *Not Likely, But Possible: A lesser Standard for Trademark Infringement*, U. S. F. L. Rev., Vol. 31, 1997, p. 477.

〔4〕 Ibid.

重困难消除这种可能性,否则就要承担败诉的风险。从举证责任分配角度分析,如果适用混淆之虞之标准,证明相当数量的消费者存在混淆可能性的责任就由原告承担。[1]

尽管混淆可能性、实际混淆与可能性混淆之间可以清楚区分,但是针对混淆可能性本身之认定,并非一劳永逸的,也不存在所谓"一试就灵"的"石蕊试纸"。[2] 混淆可能性的认定应当根据不同案件的具体情形而定。汉德法官认为,在许多涉及商标混淆性近似的案件中,是否认定侵权,实际上并无多大助益。毫无疑问,个案判定需根据现行法规并结合个案具体情形加以适用,而且司法实践中不存在完全一样的案子。商标相似性是判定混淆可能性成立与否的重要因素之一,因此商标相似性的个案认定原则也可以作为混淆可能性的认定原则。个案原则并非完全排除先例的约束效力,但是先例的作用是相当有限的。[3] 导致先例约束力弱的另一个原因是美国多数法院将混淆可能性作为一个事实问题,而不是法律问题。事实问题涉及案件事实本身,交由陪审团作出判断;而法律问题涉及法律解释与适用,应交由法官作出判决。[4] 然而,混淆可能性是否属于事实,有些法院持不同意见。有些法院认定,"尽管混淆可能性的判定会涉及法律与事实问题,然而,在最终意义上,还是法律问题。""混淆可能性的认定是一种法律推理,还是法律标准的适用。"[5]笔者认为,解决混淆可能性属于事实问题还是法律问题的争论,除涉及初审与上诉审的权限划分之外,更重要的是具有区分商标混淆性与商标近似性二者之间关系的作用。与混淆可能性的抽象特征相比较,商标近似性是比对依托于客观有形介质的标识之间的异同。菲利普

---

〔1〕 参见邵建东:《德国反不正当竞争法研究》,中国人民大学出版社2001年版,第249页。
〔2〕 See Atari,Inc. v. N. Am. Philips Consumer Elecs,Corp. 672 F.2d 607,614 (7th Cir. 1982).
〔3〕 参见刘孔中:《商标法上混淆之虞之研究》,五南图书出版公司1997年版,第51页。
〔4〕 See Henry P. Monaghan,*Constitutional Fact Review*,Colum L. Rev. ,Vol. 85,1985,p.235.
〔5〕 Lundgren v. Freeman,30 F. 2d 104,115 (9th Cir. 1962).

教授主张“对于商标是否近似的判断属于法律问题，理应由法官来定夺；而针对两个商标是否混淆性近似的判断则属于事实问题，因为这些问题只能借助相关消费者才能回答”[1]。因此，在认定混淆可能性时，除了判定商标是否近似等因素之外，相关消费者的认知起着至关重要的作用。

二、“相关公众”的弹性维度

有学者认为，虽然在我国商标法中“相关公众”比“消费者”意义重，但是作为“相关公众”的核心构成内容，“消费者”理应受到同样的重视。遗憾的是，已有著述鲜有“消费者”的痕迹，除了在谈及“相关公众”中涉及有关“消费者”的只言片语之外，并无任何专著。[2] 笔者认为，尽管“相关公众”与“消费者”会存在些许差异，但是在商标法语境下，除极少数特殊情形之外，两者可以相互替换。尽管《最高人民法院关于审理商标民事纠纷案件适用法律若干问题的解释》第 8 条对“相关公众”予以界定，但是在商标侵权判定中，商标侵权判定的通常表述为一旦他人在相同或类似商品或服务上使用与商标权人相同或近似的商标，如果存在消费者混淆可能性的，则构成侵权。倘若结合《最高人民法院关于审理商标民事纠纷案件适用法律若干问题的解释》第 10 条第 1 款第 1 项之规定，笔者认为在多数情况下相关公众的一般注意力可以等同于消费者的一般注意力。[3] 消费者是否会混淆，与消费者的注意程度密切相关。然而，已有文献并无专门论述消费者注意程度。对此，碧毕教授感慨：“商标法没有关注消费者理论，尤其是消费者的注意程度”[4]。笔者认为，对“相关公众”的正确把握，直接涉及对消费者一般

---

〔1〕 Jeremy Phillips, *Trademark Law: A Practical Anatomy*, Oxford University Press, 2003, p. 320.

〔2〕 参见王太平：《论商标法中消费者的地位》，载《知识产权》2011 年第 5 期。

〔3〕 如果没有特殊说明，本章节的相关公众与一般消费者同义。

〔4〕 Barton Beebe, *Search and Persuasion in Trademark Law*, 103 Michigan Law Review 2020, 2025 (2005).

注意力的判断,以及关系到商标混淆可能性的成立。

(一)"相关公众"的法律拟制属性

司法实践中,法院倾向于把"合理谨慎"作为"相关公众"注意程度的标准,将"合理谨慎的消费者"作为混淆可能性的主观承受主体。"合理谨慎的消费者"是对与特定商标相关的、在购物中会施加通常的注意程度的消费者群体的概括。这种合理谨慎的程度一般是以购买特定商品的相关消费者通常会施加的注意程度。这与民法理论中的"理性人"一样,均是一种法律拟制的主体。民法中的"理性人"指一般情况下普通人所应具有的注意、协助或照顾的程度。[1] 同样,商标法中的合理谨慎的消费者也是对特定商品或服务有关的消费者群体在购买该商品或服务时的注意力的概括。这就意味着,商标法不会仅关注具有高度识别能力,对购买的商品或服务能够进行详细观察、比对的消费者;商标法也不宜将注意程度的标准规定太低,因为法律并不是为了保护那些无知的、不思考的人。[2] 因此,"相关公众"在注意程度上,应当是一群处于平均状态的人。

"相关公众"中的"相关"一词还反映了公众须与商标所负载的商品或服务类型之间存在相对性关系。如果商品或服务完全相同,则相关公众或消费群体应当相同。在商品或服务类似时,怎样界定相关公众?根据最高人民法院相关司法解释,[3]可从中推出相关公众的一般认识的综合判断在一定程度上决定商品或服务的类似程度;两者是一

〔1〕 参见叶金强:《私法中理性人标准之构建》,载《法学研究》2015 年第 1 期。

〔2〕 See Florence Mfg. Co. v. J.C. Dowd & Co. ,178 F. 73 (3d Cir. 1910).

〔3〕 《最高人民法院关于审理商标民事纠纷案件适用法律若干问题的解释》第 11 条、第 12 条以及《最高人民法院关于审理商标授权确权行政案件若干问题的意见》(以下简称《授权确权意见》)第 15 条。就具体内容而言,第 15 条规定:人民法院审查判断相关商品或者服务是否类似,应当考虑商品的功能、用途、生产部门、销售渠道、消费群体等是否相同或者具有较大的关联性;服务的目的、内容、方式、对象等是否相同或者具有较大的关联性;商品和服务之间是否具有较大的关联性,是否容易使相关公众认为商品或者服务是同一主体提供的,或者其提供者之间存在特定联系。《商标注册用的商品和服务国际分类表》《区分表》可以作为判断类似商品或者服务的参考。

种"决定/被决定"的逻辑关系。此外,还有观点认为,"其实,以相关公众为判断主体原则是商标必须结合商品进行判断原则的一项要求,有时候是一个问题的两面,内涵是一样的"[1]。然而,与上述观点不同,《北京市高级人民法院关于审理商标民事纠纷案件若干问题的解答》第10条规定,在确定相关公众时应考虑商品性质、种类、价格等因素对其范围及其注意程度的影响。笔者认为,商品或服务与相关公众之间存在两层关系:第一层关系是特定商品或服务决定各自的消费群体;第二层关系是商品或服务的各自消费群体对两个或两个以上商品或服务的综合评价。因此,"相关公众"注意力的高低与其特定相关的商品或服务之间存在关联性。

"一直以来,法院倾向于消费者注意力受价格影响。昂贵商品或服务的注意力要高于价格低廉的"[2]。笔者认为,商品或服务的价格是影响消费者注意力的主要原因,当然价格的高低并不一定意味着消费者肯定会施加与价格高低相匹配的注意力程度。例如,在高收入者眼里,价格昂贵的商品对该群体而言并非奢侈品,购买时并不会施加过多的注意力。此外,对于某一商品或服务的兴趣爱好者,即使该商品或服务价格低廉,在选择商品或接受服务时,仍旧会详细比对,以求最高满意度。因此,有学者总结,事实上,消费者是认知的"吝啬鬼",只有存在足够的激励机制时,他们才会施加认知的努力。[3] 在心理学上,"认知性卷入"(recognition involvement)是衡量激励水平的高低的重要指标。所谓认知性卷入是指消费者主观上感受品牌、商品、消费过程等与其自身的相关性。对于高卷入度的商品,消费者一般会施加更高的注意程

---

〔1〕 周云川:《商标授权确权诉讼:规则与判例》,法律出版社2014年版,第38页。

〔2〕 Thomas R. Lee, Glenn L. Christensen, Eric D. DeRosia, *Trademark, Consumer Psychology and the Sophisticated Consumer*, Emory L. Rev., Vol. 57, 2008, p. 603.

〔3〕 Ibid., p. 586-587.

度，主动了解该商品的性能、价格等。在购买时较为理性，会在谨慎分析的基础上做出是否购买的决定；而对于低卷入度的商品，消费者追求认知成本的最小化，不会施加太多的注意力，而是根据自己对品牌直接的情感反应，在随意、漫不经心的状态下完成消费。[1]

（二）"相关公众"的整体性与个体差异性

在美国，假如大多数的相关工作可能会造成相近似的商标混淆，被指控的侵权人就会因商标侵权或不正当竞争而承担相应责任。但是，判例法并未就如何对"相当数量"进行定性与定量予以澄清。有学者认为，关于商标侵权的认定，主要取决于众多理性消费者是否存在混淆的可能。[2] 而有的法院则认为，"一小部分普通消费者误认足以构成欺骗性近似，而且法律并无受误导的购买者的数量标准"[3]。因此，相对数量的消费者并不必然意味着消费者中的大多数。[4] 笔者认为，确实存在某个地方被告微小的侵权行为，如果能够一点点蚕食原告的名声与信誉，那也可以构成侵权。但是人与人之间能力是不相同的，这就决定了每个人感受智慧信息中所蕴含的意义与价值是存在差别与竞争的。这就形成了不同人之间真实的智力差异。对于相同的符号形式或许会因为不同个体的理解能力而形成相区别的内容，可以说，人与人之间真正的竞争在于理解不同符号所蕴含的意义和价值的竞争。[5]

当且仅当众多谨慎的消费者存在混淆可能甚至存在实际混淆的情形时，混淆可能性才存在。换言之，商标混淆的成立，并不需要"相关公众"的所有成员具有主观混淆可能性的状态。从反面推导，如果并没有

---

〔1〕 参见姚鹤徽：《论商标侵权判定中的消费者注意程度》，载《知识产权》2014年第4期。

〔2〕 See Thomas R. Lee, Glenn L. Christensen, Eric D. DeRosia, *Trademark, Consumer Psychology and the Sophisticated Consumer*. Emory L. Rev., Vol. 57, 2008, p. 579.

〔3〕 McCormick & Co. v. B. Manischewitz Co., 206 F. 2d 744, 98 U. S. P. Q 367 (6th Cir. 1953).

〔4〕 参见孔祥俊：《商标与不正当竞争法：原理与判例》，法律出版社2009年版，第283页。

〔5〕 参见徐瑄：《知识产权的正当性——论知识产权法中的对价与衡平》，载《中国社会科学》2003年第4期。

为数众多的一般谨慎的消费者之混淆可能性,那么就不会存在商标侵权。鉴于此,《最高人民法院关于审理商标民事纠纷案件适用法律若干问题的解释》第10条第1款第1项中规定"混淆之虞的"的判断要以相关公众的一般注意力为准,在延伸义上,乃是指商标侵权的成立,要以实施一般注意力的相关公众中为数可观的人之主观存在混淆可能性为要件。此外,我国最高人民法院在法国与新加坡"鳄鱼"商标侵权纠纷案的裁判中指出,在具体判断侵犯注册商标专用权的纠纷时,应当以是否足以产生市场混淆当作认定商标近似的考量因素,这主要在于要求相关标识具备不形成市场混淆的较大可能性,并不是要求形成任何人在任何情况下都达到绝对不会误认的程度,对于因复杂的历史渊源与现实状况具有一定相似隐私的相关商标是否近似的认定更应当如此。[1] 笔者认为,"相关标识具有不产生市场混淆的较大可能性"只是"为数可观的合理谨慎的消费者头脑中是否具有混淆可能性"的另一种表述。因此,法律在规制商标市场时,要同时承认"个别群体存在混淆可能性的事实"与"不产生市场混淆的较大可能性"。从商标侵权的司法实践来看,商标权人是消费者的发言人,是在商标侵权中主张他人的商品或者服务上所使用的商标有可能造成消费者混淆的人。然而,细细探究后,现实情况是在判断是否存在混淆可能性之时,事实上或许只存在少量消费者会形成混淆之虞,然而却会因为达到一定程度,法官就会推定混淆可能性的成立。也就是说,在推定过程中,对于未发生混淆的那些消费者的利益在无形之中被法官忽略了。[2] 那么,到底有多少消费者出现混淆才足以认定达到混淆的可能性?据考察,美国有法院认为11%~49%的范围都应被认为满足构成大量消费者混淆。此外,

〔1〕 参见拉科斯特股份有限公司诉鳄鱼国际机构私人有限公司商标侵权案,最高人民法院(2009)民三终字第3号民事判决书。

〔2〕 参见杜颖:《商标法律制度的失衡及其理性回归》,载《中国法学》2015年第3期。

法院“害怕”消费者上当,要保护他们免受各种形式的混淆,如售前混淆、售后混淆等。对此,美国学者戏谑地将这种现象称为“我们蔓延都是大量极为容易上当受骗的消费者”[1]。

(三)基于客观证据的主观判断

源于法律规定并不能针对形成混淆可能性的相关公众的数量作出具体的量化性规定,所以混淆可能性仍然是不确定的概念。倘若追求司法上的科学性,法院在判断相同或近似商标的存在是否造成相关公众混淆可能性时,应当采用消费者问卷调查的方式,以抽样的结果来证明混淆的存在。鉴于“抽样”调查法对商标侵权判定有着引导性意义,在审理商标侵权纠纷案件过程中,当相关条件均具备时,法院会为了较为准确地掌握消费者的感受而要求被告对混淆可能性的元素以消费者调查结果的形式给予证明。法官在凭借该调查结果的基础上方可知晓消费者的认知,从而做出合乎情理的判决。虽然问卷调查似乎是最有说服力的、最贴近事实的证据,但是,因消费者自身存在的个体性差异,再加上调查地点、调查方式等因素的制约,导致调查问卷对商标纠纷之解决所能够发挥的作用是十分有限的。[2] 尽管美国联邦证据规则于1975年形成了传闻证据规则的例外,即通过解释第803(3)条的规定,问卷调查可使传闻证据规则无效。但是,司法实践对调查问卷的态度却有些矫枉过正,即认为倘若商标权人有能力提出却没有提出消费者问卷调查作为证据,那么在商标诉讼中,法院就可以推定消费者事实上并未形成混淆,进而直接做出不利于商标权人的判决。[3] 因此,有学者认为,在美国各州的商标诉讼中将消费者调查问卷作为证据,不仅可以

---

〔1〕 Jessia Litman, *Breakfast with Batman: The Public Interest in the Advertising Age*, Yale Law Journal, Vol. 108, 1999, p. 1722.

〔2〕 参见杜颖:《商标纠纷中的消费者问卷调查证据》,载《环球法律评论》2008 年第 1 期。

〔3〕 See Albert Robin, Howard B. Baenaby, *Trademark Surveys – Heads You Lose, Tails They Win*, Trademark Rep. Vol. 73, 1983, p. 436.

得到广泛的接受与认可，而且也从事实上形成了一种强制。[1]

此外，消费者问卷调查最为核心的问题是问卷的客观性。[2] 很多法院不采纳消费者问卷调查的原因在于多数问卷都是集中到单方委托，而且在一般情形中，各方当事人就调查问卷的委托单位难以达成一致意见，因为无论哪方单方面委托，都会因客观性问题而导致另一方质疑问卷调查的效力，而解决这个问题最直接的办法就是法院的介入。就我国司法实践而言，在商标纠纷中消费者问卷调查证据并没有得到广泛的应用。因此，在没有抽样调查结果的情况下，法官会以一种抽象的拟制，设想自己也作为消费者，进而判断是否存在混淆可能性。因此，主流观点认为法官并不是肆意裁判。因为法官在审理这类纠纷时应当假设为消费者的身份，并假想自身亲临购物环境，从而揣摩消费者心理，最终做出内心的判断。然而，有美国学者指出，在审判商标案件时，美国法官存在不恰当地依赖个人直觉和主观内在意见的倾向。当法官们觉得存在消费者易于混淆的情形，那么商标所有人便可以利用法官们的观点取得广泛的商标权利，并且对于这类混淆往往不会加以任何证实。这样的结果导致要求支撑商标使用形成了混淆可能性的意见的证据在所有案件中都在减少，对于商标所有人的保护更强，也更容易。[3] 作为法律拟制概念，“相关公众”可以对法官的主观性形成制约，然而这对判决结果的可预测性仍然无法提供保证。通过比较不同法官的判决意见，不难发现消费者的注意程度因案件而异。可以认为，当法官不想认定为侵权，那么他就可以声称普通购买者严谨仔细，

---

〔1〕 See Peter Weiss, *Use of Survey Evidence in Trademark Litigation: Science, Art or Confidence Game*, Trademark Rep. Vol. 80, 1990, p. 72.

〔2〕 有法院指出，在提供公共意识调查或者类似的问卷调查证据的时候，首先遇到的问题是相关群体范围适当、选择抽样、专家或调查者合格、调查询问方式以及被调查人自己构思问题的自由度。参见 158 F. Supp. 50, 54 (D. C. Mass. 1957)。

〔3〕 See Peter K. Yu, *Intellectual Property and Information Wealth*, 3 Trademark and Unfair Competition 31, 50 (2007).

不存在混淆可能性。但倘若法官想认定存在侵权,那么自然会降低标准,据此认定普通消费者并无区分能力而受到欺骗,因此会被近似商标混淆。[1]

鉴于商标法强调商标侵权判断依据是存在混淆可能性,而非一种实际混淆情形;因此,法院在判定商标混淆时,做出存在混淆可能性的判定是一种认知上的统一,而且是法律拟制意义上的统一;是法官基于案件事实整体理解与把握的基础上,将相关公众的认知作为一种社会现象予以判断。[2]

三、特定区域管辖权理论:基于互联网行为的特殊性

互联网时代亦是信息时代。信息的爆炸式增长、即时性更新等特征导致网上消费、搜索等互联网行为完全不同于传统环境。当前,在互联网搜索都需要借助搜索引擎。即使通过搜索引擎来缩小信息覆盖的范围,但是在面对搜索结果时,互联网用户仍旧会认为,当他们浏览网页时将会遇到很多网址的可能性,而这些网站可能包含其想要查询的信息,也可能是不相干的。在真正找到其所需的信息网站之前,互联网用户对目标网站的排查始终处于最低限度的合理怀疑中。互联网搜索的边际效应(side effect)也可能是导致互联网用户具有更高注意程度的另一个原因,即在互联网搜索中本来就存在最低限度的混淆。[3]

由于相关公众的一般注意力与商品或者服务类型密切相关,当商

---

〔1〕 See 4 Thomas McCarthy, *McCarthy on Trademark and Unfair Competition*, section 23:92 (4th ed. 2006).

〔2〕 卡多佐:《司法过程的性质》尽管司法判断是基于案件事实,但是法院司法裁判无可避免地受到法官自身因素的影响。这更加说明了法官在判断相关公众是否存在混淆之虞时,是一种主客观相结合的假定。

〔3〕 See *Planned Parenthood of America Inc. v. Bucci*, 42 U. S. P. Q. 2d 1430, 1439 (S. D. N. Y. 1997) ([The Court] note[s] that those with access to the Internet may not be coextensive with the segment of the population to whom plaintiff normally offers its services; those with Internet access may be more sophisticated.) value in determining whether the consumer is likely to be confused.

品或服务类型改变时，相关公众的一般注意力程度也会随之改变。互联网环境下，商标依附的物理属性呈现出“无形”状态。与有形环境中商标随着商品伫立于消费者面前相比，呈现于互联网的商标被大量无用信息干扰。身处于信息爆炸的环境中，消费者有限的注意力无法逐一审查信息的真伪；即使借助搜索引擎予以缩小范围，但以商标作为元标签、以商标作为关键词的弹出式广告等，依旧伴随着网页出现。因此，当附于商品或者服务上的商标出现在互联网时，消费者的注意力会因商品或者服务属性不同而不同；注意力程度的增加并非某一互联网商标所呈现的个例，而是互联网环境下的一种普遍状态。此外，互联网环境下的高注意力要求并非排除个别混淆可能性的存在，尤其在互联网环境下，网络特性导致互联网市场中必然存在一定程度的混淆可能性，而法律应当允许互联网环境中存在一定程度的混淆可能性。对于消费者而言，允许互联网存在一定程度的混淆可能性的收益要大于完全规制的成本（目前法律也无法规制）。

尽管 Zippo 案没有明确说明在何种程度才能达到有效互动的要求，但是该案强调网站性质与行为范围对判断特定目标的意义。在 Calder 案中，法院认为，首先，在意图性的行为之前，需要存在针对性的目标。除了在行为对象上判断行为目标之外，网站所借助的、用于吸引互联网用户眼球的搜索手段，也是判断行为目标的有效路径。例如，在关键词广告、搜索引擎、电子邮件市场或者社交媒体等互联网特定市场工具上的投入；另外，互联网特定市场工具可以有效地增加浏览网站的用户数量以及接触到商标的人数。用户每一次浏览网站时，都会接触商标以及商标所对应的商品与服务；反复几次，用户自然会形成持续性的印象（lasting impression）。其次，网站的性质对实现“最低限度的联系”的要求也有判断价值。按照网站的主动性标准，可将网站分为三类：积极型网站、消极型网站与折中型网站。就积极型网站而言，除了网站上罗列有关商品或服务的信息之外，网站还会以人工或者智能的方式，主动向用户（包括潜在用户）推送相关信息，以此加深用户对商品或服务的印象。消极型网站则只将相关信息陈列于网站，并无主动性的行为。又次，作为互联网最重要的特征之一——流动性，在 Zippo 案与 Calder 案均无涉及。因为互联网是可以立即存在或者消失的市场，互联网用户也可以瞬间与市场相连接或者完全忽视市场。最后，普通法商标保护必须限制于消费者能够识别商标指示于某一特定商品或者服务的区域范围，[1] 区域范围的大小与决定性因素都基于消费者——互联网用户的认知。

尽管鲜有案例真正解决互联网环境下普通法商标权问题，但是至少有一起案例已经开始考虑辩证性地看待这个问题。在 Echo Drain 案中，法院明确指出，尽管 Echo Drain 拥有其网站，但是 Echo Drain 无法提供证据证明在达拉斯市与沃思堡市区域之外还有用户进入网站、下载表演视频或者留言。相应地，即使 Echo Drain 能够证明其享有受保护的商标，但是其商标权并不能自然延伸至达拉斯与沃思堡之外的区域。[2] 基于 Echo Drain 案的观点，一种全新的测试必须要考虑一个问题，即在相关地域范围内，商标使用是否足以对消费者产生持续印象（lasting impression）。尽管该案没有明确阐明，但是早期判决判断普通法商标权的区域范围则取决于商标使用人是否对消费者产生持续记忆力，是否通过销售、电视广告、广播、互联网或者其他媒介来实现。因此，通过互联网商标使用来建立普通法商标权区域，法院可以采用以下（但不限于）因素来判断是否存在持续影响力的问题。该标准是建立在

[1] See W. Scott Creasman, *Establishing Geographic Rights in Trademarks Based on Internet Use*, Trademark Rep, Vol. 95, 2005, p. 1016; Stephen L. Cartert, *The Trouble with Trademark.* Yale L. J. Vol. 99, 1989 - 1990, p. 1016.

[2] See Echo Drain v. Newsted, 307 F. Supp. 2d 1116 (C. D. Cal. 2003).

Creasman 测试的前 5 项要素与互联网的特性基础上:(1)该区域的销售量;(2)该区域的增长趋势;(3)实际购买者占潜在消费者总量的比例;(4)特定区域的销售分布情况;(5)特定管辖目标的广告;(6)互联网广告的数量与方式;(7)互联网商标使用的期限和方式;(8)互联网商标使用的目的和特征;(9)每月的访问量。

笔者认为,上述参考要素结合了早期学者们的建议,同时也增加了新的互联网特定维度的要素。就上述前 4 项而言,侧重于判断有形市场的实际渗透区域与自然扩张区域;后 5 项则是基于互联网特性与区域管辖权原则而罗列的要件。根据 Creason 测试,上述 9 要素应当根据实际案情予以考虑以实现最大限度的弹性。〔1〕 尽管如此广泛的因素列表看起来有些笨拙,但是法院已经开始在涉及显著性、第二含义、侵权、市场渗透与淡化等传统商标案件中考虑上述因素。〔2〕 由此一来,上述因素就可以评估互联网商标使用而形成的商标权的区域范围,并且能够同时处理实际市场渗透区域、商誉区域与自然扩张区域。

第三节　不同市场格局的回应

与有形市场的区域效力量化相比较,互联网环境下商标权效力范围的量化既需要借鉴有形市场的考量因素,还需要基于互联网特性而制定考量因素。在上文,笔者已述,在判断互联网商标权的区域效力

---

〔1〕 See W. Scott Creasman, *Establishing Geographic Rights in Trademarks Based on Internet Use*, Trademark Rep, Vol. 95, 2005, p. 1016; Stephen L. Cartert, *The Trouble with Trademark*, Yale L. J. Vol. 99, 1989 - 1990, p. 1032.

〔2〕 See DeGidio v. West Grp. Corp., 355 F. 3d 506, 510 (6th Cir. 2004); Int'l Kennel Club of Chi., Inc. v. Mighty Star, Inc., 846 F. 2d 1079, 1085 (7th Cir. 1988); Polaroid Corp. v. Polarad Elecs. Corp., 287 F. 2d 492 (2d Cir. 1961); Natural Footwear Ltd. v. Hart, Schaffner & Marx, 760 F. 2d 1383, p. 1398 - 1399 (3d Cir. 1985).

时，需要综合国际鞋业案的“最低限度联系”、Calder案的“影响力”标准以及Zippo案的网站性质与行为广度等因素。因此，在具体考虑实际市场渗透区域、商誉区域、自然扩张区域的考量要素时，要以上述案件所提供的标准为准，判断各区域要素是否符合、体现上述案件的标准。

一、实际市场渗透区域

传统而言，实际市场渗透区域用于衡量在特定区域范围内，商标商业使用的程度。司法实践中，法院采用若干不同因素来判断附有商标的商品是否有效地形成市场渗透。那么，在互联网背景下，法院要面临一个新的问题，即互联网对有形市场渗透的作用。

由于区域管辖权原则的适用中涉及网站、网站与用户之间的联系程度（the degree of contact）问题，这些问题主要集中于网站活动（website activity）的属性与类型。[1] 因此，问题的焦点就是网站活动是否会有助于实际市场渗透。按照类型划分，有三种网站类型：消极型、积极型与折中型。消极型网站既不是贸易销售的渠道也不是企业与用户之间沟通的手段；积极型网站能够促进销售，并提供自动或人工的沟通渠道；折中型网站，即部分积极型的，在一定程度上能够促进商业贸易或者具有提供自动或者人工沟通的功能。

消极型网站并不存在实际渗透的市场贸易活动。在Cybersell案（Cybersell，Inc. v. Cybersell，Inc）中，法院认为仅仅存在消极型网站并不能推导出网站所有人意图将附有商标的商品或服务销售至某一特定区域。[2] 该判决是符合逻辑的，因为消极型网站并无将商标推至市场的意图。消极型网站与部分积极型网站需要更多成熟的处理方式，其

---

〔1〕 See Cybersell, Inc. v. Cybersell, Inc., 130 F. 3d 414 (9th Cir. 1997).

〔2〕 See Cybersell, Inc. v. Cybersell, Inc., 130 F. 3d 414, 419 (9th Cir. 1997).

原因是网站上存在诸多与用户互动的方式,如下载文档、在先填写表格、直接发送邮件给网站运营者、消费者列表、订阅邮件等。在积极型网站类型中,有一种是以销售为目的的互动型网站。对此,我们的判断是,用户与网站的互动是否有助于促进商业贸易,以至于在用户所在区域形成有效的市场渗透;以及如果在用户所在的区域已经存在一个近似性商标(属于在先使用人或者在后使用人),那么用户与网站的互动是否会构成侵犯商标权。

通过以销售为目的的网站互动而在有形市场形成实际市场渗透,是我们首先需要讨论的。网站的互动可能依靠工作人员,也可能依靠电脑智能系统。因此,对于旨在与用户沟通或者实现交易的工作人员或者电脑智能系统,应当予以相同的对待。在判定是否形成实际渗透区域时,法院往往考虑的是销售总量和消费者的数量。那么网站类型(积极、消极或者部分积极型)对实际的市场渗透就显得无关紧要。本质上,法院周而复始探讨的问题,主要是围绕着以下几个要素展开:(1)有多少区域 units 进入了市场;(2)输出成本总额;(3)商品进入市场所需的时间(over what amount of time was the product imported);(4)消费者数量占潜在用户的比重;(5)市场的占有量。

二、声誉区域

声誉区域是与实际市场渗透区域标准紧密相关的。与衡量实际销售量不同,声誉的标准则主要关注广告数量。法院认为,全国性的广告与邮件订单可以在商品或服务并未出现的地方形成声誉。[1] 广告必须在公众印象中形成识别性,[2]才能满足形成声誉的要求。本质

〔1〕 See Western Auto Supply Co. v. Knox, 93 F. 2d 850 (10th Cir. 1937).

〔2〕 See New England Duplicating Co. v. Mendes, 190 F. 2d 415, 418 (1st Cir. 1951).

上,广泛的广告与促销活动都可能形成声誉,并且足以获得普通法商标权。[1]

互联网广告

当阐述法律要求多大程度上的广告才能形成普通法商标权的问题时,困难之处在于有形市场的大小有着多种定义方式:州、市与镇。但是目前鲜有法院根据州、市或者依照政策划分的区域来划定区域范围。[2] 绝大多数法院拒绝根据市场渗透的方式来划定区,而是根据与市场销售渠道以及所利用的分销方式等因素,来判断。不管法院采用什么方式,法院都必须检验商标使用人是否建立知名的声誉。为了此目的,法院通常还会检验贸易的性质、分销以及广告的持续时间。目前,司法针对广告量并不存在一个基准。

此外,互联网广告存在的另一个问题,便是如何分析互联网市场与有形市场的商誉存在重叠之情形。通过互联网广告让消费者认知商标进而形成商誉,这与通过传统媒体对商品广而告之是一样的。如果是这样的话,那么是否应当区别对待互联网与有形市场,进而得出两者是不同的市场?如果法律没有区别对待互联网与传统媒体,那么,法院如何判断通过互联网广告形成有形市场商誉的地域范围?毕竟,法院无法无视互联网广告的效应。实际上,如果网站的内容几乎是有关某一区域的,那么互联网广告可以被视为与传统媒体相类似的媒介,传统媒体的重印次数就如同互联网的点击量,如果网站是针对全国性的,那么也可以被视为全国性的媒体。

1. 互联网的商标广告

值得注意的是,本书所要解决的是互联网广告对商标区域的影响。

〔1〕 See New West Corp. v. NYM Co. ,595 F. 2d 1194,1200 (9th Cir. 1979).

〔2〕 See Pioneer Savings and Loan Assoc. v. Pioneer Finance and Thrift Co. ,417 P. 2d 121,122 – 123 (1966).

此前已有人认为,我们有多种方式去感知无形市场,因此可以允许互联网中适用商标共存原则。然而,这些争议将互联网广告对有形市场的影响这一方面给忽略了。该问题如果予以细化,可分为:(1)如何判断互联网广告已经影响有形区域;(2)如何划分受影响的区域。关于如何划分受影响的区域这个问题,法院认为地域与互联网无关。[1] 根据目前互联网的结构,一个可行的方法就是通过分析网站的目标用户的性质来连接有形区域与互联网世界。尽管绝大多数贸易自然欢迎来自全世界的关注,但是这无法推导出所有网站都以获得全世界关注为目标。我们可以得出,以全球性浏览者与全球性购买者为目标的网站是存在差异的。通过目标对象可以很容易地收集数据,如贸易性质、目标购买者的个性(nature and characteristics)、区域性点击量占全球性点击量的比例、购买者的地点以及购买互联网广告者的位置(the location of buyers of advertising on the website)。因此,根据互联网广告的目标区域进行划分,可分为(1)以全国性为目标对象的网站;(2)以地区性为目标对象的网站;(3)全国性与地区性相结合的网站。例如,很多新闻报纸有自己的网站,并且在网站内会有不同类型的广告。法院以"目标用户"的分析方式,来作为特定广告媒体的限定因素。[2] 如果远程区域的用户选择在互联网上刊登广告,那么其有可能会侵犯其所在区域已经使用的商标。因此,互联网世界与有形世界之间的连接是通过网站内容予以进行。一旦互联网与有形世界之间的关系得以建立,法院可能就面临着如何定义有形区域范围的难题。当全国用户都关注网站时,作为搭建无形世界与有形世界桥梁的网站内容就不再重要。以全国用户为目标的网站对有形世界的影响可以通过广告的性质与销售的

〔1〕 See Reno v. ACLU,521 U. S. 844,890 (1997).

〔2〕 See Thrifty Rent-A-Car System, Inc. v. Thrift Cars, Inc., 831 F. 2d 1177,1180 – 1181 (1st Cir. 1987).

地理区域予以衡量。

2. 流动性的消费者

在传统商标分析方式中,尽管消费者处于流动状态,只要消费者认知商标,那么法院就会允许商标使用人享有所有这些区域。原因是法律推断已经认知商标的消费者更加具有流动性,商标商誉会随着消费者的流动被带到更远的其他区域,而这些区域法律应当予以保护。最典型的例子就是酒店与餐馆。本质上,法律关注的是产业与购买商品或服务消费者的性质。

互联网带来的另外一个问题便是,是否仅因通过互联网来实现积极的商标使用,就需要对特定区域内的商标权取得给予更多的考虑。法院在判断特定区域的市场渗透时,可能会使商标的分量增至最大。然而,如果商标与特定区域相联系,再加上相比较零售店,互联网使某一行业更加受到消费者欢迎,那么法院在判断商标权时,就应当更多考虑互联网商标使用的分量,其原因是更多消费者愿意去访问该网站。

3. 积极型网站与消极型网站的比较

尽管难以计算,但是通过互联网商标使用而获得商标权,确实有极为真实的未来。随之而来的两个问题是,(1)当法院判断商标共存主体的权利时,应当在多大限度上考虑互联网商标使用的分量;(2)互联网商标使用所形成的声誉对远程区域的竞争者或商标共存人的商标权会产生什么影响。第一个问题上述已经回答。针对第二个问题,目前并没有案件涉及。但是现实是,即使是消极型网站也能让由商标共存一方享受商标权的区域的居民知晓远程区域的企业。如果特定区域的消费者在上网时不经意发现远程区域企业的商标时,消费者混淆的可能性就会产生。基于该目的,即使是消极型网站,网站广告同样类似于传统的全国性的广告,而这些广告可以渗透有限的区域。法院认为,在某一区域禁止广告,但是在其他全国性区域予以广告的商标权人,在互联网环境下可以继续全国性广告。[1] 其原因是即使在同一商业区域，只要商业贸易的广告方式与媒介不同，就不存在商标混淆的可能性。[2] 另外一个法院从其他角度支持了上述法院的观点：如果我们禁止被告在原告酒店半径为22英里范围内进行广告，那么，实际上，我们是通过缩小被告有效商业区域——这些区域在原告区域之外——反而扩大了原告的保护区域范围。[3]

本书认为，针对互联网广告，我们没有必要采取超过全国性广告所要求的绝对限制的手段。允许通过特定的广告手段来进行商标性全国广告，进而渗透某一特定区域的案件是过分纠缠于细微差异。由此可以合理地推导出，至少有一些混淆将会导致这样一种情形，即两个混淆的可能性近似的商标会因广告手段的不同，而导致两者间不会存在混淆。互联网上的混淆的可能性近似商标采用同样的广告手段时，法院应当给具有合理注意能力的消费者一定的信任，认为消费者能够认识广告手段的微妙差异而不受混淆；同样，当互联网广告采用不同的手段时，法院应当给具有合理注意能力的互联网用户更高的信任。网站设计、声明以及关于企业地理位置等信息上的差异，都是网站个性的表现方式，而这些方式都会有助于区分互联网上的混淆性近似商标。换言之，网站允许在特定区域内存在最低限度的混淆。

三、自然扩张区域

自然扩张区域标准过于抽象、需要太多逻辑性不强的推理。有形市场的贸易是有迹可循的，互联网广告的数量与位置也是如此。然而，

〔1〕 See Flavor Corp. of Am. v. Kemin Indus., Inc., 503 F.2d 729, 733 (8th Cir. 1974).

〔2〕 See David S. Barret, *The Future of the Concurrent Use of Trademarks Doctrine*, in the Information Age, 23 UC Law SF comm. & Ent. L. J. 687 (2001), p. 704.

〔3〕 See Zimmerman v. Holiday Inns of Am., Inc., 438 Pa. 528, 539 (1970).

这在自然扩张区域的判断上并无多大用处。法院不能因为R公司在网站Y与Z上进行广告,就可以认定公司R将会扩张至A、B区域。一般情况下,如果公司R在针对区域性内容的X、Y网站(与有形区域位置相隔较近)进行广告,那么法院可以认定公司R有可能扩张至附近的Z区域。然而,即使是上述常见情形,仍旧会因网站区域性内容的不统一呈现而变得抽象。

市场渗透的程度是基于客观的物理世界,它需要确定的地域范围作为衡量单位。但是,在互联网背景下,对于商业贸易地域范围的界定成为一个现实难题,各方的互联网商业行为有极大可能接触到本不属于该区域的消费者。[1] 对此,就网络市场的定性问题上,有部分法院认为,当代的互联网只不过是现实物理市场所分离出来的一个销售渠道,并不是与物理市场相对应的所谓的虚拟市场。[2] 虽然如此,仍然有不同法院对物理市场与网络渠道予以了区分,并就其使用提出了相区别的标准:一种标准是对于网络销售渠道中有效的商标使用必须具备大规模的销售与广告;[3]另一种标准则认为只要存在大量公开性的运用就好。[4] 上述两种不同标准所呈现出来的问题在于,在销售的数量和销售的范围上,互联网对于物理市场的渗透度与影响力到底有多强烈。其中,除了Natural Footwear案所提出的衡量商誉的重要指标在于"广告数量"之外,各个网站所提供的广告性质对市场范围的建立也有重要作用。从性质上讲,网络广告与日常交流颇为相近,因而依据网站与消费者之间联系的主动程度的差异性,可将其划分为积极型网站与消极

---

〔1〕 网络空间问题分析,可参见斯坦福大学法学院劳伦斯·莱斯格(Lawrence Lessing)教授的《代码2.0:网络空间中的法律》第二章的论述。

〔2〕 See E. g. ,*Big Time Worldwide Concert &Sport Club at Town Center*,LLC. v. Marriott Int'l,Inc. ,236 F. Supp. 2d 791,804 (2003).

〔3〕 See Lucent Infor. Mgnt. v. Lucent Techonogies,186 F. 3d 311,325(3d Cir,1999).

〔4〕 See Brookfield Communications, inc. , v. West Coast Entait Corp. , 174 F. 3d 1036, 1053 (9th Cir. 1999).

型网站。积极型网站可谓是商业交流的有力平台,它能实现与消费者之间的人工化或自动化“交流”,从而准备将商标推向消费者。消极型网站则往往只会在网站上显示商品或者服务的基本信息,因而它既不可能是商业销售的“导管”,也无法成为消费者与生产者之间进行交流的有力手段。〔1〕两种类型网站的区别主要表现为消费者对于商标的认识程度。虽然,消费者关于商标的认识最初均来源于网站所显示的信息,但是对商标识别性作用的进一步认识还需要将商标不停地贴附于各种商品上以及消费者对此类商品的购买与消费。〔2〕毋庸置疑,网络上的宣传仍旧需要在物理世界中实现商品或服务的交付,传统市场渗透的标准仍然是以某一地域范围内的商品销售数量为依托,网络仅仅是作为一种高效率渠道而存在。因此,市场渗透标准的核心能够在网络商标使用中继续存在。〔3〕

四、远程区域

在有形环境下,商标共存的要求是双方各自处于远程区域,这是适用商标共存制度的地域限制与要求。普通法之所以提出此要求,是基于两个原因:其一,商标权的取得是通过商标在市场中的实际使用,而使用的具体表现形式是附着商标的商品或服务流通于一定有形区域的市场范围。因此,取得商标权之要求,在本质上就是要求商标在有形区域范围内存在流通现象。其二,商标权取得的判断以“先使用”为原则。在同一区域内,如果没有特殊原因,仅能在相同或者类似商品或服务上

---

〔1〕 See David S. Barrett, *The Future of the Concurrent Use of Trademarks Doctrine in the Information Age*, Hastings Comm. & Ent. L. J., Vol. 23, 2001. p. 696 – 698.

〔2〕 对于消费者如何形成商标评价,可参见王太平:《商标概念的符号学分析——兼论商标权和商标侵权的实质》,载《湘潭大学学报(哲学社会科学版)》2007 年第 3 期。

〔3〕 See David S. Barrett, *The Future of the Concurrent Use of Trademarks Doctrine in the Information Age*, Hastings Comm. & Ent. L. J., Vol. 23, 2001. p. 695.

存在一个独立的商标权。以此逻辑，不同区域范围内，法律允许同时在相同或类似商品或服务上存在相同或近似的商标之情形。因此，地域性要件的设置还是为了存在各自独立的使用行为。作为商标共存制度的核心要件之一，地域要件在互联网环境下不断受到挑战，甚至开始质疑互联网环境下商标共存是否还有生命力。众所周知，商标共存制度建立在有形区域基础上，那么，在互联网环境下，这种联系就显得无关紧要。鉴于此，美国联邦第六巡回法院在 Circuit City Stores, Inc. 诉 CarMax, Inc. 案中指出，地域因素只是考虑混淆可能性的一个因素；由于商标共存制度的创设是在 20 世纪，当进入新世纪时，社会生活开始变得“移动化”。基于此，现代科技，尤其是互联网科技，正在瓦解地域因素在商标混淆可能性判断中的作用。现在到了重新去思考商标共存制度在新时代是否还具有生命力的时候了。〔1〕 如此明确表示商标共存制度不适用于互联网环境的，至今只有美国联邦上诉第六巡回法院一家。此后并无任何法院有如此明确的态度，但是在此问题上多数持保留意见：多数情况下，当援引商标共存制度中的地域因素可以减少混淆可能性的原则时，法院开始不再将该原则作为绝对法律适用（apply the principle as a per se rule）。〔2〕 从远程区域的具体标准上分析，判断有形市场商标权效力范围的具体标准与无形市场商标权效力范围的标准大同小异。相似点主要在于判断商标权是否形成的主要因素之一都是市场销售量；差异点则主要表现在介质不同而出现的不同表现形式。例如，在互联网环境下，需要结合互联网的属性（积极型还是消极型）、针对全国性还是特定区域的消费者等。鉴于互联网网站属性与有形区域市场具有一样效果，可以在互联网环境下加以变通地适用远程区域之

〔1〕 See Circuit City Stores, Inc. v. CarMax, Inc. (165 F. 3d 1047 6th Cir. 1999).

〔2〕 See A. Z. Johnson, Jr., Inc. v. Sosebee, 397 F. Supp. 2d 706, 710 (D. S. C. 2005).

规定。如果不加以变通,就目前的法律制度而言,商标法无法解决互联网环境下的商标共存问题。如果重新创设一种新的制度,从成本—收益层面考虑,是不合理的。

在具体司法处理方式上,有些专家提出三项规则:第一项,如果商标使用人所提供的商品或者服务仍旧与实体/有形区域(餐馆、酒吧等)紧密结合的,那么法院可能依旧会倾向于适用商标共存制度。[1] 第二项,如果将互联网作为销售商品或者提供服务的渠道,而不是作为纯粹的广告方式,那么商标共存制度就不存在适用的可能性。因此,双方实际销售商品或者提供服务的实体店处于何处,在处理商标混淆这个问题上,就显得不那么重要了。如果取得联邦注册的一方在全国范围内广告,并且通过互联网向全国销售时,那么,法院根据商标注册权人的申请颁布禁令的可能性就会提高。[2] 第三项,即使严格适用第二项规则,商标共存制度仍旧可以提供在后使用人临时抗辩的权利。一旦联邦注册权人所销售的商品或者提供的服务进入市场,那么法院颁发临时禁令的可能性就会产生。

第四节 主观善意的回应

在传统环境下,商标共存制度旨在维护商标注册制度利益的同时,也意在保护善意在后商标使用人于远程区域范围内所形成的、应当受到法律保护的利益。商标共存制度是绝对商标注册制度的矫正,是对

〔1〕 See Brennan's, Inc. v. Brennan's Restaurant, LLC. 360 F. 3d 125, 134 – 135 (2d Cir. 2004); 24 Hour Fitness USA, Inc. v. 24/7 Tribeca Fitness, LLC, 447 F. Supp. 2d 266 (S. D. N. Y. 2006); cf. Tana v. Dantanna's, 96 U. S. P. Q. 2d 1001, 1010 (11th Cir. 2010).

〔2〕 See Rebel Debutante LLC v. Forsythe Cosmetic Group, Ltd., No. 1:11cv00112 (M. D. N. C. 2011).

商标投入的尊重,亦是公平价值理念的体现。从公平的角度,商标共存主体则以其主观不知晓在先商标的存在(之后演变成并无存在盗取他人商誉的主观恶意)、在远程区域使用商标为由,来对抗商标注册的推定通知之效力。因此,只有具备充分的事实理由时,个案上适用商标共存制度才具有合理性。具体到商标共存制度的适用要件,综上章节所述,商标共存制度的核心适用要件为:主观善意与远程区域的存在。通常而言,只有满足上述要件,商标共存制度才有适用空间。依上文所述,既然互联网环境下适用商标共存制度有其必要性,那么商标共存制度可否原封不动地从传统环境直接适用于互联网环境,这便是可行性的论证维度。

商标共存制度适用要件之一是在后使用人使用商标时主观是否善意,即是否知晓在先使用人商标的存在。通常而言,商标法的商标注册制度具有推定通知的效力,能够消除在商标注册申请公告之后使用商标人的主观善意之抗辩,[1]而且绝大多数法院倾向于将不实际知晓等同于主观善意。[2] 然而,笔者认为,尤其是在互联网环境下,商标共存制度中的主观善意的判断应当从单一的"不实际知晓等同于主观善意"标准转向"将实际知晓作为判断不存在主观善意的重要因素"[3]之标准,即实际知晓并不自动排除主观善意之抗辩。[4]

有形市场中,判断消费者是否存在实际混淆是比较困难的。[5] 该难度会因互联网的无序性(anarchistic order)而使证明实际混淆更加困

〔1〕 See Banff, Ltd. v. Colberts, Inc., 819 F. Supp. 79, 81 n. 4 (S. D. N. Y. 1992).

〔2〕 See Money Store v. Harriscorp Finance, Inc., 689 F. 2d 666 (7th Cir. 1982); Woman's World Shops, Inc. v. Lane Bryant, Inc., 5 U. S. P. Q. 2d 1985 (T. T. A. B. 1988).

〔3〕 Sci. Applications, Inc. v. Energy Conservation Corp. of Am., 436 F. Supp. 354, 359 (N. D. Ga. 1977).

〔4〕 See Mushroom Makers, Inc. v. R. G. Barry Corp., 580 F. 2d 44, 48 (2d Cir. 1978) (concluding that actual and constructive notice of a registered mark did not destroy good faith defense because the party was not aware of the other mark and it considered the senior user's products to be unrelated).

〔5〕 See W. E. Bassett Co. v. Revlon, Inc., 435 F. 2d 656, 662 (2d Cir. 1970).

难。鉴于直接证明消费者是否实际存在混淆的困难程度,在规制互联网上的商标共存情形时,一种趋势是认为互联网的诸多方面可以起到告知在后使用人之效力,以此排除商标在后使用人主观善意之抗辩。依照商标标识(或者商标代码)呈现于互联网的方式,分别涉及商标的域名与网络广告。

一、含有商标符号之域名的通知效力辨析

域名是指互联网上识别和定位计算机的层次结构式的字符标识,是与该计算机的互联网协议地址相对应的符号。[1] 域名作为使用者的网络身份,旨在引导使用者进入网站地址的代码或符号。就社会意义维度而言,域名具有识别性,它是网络用户在网络空间中人格形象的识别符号。[2] 正是基于域名所具备的标识作用,各个企业在选择域名时,往往会以好听、简明易记和给人深刻印象为标准,同时,也希望选择登记的域名与自己的商业标识相近,以便发挥更大的商业价值与广告效应。

域名由两部分构成,一级域名与二级域名。一级域名在二级域名之后,一般有 COM、GOV、ORG、EDU、MIL、INT、NET 等。目前,域名由字母、数字以及符号构成。域名注册由若干个共同分享一个域名数据库的机构进行分别管理。所有的数据库都可以通过搜索找到。由于网络用户在使用网络时,一般习惯性地将域名与企业的名称、商号、商标等商业标识联系起来,因此,尽管一级域名不具备通知的效力,但是以商业标识,尤其是以商标作为二级域名的域名可能具有通知在后使用

〔1〕 域名本身并不等于联网计算机的 IP 地址,即便代表联网计算机物理位置的 IP 地址发生改变,域名仍旧可以保持不变。域名系统能够把域名翻译成新的 IP 地址,用户通过同一个域名仍然可以访问该联网计算机所在的系统。

〔2〕 参见吴汉东、胡开忠:《走向知识经济时代的知识产权法》,法律出版社 2002 年版,第 379 页。

人的效力。

一级域名与二级域名必须申请注册,并且获得相关机构的授权。一旦域名得以注册,数据库管理中心就会确保该域名的唯一性,而不被后来者申请使用。与商标分类注册制度以及商标制度地域性导致的商标标识的非独占性不同,域名的唯一性有利于发送与接收电子邮件或者访问网址。对于域名的分配而言,也必然在唯一性原则支配下,实行“先来先得”的原则。任何人试图查证某一域名是否已经被注册,简单的方法就是在浏览器中输入域名,以此验证网站是否存在。当域名所有人的域名恰好是另一个企业的注册商标,或者同一个商标的两个合法商标权人都以他们的商标作为域名,或者申请分配的域名中包含他人文字注册商标的单词、字母、数字等而引起纠纷时,美国网络解决方案公司(NSI)制定的“NSI 域名争议政策”指出,美国或外国标识的所有人指控一个域名侵犯了该标志的权利时,可以找 NSI。如果他(她)能够提交一份经过确认的标识证明副本,以此证明该标识登记的日期早于该域名启动的日期,那么 NSI 会要求改域名的所有人证明其有一个更早的标识注册。如果在 30 天内做出了证明,该所有人可以继续使用该域名直到法院对该案件做出结论;否则,该域名被暂停,而且在法院对所指控的侵权行为做出判决之前不可以再次分配。然而,该项规制饱受批评的原因之一,是即便有关的商品/服务同他们自己的并不相似,注册商标权人仍能够阻止域名。[1]

因此,法院可以有效地要求在后使用人在使用域名时,进行少量搜索的合理注意义务。少量搜索的合理注意义务,只有当商标由文字构成,并且二级域名只有文字时,才具有操作性。在 The Network Network

〔1〕 参见[美]马特斯尔斯・W. 斯达切尔:《网络广告:互联网上的不正当竞争和商标》,孙秋宁译,中国政法大学出版社 2004 年版,第 8 页。

诉 CBS,Inc 案中,法院暗示互联网具有通知效力。法院认为,不管被告何时发现原告注册域名,我们可以确定的是,被告应当意识到互联网域名的存在,以及意识到已经存在的机构使用“TNN”为大写域名的可能性。[1] 尽管法院并没有十分清楚地说明“应当知晓”的范围,但是从法院分析思路中至少可以得出一定程度的搜索是必要的。言下之意,将搜索义务加给了搜索方对含有商标的域名进行搜索。域名数据库可能包括了多种类型(variations),但是目前并无提供社会公众对域名的其他类型予以搜索的服务。在后使用人只能简单地通过排除法来搜索,并罗列任何可想到的结合方式(combination)。然而所有可能组合的数量让搜索变得无法进行。庆幸的是,技术手段可以搜索任何可能性的商标组合——这样的论断变得具有可能性。那么,制定一个合理的标准是适当的。越是普通的商标,其域名的变化组合型就会越多,搜索结果也自然越多。这就意味着过多的域名,无法起到真正通知的作用。许多法院认为将商标名称用于网址上并不构成商标侵权。[2] 在 Patmont 诉 Gateway 案中,针对被告将其商标“Go-Ped”用于网址的二级域名之情形,原告提出了 6 项与商标有关的诉求:(1)根据《美国法典》第 1114 条,主张商标侵权;(2)根据普通法主张商标侵权;(3)根据《美国法典》第 1125 条 a 款,主张虚假来源(false designation of origin);(4)根据加州贸易与专业准则条例第 14,320 条,主张商标淡化;(5)根据普通法主张反不正当竞争;(6)根据加州贸易与专业准则条例第 17,200 条,主张不正当贸易行为。法院针对原告的主张做出即决审判,认为被告的使用属于指示性合理使用。[3] 原告无法满足在新街边男孩

〔1〕 54 U.S.P.Q.2d 1150 (C.D.Cal. 2000),available in 2000 WL 362016 at ＊4 (C.D.Cal. 2000).

〔2〕 See Patmont Motor Werks, Inc. v. Gateway Marine, Inc., 1997 WL 811770 (N.D. Cal. 1997); PACCAR, Inc. v. Telescan Tech., L.L.C., 115 F. Supp. 2d 772, 780 (E.D. Mich. 2000).

〔3〕 Patmont Motor Werks, Inc. v. Gateway Marine, Inc., 1997 WL 811770 at ＊3.

诉讼美国出版公司案[1]中所提出的三步检验法(three part test):(1)案件中的商品或服务必须与商标相结合才具有唯一性(identifiable);(2)只有用这些商标,才能满足实现识别商标或者服务;(3)使用者不能够做任何暗示与商标权人之间存在赞助或者隶属关系的行为。[2] 法院认为,显而易见的是,被告在二级域名上/URL上使用商标,并不代表着与原告之间存在赞助或者隶属关系。其原因是原告的商标并非构成网站的域名。因此,法院判决:域名与URL即网址是有区别的。本质上,域名是与商品来源相联系,但是除去URL中域名成分,所剩下的部分并不会导致混淆。

即使搜索所有网址只需要较低成本的假设是成立的,将商标使用于URL上仍旧不能构成通知的效力。互联网网址的增加速度是惊人的,每天数据库内都会输入大量新的网址。[3] 同时,由于旧网址并没有从搜索引擎所处的系统中删除,大量过时的、已经无效的网址仍旧会出现在搜索结果中。由于不存在能够搜索到所有网站与URL网址的中心数据库,若想要查询注册域名的企业只能根据域名予以搜索,而目前商业中使用商标名称作为URL成分,用当前的搜索引擎是无法察觉的。因此,在后使用人可以提出抗辩,认为其已经采取了合理的搜索措施;法律不能强人所难,要求在后使用人搜索无法统计数量的近似商标的组合类型。

二、网络广告的通知效力之辨析

互联网呈现在先使用人商标可以起到一定程度的注意效力之观点

〔1〕 New Kids on the Block v. News America Publishing, Inc. ,971 F. 2d 302.

〔2〕 See New Kids on the Block v. News Am. Publg. ,971 F. 2d 302,308 (9th Cir. 1991).

〔3〕 据估计,每天至少会增加200万个新网站。Peter Lyman & Hal R. Varian, How Much Information? <http://www. sims. berkeley. edu/how-much-info> (accessed 2015－12－01).

的另一个理由是互联网存在大量的搜索引擎,他人可以通过搜索引擎来判断在其使用商标之前是否已经存在商标。此外,有三种主要方式使商标可以出现在互联网广告中:弹出式广告(banner advertisements)、超链接以及元标签。超链接与元标签都是处理文字程序。对于弹出式广告是否具有通知效力,主要取决于广告的散布范围与搜索引擎的定位能力。商标可以隐藏于永久性的横幅式广告中或者存在于因用户的点击、浏览而弹出的横幅式广告中。网页的缓冲功能可以保留用户的浏览记录,以便弹出式广告出现在网站上。

(一)竞价排名的影响

搜索引擎服务在竞价排名模式商业化之前,一直无法实现回收因搜索引擎技术开发而支付的大量成本。竞价排名的出现,建立了有效的商业回报模式,让搜索引擎的技术能够转化为可观的商业价值,互动性的作用刺激了搜索引擎公司加大资金研发更加先进的搜索技术。

对于消费者而言,搜索引擎是从海量信息中提取有效部分的最便捷工具;对于经营者而言,搜索引擎却是能够实现将经营信息占据消费者有限注意力的最有效工具。然而,能够出现在用户视野内的有效信息毕竟是有限的,这意味着有些经营者的信息就会被淘汰。为了竞争有限版面,搜索引擎商推出了竞价排名的业务。所谓竞价排名,是指对于同一个关键词按照付费进行高低排名的规则。本质上,竞价排名是以投标的方式决定某一关键词的控制权。[1] 从经济意义角度,竞价排名是以"低投入、高产出"的方式提升企业销售与品牌知名度。对于资金少、刚起步的中小型企业,效果尤其明显。因为通过竞价排名,中小企业能够实现低成本而快速获得市场的机会,满足了提高自己网站和

〔1〕 参见陈晓俊:《竞价排名商标侵权认定的新思路——商标间接侵权原则的应用》,载《电子知识产权》2009年第4期。

产品曝光率的需求。

尽管广告中的关键词数量无限制,可以在后台设置无数的关键词进行推广,而且竞价排名实行“无点击无费用”的收费标准,但是,经营者最重视的是关键词搜索的有效性。因此,企业在选择关键词时,往往会考虑关键词与企业产品、形象等方面的相关程度与使用频率。产品所归属的行业、产品的通用名称、行业中的驰名商标、产品用途等相关词汇,都是消费者在搜索时最先联想到的关键词,而这些词汇自然也成了企业挑选关键词的首选。因此,如果搜索引擎中存在竞价排名,那么要求在后商标使用人区分搜索引擎中的竞价排名结果,承担了过重的义务。

(二)弹出式广告通知效力之辨析

当消费者眼球从实体市场转向网络市场时,生产商必然要重新制定广告策略,以适应网络市场的广告规则。与传统报纸广告的“一对一”传播模式、电视传媒的“一对多”模式不同,互联网广告则是“多对多”的模式。早期互联网依靠广告收入予以维持日常运营,但是,随着网络广告点击率的下降,导致广告收入锐减。为保证广告收费,互联网开发商开发出新型的互联网广告方式。作为新型方式之一,弹出式广告既能满足广告投放需求,又能满足客户自主性的要求。结果显示,弹出式广告比传统互联网广告效率更高。尽管如此,弹出式广告中所涉及的商标问题,极易造成消费者与商标权人的困扰:鉴于弹出式广告会影响上网的效率与心情,消费者希望在网络冲浪时,不会再出现未经其同意就自动弹出的广告;而商标权人认为,弹出式广告存在“搭便车”之嫌,分散潜在客户对其商品/服务的关注,混淆商品/服务的来源,故认为弹出式广告构成商标侵权,要求法院禁止未经其同意而使用商标的行为。

诸多法院在审理弹出式广告商标纠纷时,均认为弹出式广告本身并不构成商标法意义上的商标使用。[1] 尽管各法院的结论相同，但是得出结论的理由却相异。美国联邦一地区法院认为，WhenU 公司所提供的用于激发弹出式广告的“统一资源定位者”（Uniform Resource Locators，URLs）仅具有“纯机械性链接的功能”（pure machine-linking function），而非商标法意义上的指示与区分商品/服务来源的功能。为判决的做出，法院引用了 Lockheed Martin Corp 案中的基本原理：即使域名作为识别企业的标识，仍旧不能成为商标。只有当域名作为识别与区分商品/服务的来源时，才能作为商标，从而可能构成商标侵权。依该原理，法院判决 WhenU 公司将 U-Hual 公司的域名与词汇纳入目录，并不构成商标侵权，因为 WhenU 公司使用商标的目的仅是实现“纯机械性链接的功能”，绝不是为了宣传或者推销 U-Hual 公司的网页或者商标。[2] 无独有偶，密歇根州东部的地区法院亦判决，WhenU 公司使用域名并不是为了指示商品/服务的来源，而只是为了指示网址。[3] 尽管纽约州南区地区法院在1－800 Contacts 公司诉 WhenU 公司案中认定 WhenU 公司构成侵权，但是联邦第二巡回上诉法院推翻了一审判决，并对 U-Hual 案判定的“纯机械性链接的功能”结论予以支持，同时还强调 WhenU 公司使用 U-Hual 域名的行为并不构成商业性使用（use in commerce），更主要是因为 WhenU 公司只是将 U-Hual 的域名作为进入网页的网址，一把进入网页的“公共性钥匙”（public key），而不是将其作为网页所宣传的商品/服务来源指示。[4] 既然弹出式广告本身不构成商标使用，那么商标直接侵权就无从谈起；但是，弹出式广告服务提供者是否存在间接侵权之嫌？

---

〔1〕 See 1－800 Contacts，414 F. 3d at 409－411； Wells Fargo，293 F. Supp. 2d at 761； U-Haul，279 F. Supp. 2d at 728.

〔2〕 See U-Haul，Inc. v. WhenU. Com，Inc. ，279 F. Supp. 2d at 728 （E. D. Va. 2003）.

〔3〕 See Wells Fargo & Co. v. WhenU. Com，Inc. ，293 F. Supp. 2d at 762 （E. D. Mich. 2003）.

〔4〕 See 1－800 Contacts，Inc. v. WhenU. Com，Inc. ，414 F. 3d at 402 （2d Cir. 2005）.

软件之所以能实现广告激活，关键在于输入的域名或词汇与软件自带目录之间存在交集，而实现交集的重心往往在于两者之间的关联性。关联性的表现形式有多样，如同属一个行业、商品/服务存在竞争关系或者隶属关系、衍生商品/服务的关系等。也正是基于此，广告者也只关注与自己有关联性的企业标识作为激活广告的“引子”，并以出现该“引子”而作为判定用户是否为潜在消费群体。当广告者意图通过关联性标识（如商标）吸引用户，试图让用户相信所弹出的广告与其搜索的网页之间存在一定的关系时，那么可判定广告者的行为已构成商标使用；如果用户对网页所宣传或推销的商品/服务的来源产生（广义上的）混淆，商标直接侵权就可认定。尽管广告服务提供者（软件提供者）与广告者之间仅存在合同关系，但是这并不能完全排除其一定限度的审查义务。当广告者的网页中出现商标时，广告服务提供者应该禁止该广告的弹出，否则，将会承担帮助侵权行为的间接责任。但是，倘若弹出式广告已经表明广告与商标之间并不存在关联，那么就不存在损害商标权人利益之行为。因为，在这种情况下反而增加了消费者可能感兴趣的替代商品等信息。[1]

在全世界范围内，遏制弹出式广告的呼声越来越高。很多提供网络服务的公司已经悄然转变原有观念，宁愿损失部分广告费也会建议广告主选择其他形式。2006 年 11 月，网络巨头雅虎公司在其网站的工具条上追加了拦截弹出式广告的功能。微软同样也在其 IE 浏览器中嵌入自动屏蔽弹出式广告的新功能。尽管很多公司已长时间提供该项功能，但是微软的行动才是最致命的，因为 90% 的浏览器都是 IE。由此可见，弹出式广告退出历史舞台只是时间问题。

---

〔1〕 See 1 – 800 Contacts, Inc. v. WhenU. Com, Inc., 309 F. Supp. 2d at 501 (2d Cir. 2005).

(三)小结

综上所述,互联网的域名、网络广告等形式并不能排除商标在后使用人使用商标的主观善意之抗辩。第一,数据显示,搜索引擎所收集的数据只是互联网信息中的一部分。第二,互联网搜索手段只在个人能够使用电脑时才能实现。第三,公共领域的信息无法起到任何形式的通知作用。无论商标是否属于共有领域,都不能因为商标存在于互联网就可以得出存在通知效力。因此,针对互联网上出现商标就构成通知的反驳就显得更加有说服力。再则,太多的网页无法被搜索引擎找到,[1]商标在先使用人的商标是否会呈现在网页上,进而起到通知的作用,这主要取决于网页被搜索引擎找到的概率。即使通过多种搜索引擎,也可能无法保证所有的网页都能够被搜索到。如果搜索的商标属于描述性的、暗示性的或者任意性的,那么搜索的结果更会降低。尽管在后使用人通过多种搜索引擎查找商标,但是浏览完所有的搜索结果,必然需要巨大的体力。(搜索结果的多寡,取决于输入搜索引擎的词的共性。像描述性的、暗示性的或者任意性商标,由于由单个词构成,就极有可能出现不计其数的结果,而词组或者创新性的商标的搜索结果可能就会相对较少。)第四,查找商标在先使用人商标的结果还取决于搜索引擎的运行性质/特征(nature),如竞价排名,即搜索引擎所呈现的结果排序会根据所列出网站所有人所出价格高低进行排列。这极有可能将在先使用人的商标埋在最底下。第五,如果呈现在互联网上的商标由图形构成,那么搜索引擎会因元标签(metatags)里没有相关的关键词而无法识别。[2] 即使借助图形识别软件,当下的搜索引擎仍旧无法

[1] Jocelyn Kaiser, *Search Engines Fall Short*, 285 Science (July 16, 1999) ("A survey of the 11 most widely used search engines found that no single engine covered more than 16% of the Web's contents, but scientists predict the search engines will catch up as the Internet's growth slows down.").

[2] See Maureen A. O'Rourke, *Defining the Limits of Free-Riding in Cyberspace: Trademark Liability for Metatagging*, Gonz. L. Rev., Vol. 33, 1997 - 1998, p. 280 - 281.

承受大量的图像数据。鉴于存在大量的网址、通过搜索引擎找到网站的未知概率、网站被垫底的可能性以及图形商标无法被探知的情形，网站究竟在多大程度上起到通知在后使用人的效力？笔者认为，网站的商标呈现无法直接得出对商标在后使用人的推定通知效力。此外，通知推定效力，对于描述性、暗示性和任意性商标而言，要求过高；但是对于臆造商标，则可以采用该标准。其理由是描述性、暗示性与任意性商标的共同特征就是存在众多组合，甚至有些商标过于普通而无法有效搜索。如果法院不尝试着解释通知推定效力，在当事人无法操作的情况下，只能要求法院自行通过搜索引擎去查询。然而，由于法院可能不会自行搜索，是否意味着法官或者法院委托的专业人士需要去搜索？

三、搜索引擎的局限

由于存在着上亿个网站，根据浏览者选定的关键字，即便是最好的搜索引擎也会返回一系列最不相关的网站列表。这种低效率（甚至无用）来自网站所有人会努力使用一切必要手段使其网站在许多关键字搜索上都看上去更显著有关，包括对他们的网站附加一些毫不相关的关键字。考虑到这个背景，人们就可以轻松地理解为何一个关键字搜索在结果上是如此的定向化或存在功能局限。浏览者如果想要找到一个特定的网站，从同样的搜索引擎中连续搜索，只对关键字做微小修改，就会收到相差极大的搜索结果。否则，两个网站如果都基于同样的类型，也包含类似的内容，却会在浏览者搜索得到的网站列表中相差甚远。据考证，每一个网站运营者的主要目的都是追求在不同的关键字搜索列表、不同的搜索引擎中列于显著位置。因此，许多“聪明”的网站运营者不断尝试欺骗搜索引擎，来使它们的网站在各种关键字搜索的结果中都返回他们的网站，而搜索引擎运营者却在不断尝试如何避免这种操纵，来保有他们的完整性以及有效性。那么，法院试图通过非正式的方式来链接两个及以上并存使用者的网站（如同他们在搜索引擎列表中那样），而不对特定的搜索引擎运营者开出禁止令，这看上去不太可能。然而，非正式链接两个及以上网站的任务基于不同搜索引擎的特点会产生不同效果，该任务相较于操纵搜索引擎来使一个特定的网站在各种关键字搜索下都列于显著的位置来说是更容易实现的。也就是说，避免混淆的关键点在于：将网站与一个列表关联起来，而不论他们显示在何处——是否在顶端或是在底部，这在法院看来都没有关系。搜索引擎运营者使用多种不同的网站内容来建立他们的索引。通常而言，网站的重要内容会被纳入搜索引擎索引，即网站标题、重复文字以及标签等。这些内容因其在关键字搜索的返回结果中使网站处于显著位置发挥决定性作用而非常重要。也就是说，当浏览者输入一个或多个关键字，搜索引擎会使用这些内容来决定是否将特定网站归为与输入的一个或多个关键字相匹配。因此，基于搜索引擎功能上的局限性，或是更加聚焦地看到这三种搜索引擎在根据搜索结果返回网站排名的过程中最常使用的内容，法院就可以要求各方在网站中将相同的关键字加入这三种内容当中，使网站链接到搜索引擎列表中。换句话说，法院可以要求各方在其网站中使用相同的标题、重复字段或标签，或者三者的集合。如此一来，任何一个关键字搜索都将返回类似的网站排名，正是网站在最重要的位置都使用了相同字段的缘故。

第五节　互联网环境下商标共存制度的适用模式

互联网环境下商标共存制度的必要性与理论可行性是商标共存制度互联网化的第一步障碍。第二步障碍则是互联网商标共存制度的适用模式问题。关于适用模式的讨论，主要存在以下几个观点：其一，商标共存制度互联网化应当按照 Natural Footwear 案中的要素来修改法条;如果一方在特定时间内申请商标注册,就可以授权该方享有互联网上的商标权。其二,“在网页上做出一方与另一方彼此之间不存在关联性的申明、将共存的商标链接到中立的网站、通过操作搜索引擎实现双方在搜索结果相互挨着、创设地域限定的顶级域名”[1]。其三,通过链接双方网站,或者通过元标签在两者之间创建非正式的关联性,以达到消除混淆。其四,将双方网站与第三方中立网站相连接。[2] 其五,要求双方购买与保持一个区域性的域名,进而降低混淆。[3] 下文主要针对所列模式的利弊予以分析,并阐述现行商标法律制度下采用何种模式是最适合的。

一、“网站申明”(Disclaimer)模式

在互联网场景之外,法院并不将达成一致的免责声明视为侵权使用一个标志的有效豁免。对于互联网,法院还没有看到有说服力的免责声明,但已经基于其他原则简单地识别出它们是否有效。例如,当一方没有似是而非的权利主张却在自己的网站上使用其他人的标志时,法院几乎不认同免责声明可以作为排除混淆的依据,却将“初始兴趣混淆”视为需要被避免的商标权侵害。然而,当诉争侵权标志使用者确有一个似是而非的主张,法院也并不希望完全将该方使用标志的行为排除在互联网以外时,法院则认定该方没有侵权,甚至并不要求一方在他的网站上公布一个免责声明。例如,在 Flavor Corp. of America 诉 Kemin Industries, Inc 案中,Flavor 公司在佐治亚州和佛罗里达州建立了

---

〔1〕 Robert Nupp, *Concurrent Use of Trademarks on the Internet: Reconciling the Concept of Geographically Delimited Trademarks with the Reality of the Internet*, Ohio St. L. J., Vol. 64, 2003, p. 651.

〔2〕 Ibid. p. 655.

〔3〕 Ibid. p. 665 – 666.

“PESTLURE”的商标权，而 Kemin 公司在其他 10 个州取得商标权。尽管 Kemin 公司被禁止在佐治亚州和佛罗里达州内使用“PESTLURE”商标，但是其申请要求在全国范围的广告上进行使用。法院在判决中指出，法律应当授权 Kemin 公司采用先进的市场技术（如全国性的广告）来进行广告，但是必须在广告显著的位置申明其所销售的产品在佐治亚州和佛罗里达州并没有销售。[1]

反对采用“网站申明”模式的观点认为，消费者也许会断言商品名称是域名的基本成分，即“www. 商标名称. com”就应当是网站的域名，而这个域名应当能够引导至该商标权人的网站。如果允许互联网上的商标共存将会导致一种情形，即混淆性相似的商标被用于所销售的或者广告的商品上，并且出现在消费者无法购买商品的区域。笔者认为，如果详细分析该反对意见中有关判断商标混淆的因素，不难发现其中的关键因素是对相关消费者的老练程度之判断。商标法意义上的商标混淆的对象应当针对一般的、非老练的消费者。有些司法判例将互联网用户的注意力程度视为最低限度，如联邦第九巡回法院在判决中指出：在互联网背景下，进入一个网站不费吹灰之力——只需要点击一个链接或者搜索结果即可。因此，与判断传统有形物理商标的商标权归属相比，网站用户更有可能会被网站的归属所误导。[2] 然而，该司法观点没有正视互联网环境下的行为变化，没有正视网络用户注意力正在发生改变或者已经在改变的事实。当涉及网络搜索与网上购物时，网络用户逐渐变得更加理性，并且消费者已经适应通过搜索引擎来寻找网络上的信息。由于互联网的全球性，用户正面临着产品、服务还有企业选择过多的境遇。用户无法判断搜索结果所罗列的网站与其想要找的网站

---

〔1〕 See Flavor Corp. of America v. Kemin Industries, Inc. ,503 F. 2d 729 – 733 (8th Cir. 1974).

〔2〕 See Brookfield Commc'ns, Inc. v. W. Coast Entm't Corp. ,174 F. 3d 1036,1057 (9th Cir. 1999).

之间是否存在关联性。正如 Toyota Motor Sales 诉 Tabari 案的判决所言，网络用户需要浏览一个又一个网站，并且如果他们不满意结果时还需要返回到搜索结果页面。在他们浏览网站之前，是无法判断网站的来源或者隶属关系。[1] 因此，法院甚至建议普通法商标权人必须找到互联网上相互区分的新方法，而不是求助于商标法。[2]

还有反对观点认为，“网站申明”无法解决互联网商标共存所导致的混淆，尤其无法解决“初始兴趣混淆”之问题。关于“初始兴趣混淆”的争议，前文已做阐述。网络用户在一定程度上会被混淆，但是该混淆情形与商标法通常禁止的行为侵权所导致的混淆不同。[3] 商标法必须允许网络上存在一定程度的混淆之虞。互联网上的混淆性近似商标采用同样的广告手段时，法院应当给具有合理注意能力的消费者一定的信任，认为消费者能够认识广告手段的微妙差异而不受混淆。同时，法院应当给具有合理注意能力的互联网用户更高的信任。网站设计、声明以及关于企业地理位置等信息上的差异，都是网站个性的表现方式，而这些方式的存在都会有助于区分互联网上的混淆性近似商标。因此，在互联网环境下适用商标共存制度时，可以要求：(1) 双方应当在销售商品网页上指出哪些区域有销售商品（基于普通商标法有限商标权区域）、哪些区域没有销售商品（基于联邦注册或者全国性广告使用）的申明（disclaimer）；(2) 互联网上的商标使用不能恶意进入他人的区域保护范围；[4] (3) 表明各方的隶属关系，尽可能地降低消费者心中的疑惑。这个方案帮助消除消费者对来源的误认：如果一方诚如其免责声明中描述的那样，不能在消费者的区域内销售，那么该方就

---

〔1〕 See Toyota Motor Sales, U. S. A., Inc. v. Tabari, 610 F. 3d 1171, 1179 (9th Cir. 2010).

〔2〕 See Dudley v. Healthsource Chiropractic, Inc., 883 F. Supp. 2d 377, 395 (W. D. N. Y. 2012).

〔3〕 See Lang v. Ret. Living Publ'g Co., Inc., 949 F. 2d 576, 583 (2d Cir. 1991) (原文是：holding that trademark infringement precludes "mistaken purchasing decisions and not against confusion generally").

〔4〕 See Harrods Ltd. v. Sixty Internet Domain Names, 302 F. 3d 214, 234 (4th Cir. 2002).

不会是消费者搜索的产品或服务的来源。免责声明的要求可以比简单地列明某一方的市场区域更加宽泛,法院可以进一步要求一方去参考另一方的声明,消费者因此也就可以去寻求使用这个标志的其他方。

二、提供链接的模式

对"根据免责声明的要求,仅仅是引用其他网站"的另一个更加直接的替代方案就是,要求在声明一方的网站上列出一个真实的链接。法院可以要求并存使用者在他们合适的网站上提供转向其他方网站的链接。这个链接毫无疑问需要附上一段描述或声明,来表明其他方的利益(例如,描述其他方的市场,或精确地声明其他方的市场)。法院的另一个救济方案就是,要求并存使用者在一个有争议的域名的专门页面上提供转向他们网站的链接,并紧接着为网页浏览者提供有关识别信息、并存使用者市场区域等描述信息。这样的要求并不会给各方造成太大的负担,也可以极大地降低消费者混淆的可能性。[1] 但是一方在另一方网站中显示的直接链接可能会在消费者中间不合理产生对这两方隶属关系的误认风险。换句话说,一方可能会不合理地从另一方对该方直接链接到对方网站的行为中获利。当一方并存使用者的运营显著地比其他方都多的时候,这种情况就会发生。举一个非域名案例来说明:在思锐福体租车[2]案中,尽管公平原则已经支持双方之间的非正式链接,但也产生了另一个问题:该案中,善意在先使用者将特定市场区域限定在马萨诸塞州的一个城市中,而在后使用者是一个全国驰名的租赁供应商。考虑到思锐福体租车公司是在后使用者、联邦注册

〔1〕 See Jennifer R. Dupre, *A Solution to the Problem? Trademark Infringement and Dilution by Domain Names: Bringing the Cyberworld in Line with the "Real" World*, Trademark Rep., Vol. 87, 1997, p. 628 – 629.

〔2〕 See Thrifty-Rent-A-Car System, Inc. v. Thrift Cars, Inc. 639 F. Supp. 750, 750 – 757 (D. Mass. 1986), aff'd, 831 F. 2d 1177 (1st Cir. 1987).

人,并为扩展其市场区域至除了马萨诸塞州以外的其他全国范围付出了勤勉的努力,要求这个国家级的思锐福体租车公司供应商在其网站上显示一个指向本地的思锐福特公司,确有不公。然而,完全禁止善意的在先使用人使用互联网也失之偏颇。那么,如果双方都在各自的区域上使用某一相同或者近似的商标标识来销售相同或类似的商品或者服务时,他们中的一方或者双方都决定运营一个带有商标符号的网站,鉴于商标法对公平价值的追求,以及双方都是合理的共存使用者,法院可能会认为最好的解决办法是要求各方都从一个集中的空白页面里陈列可以导向他们各自网站的链接,并提供一份免责声明。根据法院的要求,这会导致用于该网站的一方需要再次注册另一个域名来运营他的网站。为了解释这样做的目的在于消除消费者混淆,法院则强调:任何一个网络用户,如果意图定位到任何一方的网站,则都可以以带有商标符号的域名来完成地址的输入,或者使用关键字搜索来定位含有商标符号的域名。不论用户是希望找到哪一个网站,只要他登录域名下的网站,都会看到在这个网站上显示两个网站,并且由于存在免责声明的提示,用户有理由知晓哪个网站才是其目标网站。[1] 然而,笔者认为,采用独立网站集中显示的方式能够减少近似性网站带来的注意力混淆,但是该模式可行性需要存在一个假设前提,即要么双方均没有提前注册含有商标符号的域名;要么其中一方将其原先注册的域名作为独立域名,然后再次申请注册另一个域名。事实情况是,根据域名注册的"先到先得"规则,合法抢先注册域名的所有人并没有法律义务放弃其域名的所有权。再则,如果域名通过广告宣传或者实际运营具有了一定的知名度,在消费者行为习惯中"烙"下一定的固定输入路径"记

〔1〕 See Robert Nupp, *Concurrent Use of Trademarks on the Internet: Reconciling the Concept of Geographically Delimited Trademarks with the Reality of the Internet*, Ohio St. L. J., Vol. 64, 2003, p. 657 - 659.

忆”,那么变更该路径必然会导致原本并不需要其承担的成本,而该成本与两个域名同时存在而产生的注意力分散的成本之间,孰重孰轻,令人难以权衡。

三、增设关于互联网商标使用的条款

有学者认为,法院与(美国)国会具有创立特定的规则或者立法来修补与互联网有关或者无关问题的先例,如果在《兰哈姆法》中开辟一个专门的章节来调整互联网商标共存使用,这也并非创新或者无先例可循。[1] 对《兰哈姆法》的修正,可以解决对普通法语境下的使用者在传统保护上所面临的特殊问题,并通过保护手段的革新,使之可以适用于普通法语境下的互联网用户,因此提议增加特定条款。

第1125条

(e)互联网上的商业使用

(1)如果互联网上的商业使用是为了设定第1115(b)(5)条[2]规定的在合理区域内的持续使用,首先在互联网上使用某个

---

〔1〕 例如,美国国会在1999年通过了《反域名抢注消费者保护法案》[15 U.S.C. § 1125(d)(2006)],来解决商业主体或者个人恶意抢注域名之纠纷。再者,一些法院通过判例法的形式来处理互联网带来的“初始兴趣混淆”问题。See Dr. Seuss Enters., L. P. v. Penguin Books USA, Inc., 109 F. 3d 1394, 1405 (9th Cir. 1997), Mobil Oil Corp. v. Pegasus Petroleum Corp., 818 F. 2d 254, 259 – 260 (2d. Cir. 1987).

〔2〕 第1115条b款5项被控商标侵权的一方当事人在使用商标时并不知晓商标注册人的在先使用之事实,并且其本人或者与之密切关系之人的持续使用状态要早于以下:(A)依第1057条c项规定的商标推定的时间,(B)在1988年商标法修正案生效之前即已提出申请,或(C)依本法第1062条c项之规定公告前已经继续使用,且于使用前不知道商标已注册者。但此项抗辩,限于已证明以前已经继续使用之地域内,始得提出;原文为:1115(b)(5): That the mark whose use by a party is charged as an infringement was adopted without knowledge of the registrant's prior use and has been continuously used by such party or those in privity with him from a date prior to (A) the date of constructive use of the mark established pursuant to section 1057(c) of this title, (B) the registration of the mark under this chapter if the application for registration is filed before the effective date of the Trademark Law Revision Act of 1988, or (C) publication of the registered mark under subsection (c) of section 1062 of this title: Provided, however, That this defense or defect shall apply only for the area in which such continuous prior use is proved。

标志的一方有权禁止使用互联网上其他可能导致混淆的标志。

(2)如果在先使用者的行为如同在物理空间上使用那样是诚信的,那么该方可构成互联网上的商业使用。法院可以考虑以下要素来决定是否构成诚信的商业使用:

A. 在其他方进入在线市场的时候,该方的销售额;

B. 相关的潜在销售增长;

C. 重大销售之后的持续时间;

D. 在线广告的深度。[1]

(3)如果法院认定一方享有在互联网上使用一个标志的权利,且没有根据第1051条[2]或第1091条[3]注册,该方享有在9个月内向当局申请注册该商标的权利,否则视为放弃。

该学者认为,此模式的优势在于:第一,对《兰哈姆法》增加本条意图面对以下两个普通法下互联网使用者面对的主要问题。目前特殊分析的方法是相互隔离的,且缺乏统一性,而提案给予普通法使用者一个保留他们在互联网上使用标志的机会。诚如上述讨论,法院仍在尝试(或者更准确地说是逃避)解决互联网与普通法下地理位置的局限性。这种通过司法分析解决问题的犹疑暗示着国会至少需要提供一个框架来解决这个问题。不仅是对国会的回应提供一个统一的、系统的分析普通法下互联网商业使用问题的办法,法院还需要在行使裁量权时有一个相同的参考系。

---

〔1〕 该学者主要从 Natural Footwear Ltd. v. Hart, Schnaffer & Marx, 760 F. 2d 1383, 1398 - 1399 (3d. Cir. 1985)案中析出四点要素内容。

〔2〕 15 U. S. C. A. § 1051 Application for registration; verification. (a) Application for use of trademark; (b) Application for bona fide intention to use trademark; (c) Amendment of application under subsection (b) to conform to requirements of subsection (a); (d) Verified statement that trademark is used in commerce; (e) Designation of resident for service of process and notices.

〔3〕 15 U. S. C. A. § 1091Supplemental register. (a) Marks registerable; (b) Application and proceedings for registration; (c) Nature of mark.

提案已经足够具体来解决问题,同时也给予法院个案分析的灵活性。第二,提案试图保护那些投资了时间与精力在互联网上以期诚信使用的普通法用户,也同时要求他们与那些去美国专利商标局注册的用户相互协调。9 个月的宽限期是为了给予那些付出了合理的努力在互联网上存续的用户。然而,该条对于没有在期限内注册的人而言就有严苛的后果,即会在互联网上完全丧失权利。这看上去是合理的。因为该修正案给予(网络)在先使用者在互联网上诚信使用的机会,而不论其是否在美国专利商标局注册。鉴于互联网普遍存在的属性,没有人可以完全隔离标志的两个使用者。如果借鉴专利法之原理,假定任何一个普通法用户在司法通知赋予了用户权利之后 9 个月内提起一个注册程序,该条赋予在先使用者证明在互联网上诚信使用之后享有一个垄断性权利,这个强制注册条款允许《兰哈姆法》的保护与义务得到强制,防止注册的要求被废弃。强制普通法用户注册可以保持《兰哈姆法》的有效性和易用性,使得该条被灵活运用起来。注册的负担不宜过重,如果用户能够证明诚信使用,它只要求一份申请书与缴纳一次费用即可。[1]

---

〔1〕 See Adam v. Burks & Dirk D. Lasater, *Comment: Location? Location? Location?: A New Solution to Concurrent Virtual Trademark Use*, Wake Forest J. Bus. & Intell. Prop. L., Vol. 11, 2010 – 2011, p. 351 – 354.

CHAPTER 07 >>

第七章

我国商标共存制度的困境与回应

第一节　我国商标共存制度的现状与不足

一、立法现状与不足

(一)有形环境下的立法缺失

综观与商标相关的法律制度,并无关于商标共存制度的明文规定。换言之,司法实践中并不存在可以直接引用的涉及商标共存制度的法律条文。常用手段是通过处理不正当竞争、商标不正当抢注、商标异议与无效宣告程序等方式来实现商标共存。现有司法判决中所涉及的法律条文主要有《商标法》第 30 条、第 31 条、第 32 条、第 44 条、第 45 条、第 57 条、第 59 条。详细比对上述条文,可得出这些条文共同围绕的核心问题在于判断争议商标与引证商标之间是否存在混淆可能性。根据商标共存制度的内涵,商标得以共存必须满足一定的形式要件,其中典型的是相同或者近似商标的商品或者服务必须是相同或者类似;同时,还需满足实质要件,即共存不会产生混淆的可能性。因此，从立法层面，就必须要对相同或者近似商标以及相同或者类似商品或者服务予以规定。这些规定主要体现在《商标民事纠纷若干解释(2020修正)》第10条、第11条以及第12条的规定中。[1] 然而，值得注意的是，司法实践足以表明，商标标识相同或者物理性近似不等于商标混淆性近似。因此，即使根据立法明文规定的商标相同或者近似的判断标准，仍旧无法得出争议商标的存在构成侵权。在立法层面，缺少的乃是对除了物理性比对之外的其他要素(例如商标使用的历史背景、市场销售量等因素)比较的规定。由于缺少相关要素的成文化规定，法院在司法实践中就有了更多的自由裁量权。自由裁量权在满足现实多样性需求之时，也留下了诸多不可预期性——这与法律固有的稳定性功能有一定的差距。

此外，自2009年"鳄鱼"案首次阐明"在认定商标近似时，应考虑引证商标与争议商标在相关市场内已经形成的相互独立的市场格局"以来，最高人民法院将司法判决中体现"包容性增长"的理念以司法文件的形式，进一步用来指导司法，并分别于2009年、2010年与2011年公布施行了最高人民法院《关于当前经济形势下知识产权审判服务大局若干问题的意见》(以下简称《知产审判服务大局意见》)、《授权确权意见》与最高人民法院《关于充分发挥知识产权审判职能作用推动社会主义文化发展大繁荣和促进经济自主协调发展若干问题的意见》(以下简称《文化大繁荣意见》)，掀起了以"已经客观形成稳定市场格局与秩

---

〔1〕 第10条规定：人民法院依据商标法第52条第1、2项的规定，认定商标相同或者近似按照以下原则进行：(1)以相关公众的一般注意力为准；(2)既要进行对商标的整体比对，又要进行对商标主要部分的比对，比对应当在比对对象隔离的状态下分别进行；(3)判断商标是否近似，应当考虑请求保护注册商标的显著性和知名度。第11条规定：商标法第57条第2项规定的类似商品，是指在功能、用途、生产部门、销售渠道、消费对象等方面相同，或者相关公众一般认为其存在特定联系、容易造成混淆的商品。类似服务，是指在服务的目的、内容、方式、对象等方面相同，或者相关公众一般认为存在特定联系、容易造成混淆的服务。商品与服务类似，是指商品和服务之间存在特定联系，容易使相关公众混淆。第12条规定：人民法院依据商标法第57条第2项的规定，认定商品或者服务是否类似，应当以相关公众对商品或者服务的一般认识综合判断；《商标注册用商品和服务国际分类表》《区分表》可以作为判断类似商品或者服务的参考。

序”来排除商标近似、寻求商标确权与授权的热潮。[1] 法院在应对诉讼热潮时，大多数会涉及上述三部意见中的“已经形成稳定市场之格局与秩序”的判断。但是所引部分在法院判决中的性质与认定却不尽相同。尽管最高人民法院对《知产审判服务大局意见》与《文化大繁荣意见》的性质未作明文阐述，但就两部意见具体内容与指导理念而言，两者的属性应与《授权确权意见》相同。《授权确权意见》作为一种政策导向，是首次对商标确权授权提出的指导意见，而非司法解释。通常而言，司法政策属于国家特定时期为与国内外形势、社会经济发展需求等相一致而制定的产物。同理，知识产权中的司法政策是一段时期内知识产权司法保护的行为准则和宏观导向，集中体现了知识产权司法保护的基本理念和态度，反映了特定时期司法保护的精神和走向。任何时期的知识产权审判，都有适应时代要求和反映时代精神的司法政策。[2] 作为当下时代精神的“包容性增长”，以司法政策的形式，引导法律适用的方向。当“包容性增长”内化于商标法律体系，需要检验的是，微观层面体现为“已经客观形成稳定的市场格局与秩序”是否具有“包容性”；宏观层面体现为司法判决“已经客观形成稳定的市场格局与秩序”的有效性是否符合“包容性增长”的价值与理念——公平与效率。

对于《授权确权意见》第1条的理解与适用，最高人民法院作如下解释：本条属于政策性导向意见，用以指导法律标准的具体适用。在具体案件审理中，需根据具体的案情和相应的法律规定进行审查判断。法律要件明确、适用标准界限清晰的，应当严格依照法律要件和标准界

[1] “稻花香”商标复审案（2016）最高法民再374号，最高人民法院民事判决书；“渝富桥”商标复审案，最高人民法院（2013）行提案第1号行政判决书；“永和豆浆及图”商标驳回复审案，“鸭王”商标确权案；“东风”商标异议复审案，最高人民法院（2016）最高人民法院再339号民事判决书等。

[2] 参见孔祥俊：《商标与不正当竞争法：原理与判例》，法律出版社2009年版，第865页。

限处理。只有当判断可左可右时,人民法院可以依照上述政策性导向,在自由裁量权的范围内,能动司法,体现出政策导向和价值取向。[1] 就商标共存案件而言,核心的审查判断在于是否存在客观已经形成的市场秩序与格局,以及该格局形成的主观性等相关因素,进而判定商标是否近似。因此,法院能否依照政策性导向,行使自由裁量权,就在于判定上述因素的法律要件是否明确。现行商标法与相关司法解释,在判定商标是否近似时,既要考虑商标标识的构成要素,还要综合考虑商标使用时间等关联因素,以此作为判断商标混淆可能性的标准。由此可见,现行法律与司法实践并未明确"已经客观形成稳定的市场秩序与格局"的法律要件,自然也没有明确的认定方法与考量内容。这致使在如何考量是否形成两个商标客观市场秩序与格局,以及是否考量已经形成客观稳定的市场格局与秩序等问题上,存在较高的主观性。鉴于现行《商标法》与司法解释并未进行有关"客观形成稳定市场秩序与格局"的规定,基于同样的事实及理由,不同的法官会对以下问题有着不同的理解与认识,进而做出不同的判决:何谓"稳定的市场秩序与格局"与何种程度才能满足该标准,是否考虑客观形成的市场秩序与格局,这会影响法院裁判的公信力。当裁判可左可右时,意味着司法裁判在事实的认定与法律诉求的裁判上就可能存在不同,甚至是相左。

在"渝富桥 YUFUQIAO"商标异议案中,商标评审委员会并没有考虑引证商标与异议商标各自使用情况以及是否形成稳定的市场秩序与格局,径行依据2001年修正的商标法第28条之规定裁定不予异议商标核准注册的请求。[2] 北京市第一中级人民法院在该案的行政诉讼判决

---

〔1〕 参见孔祥俊、夏君丽、周云川:《〈关于审理商标授权确权行政案件若干问题的意见〉的理解与适用》,载《人民司法》2010年第11期。

〔2〕 参见"渝富桥 YUFUQIAO"商标异议案,原国家工商行政管理总局商标评审委员会商评字(2010)第12380号异议复审裁定书。

书中写道:综合考虑原告(异议商标使用人)提交的证据及客观市场经营情况,是足以认定被异议商标存在长时间使用、具有较高市场声誉以及已经具有一定的公众群体。鉴于此,综合考虑被异议商标与引证商标的区别和原告对被异议商标的使用情况,为尊重相关公众已在客观上将相关商业标志区别开来的市场实际,维护已经形成的市场秩序,裁定商标之间并未构成商标近似,并撤销商标评审委员会的裁定。[1] 北京市高级人民法院就原审认定的被异议商标使用时间较长,已经建立较高市场声誉并形成了相关公众群体之判决予以纠正,认为"对被异议商标的使用均在被异议商标申请注册之后,原审原告并未提交证据证明在被异议商标注册之前,其对被异议商标进行大量使用,并建立较高市场声誉;相反,引证商标在被异议商标申请注册之前,其已具有一定知名度的证据,原审法院仅片面考虑被异议商标在注册申请之后的情况,而未考虑引证商标未申请注册之前的知名度,也未充分考虑竞争者与消费者的利益。故判决异议商标与争议商标构成近似,撤销一审判决,维持商评委的裁定。"[2]最高人民法院就该争议作如下判决:"虽然引证商标在美容院、按摩、保健等服务上建立了较高的市场声誉,具有一定的知名度,但被异议商标同样建立了一定的市场声誉和知名度,且两者并存已形成较为稳定市场秩序与格局的情形下,相关公众能够将被异议商标与引证商标区分,不会对使用被异议商标的服务与使用引证商标的服务的产源发生混淆,也不会误认为两者之间存在特定联系。由此认为商标不构成近似,并撤销北京市高级人民法院的判决与商评委的裁定,维持北京市第一中级人民法院的判决。"[3]

---

[1] 参见"渝富桥 YUFUQIAO"商标异议案,北京第一中级人民法院(2010)一中知行字第2881号行政判决书。

[2] "渝富桥 YUFUQIAO"商标异议案,北京市高级人民法院(2011)高行终字第581号行政判决书。

[3] "渝富桥 YUFUQIAO"商标异议案,最高人民法院(2013)行提字第1号行政判决书。

"渝富桥 YUFUQIAO"商标异议案中认定商标是否构成商标近似，经历了"商标近似—商标不近似—商标近似—商标不近似"4 次徘徊判决。为何同一案件中是否形成客观稳定的市场秩序与格局，在法律性质的判断上出现截然相反的判决或裁定？除了受传统司法模式的影响，还由于目前只有二审，而并无严格意义的上诉审。二审是监督和指导初审，其目的在于解决纠纷，并没有自觉追求统一审判的法律实施。因此，在必要时应通过"造法"来促进规则的发展与完善。[1] 根本缘由在于相关法律与司法解释缺乏相应明确的规定与解释，仅凭司法政策的引导，无法满足法律应有的规范性与可预见性；与相对明确的法律相比，司法政策的应用限度显而易见。正如波斯纳所言：当法律推理已经耗尽，法官不得不诉诸其他任何必要的政策，并以一种令自己和同事都满意的方式来回答法律问题时，这常常意味着答案是不确定的。如果真理是无尽期的、无期限的探讨的结果，那么不确定性就是无法终结的无限制研讨的状态，在这里，你看不到隧道尽头的光线。[2]

（二）互联网环境下的立法缺失

国务院于 2008 年 6 月公布施行的《国家知识产权战略纲要》"战略目标"中指出，到 2020 年，把我国建设成为知识产权创造、运用、保护和管理水平较高的国家。知识产权法治环境进一步完善，市场主体创造、运用、保护和管理知识产权的能力显著增强。为完成该项目标，"战略重点"中明确强调进一步完善知识产权法律法规，及时修订专利法、商标法、著作权法等知识产权专门法律及其有关法规。在互联网"肆虐"商标法时，我们应该如何处理呢？当前，我国现行《商标法》少有涉及。那么，又该如何进行法律修正？以往我们会强调作为国际贸易规则的

〔1〕 参见[美]理查德·波斯纳：《法官如何思考》，苏力译，北京大学出版社 2009 年版，"代译序ix"。
〔2〕 参见[美]理查德·波斯纳：《法官如何思考》，苏力译，北京大学出版社 2009 年版，第 7 页。

知识产权法律,当前呈现出国际化、趋同化趋势。作为国际条约的成员国,中国理应遵守国际义务,紧随制度潮流,主动回应互联网的冲击;然而,中国仍然是一个发展中国家,在进行法律修正时还需结合本国经济、社会发展的现实水平。然而,互联网市场的一体化意味着互联网规则的趋同性。在商标共存注册制度与我国《商标法》现实土壤无法完美衔接时,司法实践对商标共存的调整是一种替代性方案,但这并非稳定性手段。基于上文所述,商标共存的立法调整是一种社会需求的反映;尽管司法政策的指导价值能够满足当下的需求,但无法解决人们对于法律稳定性所产生的预期价值。

需要仔细揣摩的是,我国《商标法》对商标权取得的判断采用以商标注册为主,司法商标共存为特例的制度模式,但是该模式在具体判断规则上没有明文的考量要素。在最高人民法院公布的《文化大繁荣意见》中认为,司法实践中针对商标共存的判断是综合考量,是综合判定商标实际使用、商标使用的历史、相关公众的主观认知状态以及使用者的主观状态等因素。除了相关公众的认知状态与使用者的主观状态之外,商标实际使用状况、使用历史与传统环境下商标权形成与效力范围的判断因素之间本质是相同的。尽管我国《商标法》以及司法解释并未给出具体的衡量要素,但是在法院具体考虑时,仍旧遵循销售额、商标广告、市场占有率等要素,而这些要素正是与商标实际市场渗透区域、商标声誉区域以及商标自然扩张区域相一致。按照本书之前论证的逻辑,传统环境下商标权形成与效力范围的衡量因素并不适合互联网环境,其缘由是互联网的特性无法通过传统的考量因素予以体现。依此逻辑,我国关于商标共存的衡量因素就无法适用于互联网。

那么,能否将互联网商标共存的运行模式借鉴到我国?当互联网的网站涉及商标标识,如果使用商标的人均是有权、合法使用该商标,那么法院需要解决网站边界无限性导致的问题，如果置互联网商标共存所产生的混乱于不顾，除了因互联网大量信息的混淆而牺牲公共利益外，商标共存使用者可能将承受因网络空间非受限性而导致的损失。由于在互联网上使用商标标识来代替限制地理范围的思路无法实现，法院不能仅仅采用禁止商标共存使用者在互联网上使用商标的方式来直接规避混淆的出现，而应积极采取措施来要求各方以一定的方式向公众提供有关他们是否能在此商标标识下销售商品或者提供服务的相关信息。

二、司法现状[1]与不足

（一）司法现状

一些国家的司法实践中还出现了通过法院的判决创造商标共存的判例。在这些判例中，司法机关基于公平和秩序的考量，在综合考虑市场要素、混淆程度、历史原因的前提下，判决两个以上的经营者可以在各自的范围内共用某个商标。发生在我国的“鳄鱼”案就是典型的例子。[2] 在中国引发“鳄鱼”之争前，双方的关系早已从对峙转向和平共处、划区域各自发展。然而，因经济发展的不可预期所导致共存协议的不稳定性致使双方再次“对簿公堂”。若商标能实现共存，则侵权就无从谈起。法院在认定两者是否构成侵权的问题上，指出“由于涉案诉争商标的复杂性，除了考虑商标标识的近似性之外，还需要根据案情，综合考虑相关因素，据此认定引证商标与诉争商标是否构成混淆性近似。就本案而言，仅考察商标标识本身近似与否必然不够，还需要考虑鳄鱼

---

〔1〕 在“北大法宝”数据库“中央法规司法解释”一项中，涉及“商标共存”的共有三篇我国最高人民法院公报；在“司法案例”一项中，涉及“商标共存”的行政案件有1410例、知识产权案件有42例、国家赔偿有1例。（数据查询于2015－12－08）

〔2〕 （法国）拉科斯特股份有限公司与（新加坡）鳄鱼国际机构私人有限公司等侵犯商标专用权纠纷上诉案，最高人民法院（2009）民三终字第3号民事判决书。

公司的主观意图、双方使用的历史与现状等因素，做出公平、合理的判定”[1]。从本质上讲，法院在认定商标应否共存时采用的是与美国司法实践相一致的做法，即主观与客观的结合。就主观而言，法院冲破了“知晓即恶意”的主观认定标准，以是否不当利用他人声誉为判定标准。在进入我国市场后，鳄鱼国际公司相关商标的使用主要是对其已有商标的沿袭使用，并且在实际使用过程中也明确、有意地对诉争标识予以区分。因而，实际上鳄鱼国际公司并不存在利用拉科斯特公司品牌声誉的情形，进而也就并不具有致使消费者混淆的主观故意。就客观而言，除了比对“鳄鱼”商标的近似外，还需对历史、市场状况等进行分析。尽管双方前期签订的共存协议并未涉及中国境内，但仍可将其作为认定诉争标识共存的重要考虑因素。商标销售区域、方式、渠道、价格定位、目标群体等因素的综合考虑，足以佐证双方各自相互独立的市场区域。鉴于此，通过审理一系列有关商标共存纠纷之后，《授权确权意见》第1条规定“对于长时间使用并且早已形成公众群体和较高声誉的争议商标，应当准确把握商标法关于协调在先商业权益与市场秩序的立法精神，充分尊重相关公众已在客观上将相关商业标识区分开来的市场实际，维护已经形成和稳定的市场秩序”。随后，最高人民法院所提倡的“包容性理论”成了解决商标共存纠纷的指导思想。[2]

与司法判定商标共存不同，商标共存协议是商标共存的基础。在

---

〔1〕（法国）拉科斯特股份有限公司与（新加坡）鳄鱼国际机构私人有限公司等侵犯商标专用权纠纷上诉案，最高人民法院（2009）民三终字第3号民事判决书。

〔2〕我国最高人民法院于2015年9月9日发布的北京、上海、广州知识产权法院审结的典型案例四——“贵州同济堂制药有限公司诉商标评审委员会商标驳回复审行政纠纷案”，体现了“包容性增长”理论。法院认为：综合考虑同济堂公司在先基础商标第1093180号“同济堂”商标的知名度、诉争商标的实际使用情况、诉争商标与基础商标的近似程度以及与两引证商标的差异程度等因素，认定诉争商标与两引证商标共存于市场不致导致相关公众的混淆误认，未构成同一种或类似商品上的近似商标。该案明确了在判定商标近似时应考虑同一主体的基础商标与诉争商标在一定条件下的延伸关系，并探讨了认定延伸关系的考虑因素。审理法院综合考虑了同济堂公司在先基础商标的知名程度、诉争商标与基础商标近似及商品类似情况、诉争商标的实际使用情况及诉争商标与两引证商标的差异性等因素，最终认定基础商标的商誉可以延伸至诉争商标，因而相关公众可以将诉争商标与两引证商标相区分。该案判决对于合理维护知名商标权利人的利益具有重要意义。

诉讼中涉及商标共存协议问题的案件中,从案件类型看,绝大多数是驳回案件,个别是违反共存协议而引发的争议案件;从当事人国籍看,大多数涉及国外当事人,且多为跨国公司;从结果看,多数没有允许共存,少数支持共存;从发展上看,经历了从不支持到有条件支持的变化过程。[1] 从目前司法实践的态度上看,主要有完全否定[2]、作为参考因素[3]以及充分尊重[4]三种。其中将"商标共存协议作为判断商标混淆可能性的参考因素"是目前司法的主流观点。[5] 但这些案件都没有指出如何具体参考商标共存协议,没有指明共存协议在判断混淆中所起到的作用程度,也没有给出商标标识近似到什么程度才不能共存的具体标准。

尽管现行《商标法》明文规定了商标先用权与商标权,而且两者之间存在一个默认的前提,即商标注册人与商标在后使用人主体上的一体化。但是,现实当中往往存在商标注册人一致于商标在先使用人的情形。那么,对于这类情形,以何种方式保护商标在后使用人的利益呢?对此,商标法并没有作出规定。在市场经济大背景下,商标共存是客观事实,我国司法实践中以判决的形式肯定了商标共存的法律效力。尽管我国司法实践逐渐认可商标共存制度,也包括对商标共存协议的考虑,但是我国并不是"遵循先例"的判例法国家,缺少法律层面的明文规定在一定程度上将无法满足商标在后使用人的权利需求。在检讨现行法律无法供给在后使用人的需求时,一般通过以下三种方式提出解

[1] 参见周云川:《共存协议与商标注册》,载《中国专利与商标》2014 年第 1 期。

[2] 参见"良子"案一审,(2008)一中行初字第 1178 号;"POLK"商标驳回案(2010)一中知行初字第 1193 号;"NEWYOURKER"商标驳回案,(2009)一中行初字第 1813 号;"GARRAUD PARIS"商标驳回案,(2009)一中行初字第 2757 号。

[3] "SARAGANDA"商标驳回案,(2009)一中行初字第 2273 号;"DISCOVERY"商标驳回案,(2009)一中行初字第 1825 号。

[4] "良子"案二审,(2009)高行终字第 141 号;"UGG"商标驳回案,(2012)高行终字第 1043 号。

[5] 关于商标共存协议最新的案例是北京市高级人民法院,(2015)高行(知)终字第 2999 号——中华人民共和国国家工商行政管理总局商标评审委员会与霍尼韦尔国际公司因商标申请驳回复审行政纠纷上诉案。

决之道:一是对现有法律规定进行扩大或限缩解释;二是通过弥补法律漏洞的方式,解决法律供给的不足;三是通过立法方式彻底解决。若将先用权的法律定位选择扩大解释,即以商标注册为时间界限,赋予注册之前的所有善意使用商标人先用权。虽然这样的"扩编"在主体上吸收了在后使用人,但是其自然扩张的权益仍旧无法得到保护。

(二)判断时间的实然性

从法律意义上,商标近似至少有三种情形:一是比对的两个商标均不具有太高知名度;二是比对的两个商标具有"旗鼓相当"的较高知名度,且通常都具有深厚的使用背景;三是比对商标的知名度相差悬殊。[1] 如果将第一种情形进一步细化,以争议商标为字号的企业 A 率先在 A 区域生产经营,以引证商标为字号的企业 B 在 B 区域生产经营;企业 B 的商标注册在先,并且投入有效的商标使用,形成了跨区域(包括 A 区域)的一定知名度;企业 A 在后申请注册其商号,且此时尚未具有知名度。在商标异议与商标授权确权司法诉讼过程中,A 企业迅速壮大并形成可与 B 企业相互抗衡的商标知名度时,法院在认定商标近似时,往往呈现出不同的判决结果。倘若按照本书所提出的应然性标准,即以申请注册之时的商标情况来判断,当比对的两个商标均不具有太高的知名度(包括像 A 商标无知名度,B 商标具有一定但不太高的知名度的情形),对比通常按照音、形、义等自然因素进行整体的对比,这种近似更接近事实上的近似。但是事实情况是,争议商标经历漫长的商标行政与诉讼程序后,具备了知名度。为此,在《〈授权确权意见〉的理解与适用》一文中,最高人民法院认为,经过使用后,如果诉争商标能够实现与在先商标的区分,那么也就失去了反转到原点追查"旧账"的必要性,况且这种不顾虑现实客观状况而撤销的做法也难契合实事求

---

〔1〕 参见孔祥俊:《商标与不正当竞争法原理与判例》,法律出版社 2009 年版,第 252 页。

是的现实性，更反映出一种巨大浪费社会资源的不合理性。对于使用时间较长的商标应慎重采取撤销注册，督促相关权利人与利害关系人尽早行使相关权利，稳定商标秩序，培养品牌。也就是说，商标纠纷之审理，不仅需要考虑诉争商标在申请注册时的实际使用情形，还需要对案件审理时商标的实际情况给予考虑。〔1〕 由此可见，最高人民法院坚持以"包容性增长"理念为指导，支持"已经客观形成稳定市场秩序与格局"的争议商标与引证商标共存的局面。例如，这样的特殊情形包括最高人民法院裁决的"鳄鱼"商标侵权案、上海法院裁判的张小泉剪刀案。那么，因漫长的商标行政程序与诉讼过程而为争议商标使用人提供了做大做强商标的时间契机，而最终形成最高人民法院认为的"客观现状"，是否满足"历史因素"或者"其他客观因素"呢？在《〈关于审理注册商标、企业名称与在先权利冲突的民事纠纷案件若干问题的规定〉的理解与适用》一文中，最高人民法院认为关于历史形成的权利冲突的审理问题不能简单地根据使用和注册登记的时间先后而认定哪一方构成商标侵权或者不正当竞争，也不能简单地根据现行司法解释规定而认定商标权侵权，而是要充分考虑历史、现状和公平合理三要素，并以"张小泉"案来说明历史因素——计划经济体制向市场经济转轨过程中产生的历史问题。在这个层面上，"历史因素"导致的共存，更多地体现在政治与经济转型而产生的财产秩序的改变。那么，异议程序、商标评审委员会复审程序、商标行政诉讼，再加上商标局、商标评审委员会尚未审结而堆积的案件，诉争商标真正完全审结一般需要 4 ~ 7 年时间，有的甚至需要更长时间。因此，有法官认为，"在此时间跨度内，可以发生诸多影响诉争商标的事实；且这些事实并不是由诉争商标使用人造成

〔1〕 参见孔祥俊、夏君丽、周云川：《〈关于审理商标授权确权行政案件若干问题的意见〉的理解与适用》，载《人民司法》2010 年第 11 期。

的。倘若将形成稳定市场格局的判断时间延长至争议解决时,这更加合理。”由此得出行政与司法程序的冗长而导致商标共存,是属于“其他客观因素”的。

(三)判断结果的主观性

客观稳定的市场秩序与格局是否形成,直接左右两个商标是否构成商标近似,以致足以导致混淆。因此,“已经客观形成稳定的市场秩序与格局”的判断标准,其不稳定性与不可预见性,实质上是混淆可能性判定的不确定性和不可预测性。有学者从我国司法审判模式与现实背景下实现对正当竞争的维护之维度,论证混淆可能性无法在我国司法中直接适用。[1] 但该研究路径并没有说明判定标准的非确定性与不可预期性,在很大程度上是由司法政策的非规范性所致。从主观的维度分析,司法政策的非规范性导致案件判决的不统一,是因混淆可能性认定具有极高的主观性。此外,商标侵权判定假定消费者中心主义,并视理性消费者为被侵权主体。但是,现代科技使商标成为消费者的符号暴力,致使理性消费者缺失,进而导致混淆标准失去依据。[2] 这进一步证明了混淆可能性虚设理性消费者,来做客观要件的比对。这在实质上,乃是法官根据自身经验来理解案情,并采用冲突比较的方式来认定存在混淆可能性与否。正如美国学者余家明(Peter K. Yu)教授所指出,“在裁决商标争议时,美国法官有不适当地依靠个人直觉和主观的内在成见的趋势。就避免将来混淆而言,消费者是否实际获益似乎问题很大,特别是在其从未首先被迷惑或者愚弄的情况下产生混淆”[3]。因此,在 Calvin Klein Cosmetics Corp. 诉 Lenox Laboratories Inc. 案中指

〔1〕 参见郝一丁:《以二元标准重构商标侵权判定方法》,载《政治与法律》2011 年第 12 期。

〔2〕 参见李雨峰:《重塑侵害商标权的认定标准》,载《现代法学》2012 年第 6 期。

〔3〕 Peter K. Yu, *Intellectual Property and Information Wealth*, Trademark and Unfair Competition, Volume 3, 2007, p. 50.

出，“法院的视觉调查可以帮助决定混淆可能性，但是对此应当谨慎从事，以免过于倚重在法庭之内的主观观察，而忽视市场实际情况”〔1〕。就该案而言，“市场实际情况”是指向市场上消费者的实际混淆与附有商标的商品市场秩序与格局。尽管实际混淆的证据对于商标所有人有所帮助，但缺乏任何实际混淆的证据通常并不产生任何影响，因为法院认为，以可信的证据证明实际混淆往往是很困难的。因此，市场实际情况的审视就落到市场秩序与格局因素上。倘若“已经客观形成稳定的市场秩序与格局”的判定标准无法规范化时，由该因素推导出的混淆可能性始终无法逃避以主观性占主导的判定模式；而此种判定模式注定了司法裁判结果的不稳定性与不可预测性。这与“大多数普通人只要法律告诉他们必须遵守的规则，以此相信法律是确定的”〔2〕看法，相去甚远。

（四）客观性的错位

在“渝富侨 YUFUQIAO”商标异议案中，4～7 年的漫长行政与司法程序能够导致商标共存局面的客观形成。该逻辑是将冗长行政与司法程序作为商标共存局面形成的客观事由。因为只有这样，才能符合“其他客观因素导致的善意共存”的因果逻辑。然而，争议商标使用人之所以能够形成稳定的市场格局与秩序，在于其长期、有效的商标使用与商业投资（内因）；冗长的行政与司法程序只是为其提供了成长的时间（外因）。因此，从因果逻辑而言，导致形成善意共存——形成稳定的市场秩序与格局，是因争议商标的长时间且有效的商标使用所致，即内因与外因相互结合的产物。但依辩证唯物主义的观点，内因决定外因。盖言之，争议商标使用人能够形成稳定的市场秩序与格局取决于其自身

〔1〕 Calvin Klein Cosmetics Corp. v. Lenox Laboratories Inc., 815 F. 2d 500, 2U. S. P. Q. 2d 1285, 8th Cir. 1987.

〔2〕 [美]理查德·A. 波斯纳：《法理学问题》，苏力译，中国政法大学出版社 2002 年版，第 55 页。

行为。显然,将争议商标使用人主观行为作为一种客观假象,是一种客观性的错位,它不属于“其他客观因素”导致善意共存的情形。

(五)公平性的质疑

笔者认为“促使在先权利人及其他利害关系人及早行使争议等权利,尽早形成稳定的商标秩序”是有失公允的表述。与法谚所强调的“法律帮助勤勉人,不帮助睡眠人”(the laws give help to the vigilant,not to those who sleep)[1]情形不同,引证商标权人并非“睡眠人”,其在争议商标申请注册之时就已积极主张权利,完全满足最高人民法院所强调的“及早行使异议争议等权利”。再则,“尽早形成稳定的商标秩序”应如何判断,有无时间界限?稳定的市场秩序与格局的范围如何划定?争议商标与引证商标形成稳定的商标秩序与格局,难道完全是由引证商标权利人的怠慢导致的吗?既然《商标法》没有规定商标权人在规定时间内必须积极将其商标打造成知名度如驰名商标一般的义务,那么,商标权人自然可以相信注册制度所产生的法定期限内的权利稳定性,信赖注册制度的公信力,以此按照其商业布局、制定商标发展规划与战略。然而,商标法司法实践缘何无视信赖注册制度而积极行使商标的权利人,而“偏爱”争议商标使用人,甚至纵容可能有违公平、破坏法律稳定性的行为存在:在商标案件中的双方当事人,如果一方规模小、势力弱,但是享有在先注册商标权;另一方则为某一领域、某一行业的领航者,事后申请商标注册。在这种情况下,大企业往往可以通过投入大量资金进行广告宣传和组织营销活动,建立或改变该商标在消费者心目中的印象,进而强制形成“稳定的市场秩序与格局”。为论证该行为的合理性,有学者从“显失公平”的角度指出,通常而言,“搭便车”者的知名度最多与被“搭便车”一样,绝不会出现反超情形。因此,当争议商

〔1〕 郑玉波:《法谚》(一),法律出版社2007年版,第71~72页。

标知名度高于引证商标时,“搭便车”的嫌疑就不会存在。如果对争议商标予以否定,这无异于不顾消费者的认知,以及否定争议商标人的成功。这俨然不符合公平观念。[1] 姑且不论消费者基于商标而产生的信任关系能构成合同法意义上的权利义务关系,该观点在论证“搭便车”反超的逻辑上,是完全错误的。因争议商标搭了“便车”之后,通过自身的发展后来居上,难道就可以无视其最初“搭便车”的“原罪”吗?以结果为导向的论证逻辑,极易催生“钻空”行为的产生;这对按照法律规定而积极注册的商标权人而言,是对其权利的一种不尊重。

第二节 我国商标共存制度的构建

一、立法建议

亦如费舍尔(Fisher)教授在论述版权如何应对新技术的挑战时所指出的,“如果我们本没有版权制度,那么按照我们现在对其经济影响的理解,建议建立这样一个制度是不负责任的;但是既然我们已经在很长时间里有了版权制度,那么根据我们目前的知识,建议去废除它也将是不负责任的”[2]。以何种方式解决我国现行商标法体系下的商标共存的困境?笔者认为解决之路应立足现行商标法的已有框架,而不是完全否定已有制度的价值与适用的稳定性。

(一)明晰商标注册的性质

尽管关于权利本质的“法力说”即使权利受法律或国家所保障,但

〔1〕 参见孙明娟:《〈关于审理商标授权确权行政案件若干问题的意见〉第1条后半段的理解与适用》,载《中华商标》2013年第8期。

〔2〕 Willian W. Fisher, *Promises to Keep, Technology, Law and the Future of Entertainment*, Stanford University Press, 2004, p. 208.

是需要说明法律和国家赋予权利的依据，若无法合理地说明该依据，权利就成为法律和国家的“恩赐”。[1] 倘若就权利实现与维护而言，有时需要借助强大的国家、政府，[2]但并不能说明此规定与保障就是权利产生的基础。在早期加利福尼亚州的一个案例中，法院认为“尽管（商标中的）财产权利有法律的规定也许会更安全、更有保障，但其并不取决于是否具有成文法的支持”[3]。法律承认一项权利的基础是存在特定利益，而不是基于司法审判的高效性或经营模式等。由于知识财产的无形性，若仅依使用取得和财产权劳动理论，很可能会导致相同知识财产的劳动者都享有知识产权，这与商标权作为对世权具有的排他性效力不符。再者，商标权人无法在物理上控制与占有商标标志。因此，它需要法律制度使商标权人获得合理的预期和稳定的独占效力，而商标注册制度理应充当该角色。对于注册前已实际使用的商标申请人来说，通过申请、公告和备案所实现的注册，只是对其商标所形成的商誉给予明确界限的法律保护，而非从无到有的授权。因此，商标注册的法律效力属于确权，它具有权利公示以及商标权归属的表见证据或预期的功能。[4] 就注册制度的权利推定而言，在权利推定的法定期限内（连续3年不使用），已经注册但尚未使用的商标存在一种“器皿”效应[5]，即应当承认此种情况下申请人存在一定期限内的合理性与预期。在这段期限内，商标注册人有将其商标、商品或者服务、企业之间信息

---

〔1〕 参见北岳：《法律权利的定义》，载《法学研究》1995年第3期。

〔2〕 参见[美]史蒂芬·霍尔姆斯、[美]凯斯·R.桑斯坦：《权利的成本：为什么自由依赖于税》，毕竞悦译，北京大学出版社2004年版，第31页。

〔3〕 邓宏光：《我们凭什么取得商标权——商标权取得模式的中间道路》，载《环球法律评论》2009年第5期。

〔4〕 对商标注册制度的详尽阐述，参见李雨峰、曹世海：《商标权注册取得制度的改造——兼论我国〈商标法〉的第三次修改》，载《现代法学》2014年第3期。

〔5〕 日本商标法学者小野昌延认为：“已经申请注册的商标，相当于一个‘器皿’，可以在未来的使用中转载商誉。”参见[日]小野昌延：《商标法概说》，有斐阁1999年版。转引自文学：《商标使用与商标保护研究》，法律出版社2008年版，第4页。

进行对接的权利;凡是阻碍实现对接可行性或预期的行为,均可被认定为侵犯商标显著性。依法理之视角,商标法对阻碍商标注册权人在3年内建立"三位一体"的行为认定侵权,是对市场秩序之价值取向的尊重,即实现商标注册制度对维护社会秩序的功能。商标法之立法目的,除保护商标权人及消费者利益外,还在于维护市场公平竞争秩序。尤其近年来,各种商业行为推陈出新,商标与商业行为具有密切关系,将维护市场公平竞争秩序作为商标法立法目的考虑,已成为国际立法趋势。在市场经济下,有序竞争是促进市场健康、持续发展的环境需求,而且权利的行使与义务的履行同样依托于有序的市场经济。权利义务对等的合理稳定性,反映了人与人之间关系的有序之倾向。商标注册权人根据注册制度所获得的3年期限,能够产生期限内的有序性,以及权利义务的稳定性;商标注册权人能够相信其拥有随时塑造商标显著性的权利。

综上所述,法院在处理商标共存案件时,需要尊重商标注册的效力,维护商标注册的权利公示与权利预期的功能。不能一味地因所谓"客观"形成稳定的市场秩序与格局,而否定商标注册的价值与制度的稳定性。

(二)商标共存注册立法的有限借鉴

美国商标共存注册程序是以使用取得商标作为理论基础,尽管意图使用能够在副簿上对某一标志享有可撤销的排他性使用权,任何在市场上使用且善意的使用者都可以申请启动商标共存注册程序。当商标注册的效力只是权利宣示或者权利预期时,商标共存注册程序就完全可以覆盖商标使用的任何情形。然而,在不根本改变权利取得模式下,商标共存注册程序只有在一种情况下才能与我国现行商标注册程序相融合,即申请商标共存注册的双方(多方)均为未注册商标使用人,并且根据现行商标注册优先权无法做出选择。由于商标注册效力可及于全国之法域,对于在后商标使用人而言,主观上就无法与上文所提及的“善意”相匹配,因此,也就无法获得商标共存制度的保护。我国司法实践对商标共存现象的保护一般涉及两种情形,其一是双方(多方)均为注册商标权人而存在商标共存之情形,对该情形最高人民法院已用“包容型”增长作出判定;其二是双方(多方)是未注册但均具有极高知名度的善意商标使用人,对于该情形司法认定任何一方侵权都会造成损害,甚至影响一方生存。但对于《兰哈姆法》第2条d款中在先注册人允许在后注册申请人共存注册的立法理由,我国商标法还需进一步思考:商标注册人在多大程度上对注册商标享有支配权?在不造成混淆的情形下,能否也赋予在先注册人对共存注册的决定权?该决定权与《商标法》规定的商标无效程序“商标利害关系人有权在商标注册之日起五年内申请撤销之权利,若五年届满,则丧失撤销权”是否存在差异,如同《德国商标法》第21条(1)项“权利丧失”规定一样?笔者认为,这些问题的进一步思考与回答更有利于构造商标共存制度的系统。

(三)明确“客观形成稳定的市场秩序与格局”

1. 提升法律位阶

依上文所述,“客观形成稳定的市场秩序与格局”是“包容性增长”理论的一部分,在性质上属于司法政策,只能作为判断说理的内容,而不能直接作为定案依据。由于司法政策本身的非规范性与适用的主观性,司法实践无法保证相同或相似案件判决的一致性,进而动摇法律的可预见性。为了保持案件判决的统一性与法律的稳定性,建议将“客观形成稳定的市场秩序与格局”因素与商标强度等因素一样,作为判定商标混淆性近似的考量因素之一。尽管汉德法官以为,在许多涉及商标混淆性近似的案件中,是否认定侵权,实际上并无多大帮助。毫无疑问,个案判定需根据现行法规并结合个案具体情形加以适用,而且司法实践中不存在完全一样的案子。[1] 但是商标法或者司法解释明文列举某一确定因素，可以强化司法适用的稳定性与可预见性。

2. 明确适用范围

在充分考虑维护商标注册制度的应有价值的前提下，倘若确实因历史因素或其他客观因素导致商标共存时，其他制度的价值才能优先于注册制度。那么哪些情形才能以“客观形成稳定的市场秩序与格局”来判定商标共存呢？从形成原因分析，商标共存必须是基于历史因素或者其他客观因素，即不可归咎于商标使用人主观行为的因素；或者是商标共存主体之间的合法协商，即基于商标共存协议而形成的商标共存局面；从主观要件分析，商标共存主体在提出注册申请时没有任何主观恶意或者过错；从禁止事由分析，诉争商标有损公共利益或公共秩序，或虽经过长期使用，与在先商标共存仍容易导致混淆误认，或者诉争商标申请注册损害了他人著作权等在先权利。“客观形成稳定的市场格局与秩序”适用范围的界定，能够限制商标共存的泛化，即就个案而言，同时维护注册制度应有的价值。

3. 稳定市场的范围与商标显著性程度

在我国商标法及其司法解释中，只明确规定了驰名商标的显著性认定标准。对于“客观形成稳定的市场秩序与格局”的商标能否参照驰名商标的认定标准、是否需要达到驰名商标的显著性程度，是一个值得深入研究的问题。北京市高级人民法院在永和公司诉商标评审委员会的二审判决中认为，“判断是否形成稳定市场秩序时，无需要求知名度达到驰名商标的程度”[2]。尽管笔者赞同北京市高级人民法院对此标

---

〔1〕 See Lsmbert Pharmacal Co. v. Bolton Chemical Corp. ,219 F. 325 (S. D. N. Y. 1915). 转引自李明德:《美国知识产权法》，法律出版社2003年版，第298页。

〔2〕 参见永和公司诉原国家工商行政管理总局商标评审委员会案，北京市高级人民法院(2011)高行终字第486号行政判决书。

准的认定，但是基于对注册商标制度价值的肯定，我们应当正确引导商标使用，尽量避免造成引证商标权利人利益受损。与此同时，还必须考虑到一旦认定“已经形成稳定的市场秩序与格局”便会突破《商标法》第30条、第32条等相关性条款。那么，我们必须严格要求争议商标的显著性应当高于“一定影响的商标”的显著性要求，而低于驰名商标的显著性要求。我国原国家工商行政管理总局《商标审查审理指南》将“一定影响的商标”界定为在中国已经使用并为一定范围内相关公众所知晓的未注册商标。只有达到该界定程度，未注册商标使用人才能依法阻止不正当抢注与撤销不正当注册商标；同时，该界定的程度也排除了未注册商标的知名度需满足驰名商标的程度。就商标先用权而言，未注册商标使用人所希望的不是阻止商标注册或者撤销已注册商标，[1]而是能以在先使用而形成的知名度来主张对抗商标权的排他性，以求继续使用。按此逻辑，与未注册商标使用人要求继续使用原商标标志不同，争议商标使用人要求其能够享有独立的商标权。因此，对争议商标的显著性要求也应当根据诉求的高度而呈现不同强度。

二、司法建议

商标共存作为突破商标权绝对排他性效力的例外之一，是建立在公平与效率的价值理念之上。从行为模式上分析，法院在判定商标共存时，往往是公平与效率上的结果主义，即否定被异议商标使用人的市场会左右一家企业的命运时，法院便从维持该市场的结果出发，去解释已有的法律、司法解释。权衡已经形成的市场秩序与格局，固然能够最

〔1〕 最高人民法院在常州诚联电源制造有限公司与原国家工商行政管理总局商标评审委员会等商标撤销行政纠纷案的申请再审驳回通知中指出，《商标法》第31条规定的“有一定影响”的商标，通常是指已经使用了一段时间，因一定的销售量、广告宣传等而在一定范围内的相关工作中具有知名度，被视为区分商品/服务来源的未注册商标。

大限度地实现法律上的实质性正义;但是,法院需要充分考虑制度的价值与稳定性,兼顾法律的立法旨意。具体而言,须严格限定“已经客观形成稳定的市场秩序与格局”的适用范围。如此一来,方能维护商标注册制度的应有价值,同时促使商标注册权人切实地实施商标使用行为,进而获得商誉。

冗长的行政与司法程序客观存在,尽管该结果不能完全归责于被异议商标使用人,但是被异议商标使用人能否借助冗长的程序期,来发展自身的商标,最终以“客观稳定度的市场秩序与格局”来质疑商标注册制度的价值、抗辩商标混淆的不存在,还是需要法院的谨慎判断与恰当的把握。从法律层面,为保证司法适用的统一性,需要细化“已经客观形成稳定的市场秩序与格局”。

(一)明确商标注册的属性与维护商标注册的价值

法院在认定引证商标与争议商标是否构成混淆性近似时,之所以出现判决上的反复,表层缘由是“已经客观形成稳定的市场秩序与格局”的判断上的差异所致;深层原因在于权衡商标注册的效力与商标权产生机制之间的关系。因此,商标共存案件所反映出的是商标注册制度与商标权产生机制之间的冲突与协调。换言之,注册的本质是什么,商标权产生的基础是什么,以及两者之间是何种关系。尽管注册制度彰显商标制度现代化之历程,但是如何理解注册之属性却莫衷一是。大陆法系国家多认为注册取得商标权,而以美国为主的国家则坚持使用取得商标权,注册只是一种形式,而不会创造权利。[1] 这一分野表明了商标权产生的两种方式:注册取得与使用取得。理论界对于注册取得商标权存在注册授权说与注册确权说。按照注册授权说,商标权的

〔1〕 See J. Thomas McCarthy, *McCarthy on Trademarks and Unfair Competition*, Thomson West, 2008, Vol. (3), no. 1, p. 75.

最终取得得益于国家机关的授权。然而,按照注册确权说,商誉是商标所有人实际使用而形成的,属于普通法上的权利。为公示商标权归属与权利范围,才创设商标登记制度,使注册成为取得商标权的程序。既然是程序性,自然对商标权取得无实质性影响。[1] 尽管我国商标法没有明确商标权的取得以使用为要件,也没有定性商标注册,但是司法实践已经涉及注册制度与商标权产生机制之间的关系。例如,"红河红"案中,法院判决被告停止侵权,但不承担赔偿责任。该判决维持了商标注册的效力,但亦肯定了商标权的产生以商标使用为要件的判决思路。此外,近年来司法实践中不断出现的商标共存案件,同样表明商标注册并不会产生绝对的商标权效力,其他的商标使用人亦可能产生受法律保护的商标权。尽管在判决商标共存案件时,法院以两者商标的共存并不会导致商标混淆作为最终的逻辑归属,但是此内在逻辑却是一致的:商标权的产生以使用为要件,那么当通过长期、有效的商标使用后,形成稳定的商标受众,商标权始得形成。既然商标权与稳定的商标受众之间存在对应关系,那么混淆可能性的判定就不攻自破。

(二)明确判定的应然性时间

判断争议商标是否构成混淆之虞,关键在于争议商标的存在是否会影响商标的区分与指示功能,即影响商标的显著性。商标显著性不是一个本体,不是一个客观的陈述,而是商品或者服务、商标以及提供者之间的对应关系。该对应关系的形成需要一段商业投资的过程,而过程性亦展示了商标均会经历"塑造—发展—成熟/稳定—衰落—'死亡'"的过程,而成熟商标的显著性,往往是稳定的。因此,商标显著性的过程性决定了显著性的形成,实际上是商标实际使用与资本有效投

〔1〕 参见李雨峰、曹世海:《商标权注册取得制度的改造——兼论我国〈商标法〉的第三次修改》,载《现代法学》2014 年第 3 期。

入的过程。日本加藤雅信教授认为，与其他权利一样，商标权保护的是投资人，以实现社会资源最大化。[1] 因此，在判断商标是否具备自身显著性时，应以投资人已经实际投入的商标实际使用与资本为判断对象；判断时间应以追溯过往的时间段为准。鉴于此，法院以“已经客观形成稳定的市场秩序与格局”为由，来判定商标是否构成混淆性近似时，应以出现争议时商标是否具有显著性为准。对此，最高人民法院指出，“在认定驰名商标的时间上，应当以被控侵权行为产生时而不是起诉时为准”[2]。《最高人民法院关于审判涉及驰名商标保护的民事纠纷案件应用法律若干问题的解释(2020 修正)》第 5 条第 1 款对这种态度予以肯定，即当事人主张商标驰名的，应当根据案件具体情况提供下列证据，证明被诉侵犯商标权或者不正当竞争行为发生时，其商标已属驰名。尽管驰名商标的知名度强于其他争议商标，但在判断商标显著性的临界点状态时，以争议商标发生之时为界线的标准，同样可以适用于商标行政确权授权纠纷。就商标行政确权授权案件而言，争议发生的时间往往以争议商标申请注册之时为准。究其原因，判断商标显著性是在于考察从申请注册之日，对过往商标使用与投资情况；它是一种追溯效力的行为。这一点在司法实践中判断商标混淆的因素中可以得到佐证。这些因素中没有一个考虑在后商标使用人对其商标的使用情况及相应的商标知名度，其原因在于判断一个商标是否能够注册，考量的是该商标申请注册之日前的事实。

（三）互联网环境下商标共存纠纷的解决措施

本书第六章的三种模式之间是存在某种逻辑联系的。相比较个案分析与救济的方式，修改商标法似乎能够起到“一劳永逸”的效果。然

[1] 参见[日]加藤雅信：《“所有权”的诞生》，郑芙蓉译，法律出版社 2012 年版，第 150 页。

[2] 2008 年 2 月 19 日最高人民法院副院长曹建明关于“求真务实 锐意进取 努力建设公正高效权威的知识产权司法制度——在第二次全国法院知识产权审判工作会议上的讲话”。

而,商标法修改毕竟是一个系统性的工程,尤其在涉及互联网特性有别于有形世界时。因此,立法者自然要权衡修法的成本与收益,以及由此产生的社会效果。在时代紧迫性的要求下——互联网上商标共存使用问题接踵而至,增设新的有关商标使用的条款,需要考虑与原有体系中关于商标使用与商标注册制度之间的协调。在协调过程中,首先需要遵守的就是商标注册制度的权利推定效力与其效力范围。当一方予以商标注册,在无其他合法事由的情况下,如在商标注册之前已经使用,商标注册人是对注册商标在核准注册的商品或者服务类型上享有排他性权利;其次,商标注册的效力并不能从有形市场覆盖到互联网市场。因此,当有形市场的商标共存使用者将商标使用的方式从有形市场扩张至网络市场时,法律必须正视这种扩张的意义与带来的影响。有学者认为,需要考虑以下 4 个要素来决定是否构成诚信的商业使用:(1)在其他方进入在线市场的时候,该方的销售额;(2)相关的潜在销售增长;(3)重大销售之后的持续时间;(4)在线广告的深度。笔者认为,该学者提出的诚信的商标使用,在本质上还是在于强调互联网环境下商标使用的效力界定问题。这与笔者在第六章"互联网环境下商标共存制度的挑战与回应"相一致。从法律构成要素上分析,新增设的"互联网商标使用"包含 4 个核心要素:

第一,互联网商标主体的适格性要求。(1)在有形市场环境下,享有商标共存使用的商标权人,即一方当事人在使用商标时并不知晓商标注册人的在先使用之事实,并且其本人或者与之密切关系之人的持续使用状态要早于以下:(A)依《兰哈姆法》第 1057 条 c 项规定的商标推定的时间,(B)在 1988 年商标法修正案生效之前即已提出申请,或(C)依该法第 1062 条 c 项之规定公告前已经继续使用,且于使用前不知道商标已注册者。但此项抗辩限于继续使用的地域范围内。(2)互联网商标使用的目的在于实现持续商标使用的要求。(3)是商标共存使用者之间最早于互联网上使用商标者。

第二,互联网商标使用者主观需善意。在互联网环境下,判断主观是否善意应当从单一的"不实际知晓"标准转向"实际知晓作为判断不存在主观善意的重要考量因素"。

第三,互联网商标权的形成判断与量化。根据第六章的论证,在互联网环境下,法院采用"影响力"标准来检验互联网商标使用是否达到"特定州域管辖权"的要求。具体考虑因素主要有三项:(1)意图性的行为;(2)该行为有明确的地域目标;(3)行为人能够意识到其行为会影响到目标区域内的居民,即形成持续印象:①该区域的销售量;②该区域的增长趋势;③实际购买者占潜在消费者总量的比重;④目标区域的销售分布情况;⑤特定管辖区域的目标广告性质;⑥互联网广告的数量与方式;⑦互联网商标使用的期限与方式;⑧互联网商标使用的目的;⑨每个月的访问量。笔者认为,设立第三项要素的宗旨在于与商标法保护商标权的思想相一致,即商誉才是商标法保护的真正内容。新增设的条款并非让有形市场的商标共存使用者于互联网环境下实现绝对的"先到先得"规则,而是要求互联网市场的商标在先使用者能够满足商标使用的要求。这与有形市场的规则如出一辙。普通法语境下,有形市场的商标权取得依据"先到先得"规则,但是该规则并非完全依赖于绝对的商标使用时间顺序,而是保障时间优势的同时,考虑商标使用的具体情形。鉴于此,笔者认为,新增条款的规则是与商标注册制度、商标权取得制度之间存在衔接的。

第四,互联网商标权的程序性要求。笔者认为,互联网商标在先使用人在能够证明已经形成互联网的商标权利时,须在首次互联网商标使用的9个月内向国家知识产权局商标局提出商标注册申请,否则视为抛弃在互联网上使用该商标标识的权利。规定9个月的宽限期是为了给予那些在互联网上使用商标用户的优惠。

那么,当互联网商标在先使用人没有达到互联网商标使用的程度要求,或者9个月内并未申请注册,那么法院又该如何调整互联网环境下商标共存问题呢?在互联网商标在先使用人丧失优先权时,商标在后使用人(另一方有形市场商标共存使用者)是否能够申请商标注册?笔者认为,根据商标法的公平、效率与秩序价值取向,互联网商标在后使用人有权申请商标注册。那么,对互联网商标在先使用人的保护,则可由法院通过自由裁量要求共同使用商标者在各自网站的突出位置上提供免责声明,并且将对方的网站以"超链接"的方式予以衔接。此外,当商标法修法条件不成熟时,法院不能因无法可依而继续回避,而应根据互联网的技术规则,选择更加合适的手段。由于要求优先注册域名一方放弃已经具有一定知名度的域名是不符合现实的,同样,法院可以考虑要求有形市场上共存商标使用人在各自网站的突出位置上使用免责声明,并且将对方的网站以"超链接"的方式予以衔接。

为了与商标注册制度相协调,互联网商标共存的运行模式需要充分考虑商标注册制度与商标先用权制度的价值。在我国,商标权的取得只能通过商标注册程序实现,即使是司法商标共存,也是对诉讼中的争议商标是否为有效注册商标的裁判。因此,对于在商标注册人之前已经使用并具有一定影响力的商标,商标使用人能够在他人商标注册公告阶段提出异议,以保证商标在先使用人的利益。同样的逻辑,当互联网商标在先使用人率先在互联网上使用商标,出于对在先使用人利益的保护,给予其一定期限的优先注册期。在该期限内,如果互联网商标在先使用人无法注册商标或者没有达到互联网环境下产生商标权的要求,那么,法院可要求商标使用人在各自网站的突出位置上提供免责声明,并且将对方的网站以"超链接"的方式予以衔接。